GABRIELLE ROTH

DAS BEFREITE HERZ

Die Lehren einer Großstadt-Schamanin
aus New York:
Rituale für Körper, Geist und Seele

Deutsche Erstausgabe

WILHELM HEYNE VERLAG
MÜNCHEN

HEYNE ESOTERISCHES WISSEN
08/9551

Aus dem Amerikanischen übertragen
von Marita Böhm

4. Auflage

Titel der Originalausgabe:
MAPS TO ECSTASY
erschienen bei New World Library, San Rafael, Kalifornien

Printed in Germany 1995
Umschlaggestaltung: Atelier Adolf Bachmann, Reischach
Umschlagfoto: Robert Ansell
Satz: Kort Satz GmbH, München
Druck und Bindung: Presse-Druck Augsburg

ISBN 3-453-04024-4

Inhalt

Vorwort

Wie bei Gabrielle Roth erfolgte meine erste Begegnung mit Gott, mit dem Universum, mit der Glückseligkeit durch das Tanzen. Mein erstes echtes Erlebnis, mich einer höheren Kraft hinzugeben, ereignete sich, als ich meinen Körper dem ekstatischen Erlebnis des freien und spontanen Tanzens hingab, aus einer Energie heraus, die tief in mir floß. Das liegt jetzt schon viele Jahre zurück, aber ich folge weiterhin dem Weg des Tanzes, kehre immer wieder zu meinem Körper zurück – zu seiner natürlichen Energie, seinen natürlichen Gefühlen, seiner natürlichen Bewegung – als dem sichersten Führer, um jeden Augenblick intensiv und wahrhaftig zu erleben.

Als ich Gabrielle vor einigen Jahren kennenlernte, erkannte ich in ihr sofort eine Seelenschwester wieder. Ich war von ihrer Arbeit angezogen, und mir gefiel der tranceähnliche Zauber, den sie in ihren Workshops erzeugte, wie sie die Teilnehmer dazu brachte, mit immer tieferen Schichten ihres Selbst in Berührung zu kommen und diese auszudrücken. Seitdem ist sie mir eine gute Freundin und es ist mir deshalb eine Freude, ihr Buch einzuleiten. Gabrielle Roth ist eine einzigartige inspirierte Lehrerin, und ihr ganzes Buch ist von ihrer Persönlichkeit und ihrer Weisheit erfüllt. Für mich ist *Das Befreite Herz* ein faszinierendes, kraftvolles und wunderbares Buch, und ich glaube, auch Sie werden es so empfinden.

Shakti Gawain

Für Robert und Jonathan

Danksagung

Es wäre wohl einfach, eine Danksagung zu schreiben, wenn ich nur einigen Menschen etwas schulden würde, jedoch sind mein Leben und meine Arbeit von so vielen tief berührt worden. Im großen und ganzen habe ich von allen etwas erhalten, mit denen ich zusammengearbeitet habe. Meine wichtigsten Lehrer sind meine Schüler. Ich kann nur führen, indem ich folge, und sie haben mich immer genau dorthin gebracht, wo ich hingehen mußte.

Ich bin meiner ganzen Familie zu tiefem Dank verpflichtet. Besonders meinem Vater, der mich in die Kunst des Lebens und des Todes einweihte; meiner Mutter für den unaufhörlichen Strom ihrer bedingungslosen Liebe und Unterstützung; meinem Ehemann Rob – es gibt keine Worte, um auszudrücken, wie sehr er mir bei der Entwicklung meiner Arbeit im allgemeinen und bei diesem Buch im besonderen geholfen hat. Ich danke ihm dafür, mein bester Freund, weisester Lehrer und ständiger Mitarbeiter zu sein – derjenige, der mit mir durch alle Veränderungen tanzt. Und meinem Sohn Jonathan, meine stärkste Verbindung zu meinem wahren Selbst. Ich fühle mich geehrt und glücklich, seine Mutter zu sein, und seine Weisheit, von der einiges in dieses Buch gelangt ist, macht mich oft bescheiden.

Ebenso bin ich Oscar Ichazu zu Dank verpflichtet – der mich den Unterschied zu erkennen lehrte zwischen der, die ich bin und der, die ich nicht bin. Ohne seine Lehren hätte ich das dritte und vierte Kapitel nicht schreiben können.

Mein aufrichtigster Dank geht an die ›Mirrors‹, Gleichgesinnte, mit denen ich drei Jahre lang täglich gearbeitet und gespielt habe, und deren Mut, Ehrlichkeit und Engagement, ihre Seelen zu entblößen und ihren Schmerz darzustellen, mich befähigt haben, das Material im vierten Kapitel zu entwickeln. Diese Krieger des Rituellen Theaters ließen eine ganz neue Ebene meiner Arbeit entstehen. Ich danke euch: Jay und Amber Kaplan, Martha Clark Peabody, Elliot Sobel, Melissa Rosenberg, Robert Ansell, Ma Prem Lolita, Nirvesha und Bobby Miller.

Dem musikalischen Teil der Mirrors muß ich ebenfalls meinen Dank aussprechen, einer Gruppe von begabten Musikern, die über die Jahre hinweg dazu beitrugen, die musikalische Landschaft auf meiner Reise zu entwickeln, wodurch sich mein Verständnis vertiefte, wohin ich gehen und wie ich dorthin gelangen sollte. Ich danke euch: Dolores Holmes, Otto Richter, Jeffrey Hoffman, Wendy Schubart, Eric Silverman, Joyce Leigh Bowden, Tim Boyce, Serpentine, Tim Scott, Bebop Brown, Gene Heimlich und ganz besonders Raphael, Robert Ansell und Gordie Ryan.

Auf meinem Weg habe ich uneingeschränkte Unterstützung von Michael Murphy, Dick Price und Nancy Lunney erhalten, die mir eine Werkstatt im Esalen-Institut zur Verfügung stellten, in der die gesamten Grundlagen meiner Arbeit entstanden. Und mein inniger Dank geht an Kathryn Altman, die mich ständig mit ihrer Liebe, ihrem Zuhause, ihrem Auto und der Fülle ihres Kleiderschrankes segnete. Sie hat, wie auch Eric Iverson und Roger Housden, entscheidend zur Entwicklung meiner Arbeit beigetragen.

Mein Dank gilt in besonderem Maße zwei außergewöhnlichen modernen Schamanen: Jack Schwarz, der immer wieder meine Vision erhellt und mich zum Weitermachen inspiriert hat, und Boris Grebenschikov, der mich an seiner schöpferischen Entwicklung teilhaben ließ und dadurch meine eigene tiefgehend gefördert hat.

Mein schwerster Kampf lag darin, meine Arbeit aufs Papier zu bringen, etwas erstarren zu lassen, was in hohem Maße beweglich ist. Ohne die Weisheit und das Feingefühl meines Mitarbeiters John Loudon wäre das nicht möglich gewesen. Sein Glaube an mich und an dieses Projekt waren ebenso wichtig wie seine hervorragende Begabung, um dieses Buch zu verwirklichen.

Meinem Verleger, der New World Library, gebührt mein aufrichtiger Dank. Shakti Gawain ist eine gute Freundin und mächtige Verbündete; Marc Allen ist ein ruhender Kraftpol für mich und in meiner Redakteurin Carol LaRusso habe ich eine wahre Dienerin des Herzens und des Lesers gefunden. Ich danke allen Mitarbeitern der New World Library für ihre geistige Offenheit und Hilfestellung. Insbesondere möchte ich Deborah Eaglebarger für das mit enormer Geschwindigkeit und Hingabe erfolgte Tippen und Fertigstellen des endgültigen Manuskriptes danken.

Und dann sind da noch jene Freunde, die auf die eine oder andere Weise den Schreibprozeß dieses Buches unterstützt und inspiriert haben. Mein besonderer Dank gilt Yolande Villemaire, Harold Matzner, Philip Doughtry, Louise Riskin und Joanne Segel.

Meine Liebe und mein Dank gilt der Belegschaft des Café Latte/Double Espresso: Gil Segel, Ina Meibach, Lorrie Saltzman, Kate Redway, Joseph Chaikin, John Dark und Sondra Lee.

In Trance zeigt sich dem Schamanen eine kosmische Topographie, die er in Symbolen, Liedern und Tänzen an sein Volk weitergibt. Schamanen sind Zeichner kosmischer Pläne und Darsteller der Mythen. Die gestufte Welt, die sie innerlich durchwandern, hängt für sie durchaus mit der sogenannten Wirklichkeit zusammen.

Joan Halifax[1]

Einleitung

Aufforderung zum Tanz des Lebens

I went to church, but God wasn't there;
I said everbody's prayers
Till something deep inside me cried,
»I need the beat to be satisfied«.
I got off my knees and on my feet
Took my rock'n'roll prayers back on the street.
I gotta dance,
Gotta dance.

Gabrielle Roth[2]

Ich ging zur Kirche, aber Gott war nicht da;
Ich betete so wie jeder andere auch
Bis etwas tief in meinem Inneren aufschrie,
»Ich brauche den Rhythmus, um zufrieden zu sein.«
Ich erhob mich und ging
Nahm meine Rock 'n' Roll-Gebete zurück auf die Straße.
Ich muß tanzen,
Muß tanzen.

Ich bin mit Rock 'n' Roll, Schnellimbiß und U-Bahnen aufgewachsen. Ich habe niemals Reisen in exotische Länder unternommen oder Stammestechniken studiert. Ich lese Zeitungen, gehe ins Kino, mache mir Gedanken, was ich kochen soll und gehe wie die meisten Menschen einer Arbeit nach. Doch wenn ich zur Arbeit gehe, ist das, als ob ich mich auf eine Reise begebe – eine Reise zu einer ekstatischen Bewußtseinsebene.

Dieses Buch ist eine Landkarte, die zur Ekstase in all ihren Formen führt. Ekstase ist mein ›High‹, ein natürlicher Zustand des reinen Seins. Ekstase ist meine Erfahrung mit Gott. Es ist ein Zustand der völligen Lebendigkeit und Einheit, eine Einheit des Körpers, des Herzens, des Geistes und der Seele. Dieser Zustand ist notwendig, um unsere seelische Zerstückelung zu heilen. Wir können nicht leben, wenn der Körper vom Geist, der Geist vom Herzen usw. gespalten ist. Ich kenne den Schmerz der Zerstückelung, das Gefühl, von mir selbst abgespalten und getrennt zu sein. Ekstase ist meine Heilung.

Ich wurde geboren, um mich zu bewegen und andere zu lehren, sich zu bewegen. Ihren Körper zu bewegen. Und ihr Herz. Ihren Geist. Ihre Seele. Den Riß zwischen ihren Träumen und ihrer Wirklichkeit, zwischen dem, was sie erleben und was für sie möglich ist, zu heilen.

Meine Arbeit ist eine Verbindung von Kunst und Heilung, mit der unser Ganzwerden durch Tanz, Gesang, Poesie, Ritual und Meditation beschleunigt werden soll. Durch Leiden und Experimentieren habe ich gelernt, wie man das Alltagsleben zu einer heiligen Kunst erheben kann.

Von früher Kindheit an waren meine Energien die einer Heilerin. Ich geriet mühelos in Trance, konnte durch Körper sehen, den Tod riechen, eine Geburt spüren, wissen, wenn jemand Schmerzen hatte und wie man jemanden durch diesen Schmerz führen kann. Ich habe immer ganz instinktiv Leiden in Kunst verwandelt. Ich nenne es Überlebenskunst.

Meine Arbeit besteht darin, Menschen zu ihren kreativen Impulsen hinzuführen. Ich gehe davon aus, daß andere genauso sind wie ich: sie wollen aufwachen; sie wollen befreit werden. Den Körper befreien, um die Kraft des Seins zu erfahren. Das Herz ausdrücken, um die Kraft des Liebens zu erfahren. Die Psyche entleeren, um die Kraft der Selbsterkenntnis zu erfahren. Die Seele erwecken, um die Kraft des Sehens zu erfahren. Dem Geist eine konkrete Gestalt verleihen, um die Kraft des Heilens zu erfahren.

Bewegen ist meine Medizin. Der Rhythmus ist unsere universelle Muttersprache. Er ist die Sprache der Seele. Aber er ist eine vergessene Sprache, weil wir normalerweise von unserer Seele, der Quelle wahrer persönlicher Kraft, abgeschnitten leben. Wir leben in unseren Köpfen. Wir leben mit einer Idee, wer wir sind, und wir denken, daß dies alles, was wir sind, unsere Persönlichkeit ausmacht. Aber ein Körper ohne Seele hat keinen Rhythmus, und ein Mensch ohne Bewegung ist wie eine wandelnde Leiche.

Für mich ist jeder ein Tänzer. In jedem steckt ein Schamane. Der auf den Weckruf wartet. Bereit, auf der Schneide zu tanzen.

Schamanisches Heilen ist eine Reise. Es beinhaltet das Heraustreten aus unseren gewohnheitsmäßigen Rollen, unseren herkömmlichen Drehbüchern und dem Improvisieren eines Weges des Tanzes. Der Weg des Tanzes führt uns aus der Trägheit des Schlafwandelns in die Ekstase, in der wir den Geist des Augenblicks erleben. Nur allzuoft wird unser Leben automatisch in enge, sichere Muster gelenkt, in tödlichen Routinen festgelegt. Einige von uns wollen da heraus. Einige von uns wollen loslassen und die Kraft erwecken, die in uns vergraben liegt.

Um dies zu tun, müssen wir auf der Schneide leben, zwischen den Linien, irgendwo zwischen Materie und Geist, männlich und weiblich, Dunkelheit und Licht, Führer und

Anhänger, Stille und Bewegung. Wir wagen uns wie Seiltänzer über den Abgrund des Unbekannten. Mir gefällt es auf der Schneide. Ich nehme andere mit mir. Das ist meine Arbeit; es ist eine Reise aus dem Ghetto des Ego zu den Ausdehnungen des ganzen Selbst, eine Ebene der Bewußtheit, die das Alltagsleben mit vitaler Energie erfüllt.

Dieses Buch enthält die Choreographie für das Tanzen auf der Schneide – nicht die vorgegebenen Schritte des klassischen Tanzes, sondern Leitlinien für expressive Kreativität. Es ist ein Führer zur Selbsterforschung und bietet jedem Leser thematische Karten. Das Ziel besteht darin, in Bewegung zu kommen. Die schamanische Dimension in uns zu wecken. Körper, Herz, Geist und Seele freizusetzen, um den Tänzer, Sänger, Dichter, Schauspieler, Heiler in uns zu entdecken. Das ist eine ekstatische Erfahrung.

Ich lebe für diese Erfahrung. Ich verbringe mein Leben damit, Landkarten zu zeichnen, die auf allen Seinsebenen zu dieser Erfahrung führen. Es ist eine Silberne Wüste – eine erleuchtende, visionäre Bewußtseinsebene.

Als ich das erste Mal die Silberne Wüste erspähte, war ich neun Jahre alt. Eva führte mich dorthin. Sie war meine erste spirituelle Lehrerin, obgleich ich das natürlich erst viel später erkannte. Ich lebte mit meinen Eltern in der Nähe des Golden Gate Parks in San Francisco.

Ich spiele mit einigen Freunden auf der Straße. Wir werfen uns unbekümmert in eine große Hecke an einer Hauswand. Plötzlich stürzt eine ältere Frau aus dem Haus und verscheucht meine Freunde. Während meine Freunde weglaufen, bleibe ich stehen, gebannt von ihrer Energie und gefesselt davon, wie sie auf seltsame Weise mit sanfter Stimme schimpft: »Kinder, hört ihr nicht die Blätter und Zweige schreien? Wißt ihr nicht, daß sie Schmerzen haben?«

Sie lädt mich zum Tee ein. Ihre Augen sind blaue Tunnel und ihr Haar silbern. Ihr Körper ist angespannt, schlank und ihr Redefluß wird von einem hastigen, schnellen Lachen unterbrochen. Das Haus ist mit Musik und den Düften einer kochenden Suppe erfüllt. Ich bin bezaubert und weiß, daß ich nicht einfach eine neue Freundin gefunden habe, sondern eine Freundin für einen neuen Teil in mir.

Wir verbringen endlose Nachmittage mit Teetrinken und Erzählen. Mir ist nicht einmal bewußt, daß ich hier mehr lerne als in der Schule, weil es hier so mühelos erfolgt.

Aber es ist das Sterben, über das Eva mich am meisten lehrt.

Während der Morgenandacht habe ich eine Vision ihres Todes. Ich gehe jeden Tag zur Andacht. Ich liebe die Einsamkeit, die Stille der alten katholischen Kirche. Nur ich und eine Gruppe alter Damen in Schwarz, die den Rosenkranz beten. An diesem bestimmten Morgen, als der Pfarrer den Gottesdienst abhält, sehe ich etwas, das sich über seinem Kopf bewegt. Es sieht wie ein Adler aus. Es sieht wie Eva aus. Sie ist ein durchsichtiger Schatten ihrer selbst und lacht so laut, daß der Priester sie sicherlich hören kann. Er blinzelt nicht mit den Augen, hat keine Ahnung, was da vor sich geht, und in dem Moment weiß ich, daß sie im Sterben liegt. Sie wirft mir einen Kuß zu, während ich meine Tränen zurückhalte.

Ich habe Angst. Ich gehe nicht einmal zur Schule. Ich laufe zu ihrem Haus, wo ich sie sehr lebendig vorfinde. Ich erzähle ihr, was ich gesehen habe, und sie spricht zu mir in ihrer Art, die mich immer wieder überrascht. Sie überzeugt mich, daß das Sterben keine schlimme Sache ist. Ich kann mich nicht auf ihre Worte konzentrieren, aus ihnen keinen logischen Sinn entnehmen. Ich verstehe lediglich, daß der Tod wie ein exotisches Rezept zu sein scheint, eine wunderbare Art, einen Kuchen zu backen.

Ihre Energie beginnt, sich nach innen zu kehren. Unsere Gespräche sind von langen Pausen des Schweigens unterbrochen. Oder von Musik. Manchmal Chopin. Manchmal Frank Sinatra. Manchmal ein wehklagender Zigeuner.

Eva zieht allmählich in ihr Schlafzimmer um. Es ist ein ständiger Umzug. »Sie zieht ein und aus«, denke ich. Eines Nachmittags, als ich ihr vorlese, beginnt sich die Farbe des Raumes zu verändern. Es wird langsam in Silber eingetaucht. Ich sehe einen Faden ihres silbernen Haares, wie er sich direkt vor ihrem Kopf vergrößert und sich in einen Lichtfaden verwandelt, der tief in mich eindringt. Ich schwelge in einem silbernen Glühen, einer mühelosen Meditation, einer ekstatischen Ruhe. Mir ist, als würde ich zu einer anderen Ebene schweben, zu einem anderen Ort befördert werden. Ich glaube, ich bin im Himmel.

Eva ist tot. Ihr Geist ist gegangen. Ich schließe ihre Augen so, wie sie es mir vorher gesagt hatte. Und ich lese ihr weiterhin vor. Ich will nicht gehen. Als ich dann später gehe, schließe ich die Tür und schaue nicht zurück. Auch das hatte sie mir gesagt.

Evas Tod war ein Beginn für mich, eine Einweihung, Leben und Tod auf eine neue Art zu erleben, als eine zumindest momentane Auflösung der Grenzen zwischen Körper und Seele, dem Jetzt und der Ewigkeit. Es war meine erste Begegnung mit Ekstase.

Ich fand die Silberne Wüste als Kind, aber wie die meisten Menschen verlor ich sie im Verlauf des Heranwachsens. In unserer Kultur wird die Ekstase nicht geschätzt, noch glaubt man an sie. Nur allzu schnell verkümmert die Seele.

Unsere Körper werden in Muster gepreßt. Von der ständigen Wiederholung werden wir steif. Auch unsere Herzen erstarren in automatischen Routinen. Bald sind wir abgestumpft, unempfindlich gegen das, was wir wirklich empfinden. Und unser Geist wird rasch von unbezweifelten Annahmen, prägenden Einstellungen geblendet, die nicht zulassen, daß wir sehen, was draußen eigentlich vor sich geht, geschweige denn die Fülle der Welt erforschen. Wir sind zur Langeweile programmiert.

Vermutlich war meine Beschäftigung mit dem Tanzen mein Weg, um diesen trägen Tendenzen mit Energie, mit Bewegung entgegenzuwirken. Direkt von Anfang an entdeckte ich, daß ich beim Tanzen meine Persönlichkeit umgehe. Sie kann nicht mithalten. Sie hat kein Gespür für Rhythmus, weil sie wie ein Roboter nur auf ganz bestimmte Bewegungsmuster programmiert ist. Wenn ich tanze, breche ich aus. Ich mache meine eigenen Schritte, lasse den Takt in meine Seele einfließen. Ich reite wie ein Surfer auf den Wellen der Musik. Ich stoße mit Teilen von mir zusammen, gehe zwischen ihnen und um sie herum, erweitere das, was ich kenne.

Ich gehe dorthin, wo ich niemals zuvor gewesen bin. Durch das Tanzen bin ich durch meinen Körper in mein Herz gereist, gelangte zu einer anderen Dimension des Daseins, einer Dimension, die ich als Ekstase bezeichne, die völlige Vereinigung mit dem Geist.

Alles, was ich weiß, habe ich durch die Bewegung mit dem Geist gelernt. Und ich weiß, daß ekstatische Bewegung bereichernd und heilend ist. Meine Methode, mein schamanischer Wahnsinn, stammt nicht aus Büchern, sondern aus dem Erleben und dem Tanzen. Meine Werkstatt ist die Konzerthalle, das Aufnahmestudio, der Tanzboden, das Theater, die Straße. Es ist eine lange Initiation gewesen.

Im Teenageralter litt ich an Magersucht, führte den Riß zwischen Körper und Geist zur Schneide. Meine Krise rührte aus dem Gefühl, daß ich mich zu entscheiden hätte, zu entscheiden zwischen Himmel und Hölle. Mein Körper war die Hölle, der gegen die Leidenschaft meiner zum Vorschein kommenden Sexualität kämpfte. Das ›High‹, das ich durch mein Hungern erhielt, war himmlisch. Ich strebte nach dem

Geist. Ich lebte auf der Schneide zwischen Leben und Tod, Selbsthaß und vager Sehnsucht. Als ich schließlich aus dem Muster der Selbstzerstörung ausbrach, war es ein grundlegender Entschluß, mich für das Leben zu entscheiden, selbst während ich auf der Schneide tanzte.

Am Anfang meiner Reise traten Lehrer in allen Erscheinungen zu mir. Meine Initiation begann auf Spielplätzen und in Altenzentren. Um Geld für das College zu verdienen, gab ich Kindern und alten Leuten in Tanz und Schauspiel in verschiedenen Freizeiteinrichtungen Unterricht. Zumindest dachte ich das. Doch sie waren meine ersten Zen-Meister. Sie lehrten mich zu führen, indem ich folgte. Es war unmöglich, 300 Kinder auf einem Spielplatz oder 50 Senioren zu ›kontrollieren‹; jeder einzelne lebte in seiner eigenen Welt und mit seinen festen Vorstellungen. Es war unmöglich, meine großen Pläne durchzusetzen – Pläne, für deren Ausarbeitung ich mitunter die halbe Nacht aufgeblieben war –, falls sie sich nicht zufälligerweise (was zuweilen geschah) in ihre Bedürfnisse einfügten. Sehr oft mußte ich, um nicht den Verstand zu verlieren, meine hervorragenden Ideen fallenlassen und ganz spontan Bewegung und Tanz aus der Energie heraus schaffen, die im Raum oder auf dem Spielplatz vorhanden war. Ich mußte sie dort hervorholen, wo sie waren. Ich folgte ihnen zu diesem Punkt und fand einen magischen Ort vor.

In jener Zeit stieß ich zum ersten Mal auf die Rhythmen, durch die Energie fließt, indem ich auf ihre Bewegungen achtete, die abrupten Änderungen in der Intensität und im Stil. Besonders die Kinder wechselten ständig, und ich mußte mich auf sie einstellen: eine Minute lang erzählte ich ihnen eine Geschichte, im nächsten Moment dachte ich eine neue Variante von Fangen aus, dann mußte ich erklären, warum sich zwei Hunde aneinander festklammerten, bald darauf fungierte ich als Schiedsrichter bei einem Baseballspiel und dann mußte ich ein weinendes Kind trösten. Tag für Tag mußte ich improvisieren, intuitiv erkennen, was im Augenblick zu tun sei, etwas Besonderes schaffen aus nur einem Hinweis, einem Vorfall, einer Konfrontation. Aber meistens inspirierten mich die Kinder und die Senioren dazu, jeder auf seine Weise, einfach nur ich selbst zu sein. Und zurückblickend erkenne ich, daß meine eigentliche Aufgabe darin bestand, ihre Energie in positive, schöpferische Bahnen zu lenken.

Ich bin im Agnew State Hospital angestellt, um Patienten das Tanzen beizubringen. Meine Gruppe besteht ausschließlich aus Schizophrenen. Ich bin mit 25 oder 30 Leuten in einem Raum, jeder einzelne befindet sich in seiner eigenen Wirklichkeit. Ein Mann ist in seinem eigenen Baseballspiel Schiedsrichter. Ein anderer tanzt Hula. Ein dritter regelt einen imaginären Verkehr.

Wie soll ich diesen Leuten Tanzen beibringen? Welche Schritte soll ich ihnen zeigen, die sie nachmachen können? Keiner ist in seinem Körper zu Hause. Kaum atmend, mit schlaffen Gliedmaßen und leeren Augen, sind sie, abgesehen von krampfhaften Zuckungen, in sich zusammenfallende Fleischsäcke.

Die Antwort kommt, sobald ich mich der Tatsache füge, daß ich ihnen ›Tanzen‹ wirklich nicht beibringen kann. Meine einzige Hilfestellung für sie besteht darin, sie zu verleiten, sich zu bewegen, ihre jeweiligen Wirklichkeiten in Bewegung umzusetzen. Sie können sich ihre eigenen Schritte ausdenken.

Ich trete in ihre Welten ein und fange an, ihre Phantasievorstellungen zu choreographieren. Wir bewegen uns alle um die Ausgangspunkte, schwingen unsichtbare Schläger, tanzen Hula und regeln den Verkehr. Schließlich bewegen sich alle, agieren ihre jeweiligen ›Trips‹ gemeinsam aus, und ich lenke einfach so gut ich kann die Wellen ihrer Energie.

Ich pendelte zwischen zwei Welten. Auf der einen Seite war ich vorrangig mit dem College beschäftigt: hier wurden all meine kreativen Impulse aus mir ›herausgeprügelt‹, ich fühlte mich völlig fehl am Platz, studierte Fächer, die mich überhaupt nicht interessierten. Auf der anderen Seite arbeitete ich, um mich zu ernähren, mit Kindern, Senioren und Geisteskranken, und diese Arbeit hielt meinen Geist lebendig. Sie lehrten mich, offen, aufgeschlossen zu sein. Ich hörte ihren Geschichten zu, fühlte ihren Schmerz, sah ihre seelischen Wunden und tat mein Bestes, um für sie da zu sein. Und bei ihnen war es, wo meine Ausbildung wirklich stattfand.

Ich begann mich von meinen kulturellen Fesseln zu lösen, als ich nach dem College-Abschluß drei Jahre in Europa verbrachte und dort etwas über die Verbindungen zwischen Körper, Herz und Geist lernte. Bei meiner Ankunft konnte ich kaum eine der Sprachen sprechen; ich beherrschte lediglich die dürftigen Notwendigkeiten in der Gegenwartsform, um durchzukommen. Ich fühlte mich frei; nicht länger an die Annahmen und Erwartungen gebunden, mit denen ich großgeworden war. Die Vergangenheit existierte nicht. Ich konnte nicht in der Vergangenheitsform sprechen, und ich hatte mit den Leuten, die ich kennenlernte, keine Vergangenheit. In jedem Augenblick konnte ich mich neu zusammensetzen. Zum ersten Mal in meinem Leben war ich nicht die Tochter oder Freundin von jemandem, Studentin oder Lehrerin. Ich war allein, nur ich selbst, und es war erregend. Ich bekam einen Vorgeschmack davon, wie es ist, wahrhaftig frei zu sein, ich selbst zu sein.

In Europa entwickelte ich eine Besessenheit zur Kunst. Ich lebte in Museen, konsumierte Kunst vollständig, verschlang jedes Gemälde und jede Skulptur auf der Suche nach Landkarten, die zu meiner Seele führen. Ich bekam einen Job als Zeichenmodell – Sprache war nicht notwendig.

Inmitten von Räumen mit hohen Decken und Steinwänden träge sitzend, lasse ich meine Gestalt festhalten, die aus unzähligen Perspektiven ständig neu definiert wird. Nach jeder Sitzung wandere ich durch den Raum und nehme Hunderte von Bildern meines Körpers, meines Selbst auf. Einige halten mich in weich schimmernden Pastelltönen fest, andere in kühnen Ölstrichen. Einige sehen mich als Collage, andere als eine fließende Linie. Für einige bin ich ein fliegender Vogel oder ein verwundetes Rehkitz, für andere eine uralte ägyptische Katze oder eine geschmeidige Tigerin. Wunderschön, häßlich, schlecht, gut. Einige gefallen mir, andere nicht. Sie alle stellen mich dar, und dennoch bin ich keines von ihnen.

Als Zeichenmodell lerne ich unbewußt, mich von all meinen eigenen verschwommenen Selbstbildnissen zu lösen. Ich erkenne, daß sie zwar alle wahr sein können, aber keines beständig ist. Und ich stelle erstaunt fest, daß diese Erkenntnis mich nicht in nihilistische Verzweiflung stürzt. Statt dessen empfinde ich die erfrischende Woge einer Kraft, die stärker ist als all diese winzigen Bilder meines Selbst. Schnell dahineilend stoße ich auf meine Seele.

Ich begann immer deutlicher zu erkennen, daß Kunst nicht nur Verzierung, eine Verschönerung des Lebens ist, sondern ein Weg an sich, ein Weg, der aus dem Kalkulierbaren und Konventionellen führt, eine Landkarte zur Selbsterforschung. Jedoch war es noch lediglich Intuition, bis ich es *leben,* es anwenden konnte.

Bevor ich nach Europa ging, hatte ich den größten Teil meines Lebens Tanz studiert. Meine Ausbildung war sehr traditionell gewesen, alles bezog sich auf Form. Mein Tanz hing von Spiegeln, Techniken, Ausstattung, blutigen Zehen ab. Ich mußte meinen Körper hungern lassen und mich den Begebenheiten fügen, die für den einen Weg erforderlich waren.

Tanz bedeutete Imitation, gleichgültig, ob es sich bei der Form um Ballett, Ausdruckstanz oder James-Brown-Funk handelte. Im Mittelpunkt standen immer die Schritte einer anderen Person. Es wurde immer schwieriger, sich beim Tanzen wohl zu fühlen, so wie das Tanzen immer mehr in ›richtig‹ und ›falsch‹ eingebunden wurde. Es war ›richtig‹, meinen Arm in einer bestimmten Form zu einer bestimmten Höhe zu bewegen, und es war ›falsch‹, ihn sich dorthin bewegen zu lassen, wohin er wollte. Ich war so oft nach dem Unterricht verzweifelt, klagte mich feindselig an, daß ich nicht Martha Graham wäre. Irgendwie erhielt ich im Tanzunterricht immer wieder die Bestätigung, daß ich einfach nicht gut genug war.

Und die ganze Zeit über lief die Uhr. Die herkömmliche Weisheit war, daß ich bis zum dreißigsten Lebensjahr tanzen konnte – danach würde meine beste Zeit vorbei sein, ich wäre erledigt.

In Europa begann sich für mich alles zu verändern. In Spanien breitete mein eben flügge gewordener Geist seine Flügel aus und fing zu fliegen an. Ein neuer Tanz war geboren. Wieder einmal wurde ich plötzlich in die Silberne Wüste befördert. Ich wurde von zwei Frauen initiiert, von denen keine ein Wort sprach, aber mir alles durch ihre vor Leben pulsierenden Körper mitteilten:

Ich gehe allein durch die alten Avenidas der kleinen Stadt Sitges spazieren; sie sind mit Nischen versehen, Spaniens geheime Schätze – enge Gassen, die zu zurückgesetzten Terrassen, Gärten und Plätzen führen. Da höre ich aus einem unscheinbaren Bogengang das Geklimper einer unsichtbaren Gitarre. Es zieht mich an und ich betrete das verborgene Heiligtum.

In der schattigen Abgeschiedenheit eines Gartens sitzt ein uralter Mann auf einer niedrigen Mauer und spielt Gitarre. Seine Augen sind geschlossen. Eine alte Frau steht neben ihm, auch ihre Augen sind geschlossen. Langsam fängt sie zu tanzen an, auf ihre eigene Bewegung konzentriert, dennoch wie mit einem Partner zu der Musik tanzend. Ihr Tanzen hebt mich empor. Im Nu sind all meine Bedenken über Alter und Zeit und Tanzregeln weggefegt.

In ihrem Tanz sehe ich, daß der Körper mit dem Geist vermählt ist. Das Alter tut dieser vitalen Verbindung keinen Abbruch, es vertieft sie nur. Männlich und weiblich, Musik und Bewegung, Körper und Geist – eine fließende Harmonie, die mit dem Alter nur noch mächtiger wird. Tanz, die Kunst des Bewegens, die uns auf schwungvolle Weise zusammenfügt.

An jenem Abend bin ich in einem Klub, um eine echte Zigeunerin tanzen zu sehen. Ich sitze in der schwülen Luft, es riecht so intensiv nach Jasmin, daß ich ihn schmecken kann. Ich halte mich an einem Singapore Sling fest und starre auf die nackte Holzbühne.

La Chunga stürzt mit dem ersten Gitarrengeklimper auf die Bühne. Sie ist total. Sie ist reine Leidenschaft, ungezügelte Kraft. Ihre Augen sind wie Kristallkugeln, und ihre Haltung ist die einer Statue, die seit tausend Jahren an den Toren des Mittelmeeres steht. Sie ist ein Juwel mit vielen Facetten, das unzählige Tiefen aufflammen läßt. Sie ist totale Gegenwart, ein Blitz aus dem Jenseits und sie beherrscht die ungeschmückte Bühne mit bloßen Füßen und bloßer Seele.

La Chunga schlitzt mich auf. Ihre Trance ist elektrisierend. Sie versetzt mich in Ekstase. Ihre überschäumende Energie setzt bei mir den Wunsch frei, mit Hingabe zu tanzen. Sie brennt meinen schuldbeladenen, herabgewürdigten, negativen, ambivalenten Charakter weg, die Rolle des Versagers, die ich so bereitwillig angenommen hatte. Sie zertrampelt mit ihren glühenden Füßen meine ›Erbsünde‹, und ich werde davongetragen in die Silberne Wüste, durchtränkt mit den blutroten Strahlen eines mediterranen Sonnen-

untergangs. Ich bin begeistert und verängstigt über das Wissen der Kraft freigesetzter Leidenschaft, und es gibt kein Zurück.

La Chunga war eine Schrotflinte, die durch meine sorgfältig aufgebaute Persönlichkeit schoß und meine Seele in Echtzeit ausströmen ließ. Spanien war für meinen ausgehungerten Geist wie eine Heilige Kommunion.

Obgleich ich niemals mit La Chunga sprach, hatte ich einen Traum, in dem sie mir ihre Botschaft mitteilte: Ich hatte sie beim Tanzen beobachtet und kämpfte mich nach ihrem Auftritt auf der Suche nach ihr durch die Menschenmenge. Atemlos stieß ich zufällig auf sie, als sie gegen einen Baum lehnte, ihre Hände hatte sie einfach hinter sich verschränkt. »La Chunga«, sagte ich (im Traum konnte ich spanisch sprechen), »ich möchte so gern auf deine Art tanzen.« Sie wies meine Bitte mit der Bemerkung ab: »Tanz auf deine Art, Närrin!«

Die Erlaubnis, mit Leidenschaft zu tanzen und für immer zu tanzen, riß mich aus der unbewußten Trägheit und der gehemmten Imitation heraus in den intuitiven Tanz meiner Seele. Bei diesem Tanz kennt niemand die Schritte, nicht einmal ich. Sobald ich mich darauf einließ, mich einfach zu bewegen, das Innere nach außen fließen zu lassen, schaltete ich die Notwendigkeit aus, Formen gerecht zu werden, Erwartungen zu entsprechen, die von einer anderen Person geschaffen wurden. Ich betrat das Reich des ekstatischen Tanzes.

Der ekstatische Tanz wurde mein Weg, um von meiner Persönlichkeit in meine Seele zu springen. Wann immer ich steckenblieb, unternahm ich alles, um ans Tanzen zu kommen, um den sicheren, langweiligen Einschränkungen des Vernünftigseins zu entkommen. Ich hatte keine Ahnung, daß ich mein Leben damit verbringen würde, andere mit mir zu nehmen.

Mitte der sechziger Jahre kehrte ich von Europa in die Staaten zurück, um an der High-School Amerikanische Geschichte und Schauspiel zu unterrichten. Das Land war angespannt von Rassenunruhen, Sit-ins und Demonstrationen. Nach dem tragischen Mord an Martin Luther King, Jr. marschierten schwarze Schüler in Massen schweigend durch das Schulgebäude. Ihr düsteres Ritual rüttelte die meisten weißen Schüler und die Verwaltung auf. Sowohl meine jüngeren als auch älteren überwiegend weißen Schüler sahen in mir einen Erwachsenen, der viel von der Welt gesehen hatte und baten mich, sie die Geschichte der Schwarzen zu lehren, sie aufzuklären, was vor sich ging. Sie wollten verstehen.

Aber was konnte ich sie lehren? Ich erinnerte mich an so viele Geschichten von Weißen und Schwarzen, daß mein Herz schmerzte. Ich hatte eine Menge schwarzer Freunde. Aber ich bin niemals schwarz gewesen. Ich kannte nur die Scham, weiß zu sein. Wie sollte ich die Geschichte der Schwarzen unterrichten?

Ich ging instinktiv vor:

Sechs Wochen lang behandeln wir aktuelle Ereignisse, die Geschichte der Sklaverei in den Vereinigten Staaten, Rassentrennung, die eingewurzelten Ursachen von Rassengewalt und revolutionäre Ausbrüche wie die Watts-Aufstände. Schmerzvoll und aufrichtig äußern wir unsere persönlichen Vorurteile, suchen nach den Ursprüngen unserer eingefleischten Einstellungen. Ich gebe ihnen auch einen vom Behavioral Research Lab herausgegebenen Text über Schwarze in Amerika. Er beinhaltet historische Fakten über Schwarze, soziologische Statistiken und führt zu einem Ja-Nein-Test. Ich sage ihnen, daß jeder, sogar jemand, der niemals zur Schule gegangen ist, diesen Test bestehen würde, und daß ich aus Gefälligkeit den Test als Grundlage für ihre Gesamtzensur nehmen würde (und die Senioren mußten bestehen, um die Abschlußprüfung machen zu können).

Am Prüfungstag gebe ich ihnen jedoch nicht den Behavioral Research Lab-Test, sondern den ›Chitlin-Test‹ mit Fragen wie: »1) Wie lange muß man Schweinsgekröse kochen, damit es zart wird? 2) Wie hoch ist die Sozialhilfe in diesem Bundesstaat für eine Frau mit einem Familienangehörigen?« Der Test wurde von einer Gruppe schwarzer Pädagogen zusammengestellt, die bestürzt waren, daß die meisten standardisierten Tests überwiegend auf eine weiße soziale Umwelt zugeschnitten waren. Ich werde niemals die Reaktion von Howard Schwartz vergessen. Seit dem Kindergarten hat er immer nur die besten Zensuren bekommen. Seine Hand ist die erste, die hochschießt, die erste Stimme des Protestes. »Aber, Frau Roth, dieses Material hat überhaupt nichts mit dem Text oder dem Lehrplan dieses Kurses zu tun.« Er ist in Panik geraten. Ich fahre ihm über den Mund. »Howard, ich bin sicher, daß du ein Fachmann in der Geschichte der Schwarzen bist. Bleib einfach sitzen und mach den Test.« Er kann nicht glauben, was mit ihm geschieht, daß seine makellosen Bestleistungen mit diesem komischen Test in den Schmutz gezogen werden.

Von ungefähr 175 Kindern bestehen nur 3 den Test. Zwei Tage lang sind sie unglücklich, depressiv, wütend. Sie fühlen sich vergewaltigt, betrogen und denken, daß sie nicht zum College gehen können. Am dritten Tag komme ich in das Klassenzimmer, erstaunt, daß sie mir noch soweit vertrauen und sich noch nicht bei ihren Eltern und der Verwaltung beschwert haben. Warum habe ich das mit ihnen getan? Wie konnte ich so ungerecht sein? Wie konnte ich ihnen einen einfachen Test versprechen, der sich auf den Text stützt und dann mit dieser Überraschung herausplatzen?

Ich sehe jeden einzelnen an und sage: »Nun, ihr wolltet, daß ich euch in der Geschichte der Schwarzen unterrichte. Sagt mir: Wie fühlt man sich als ›Nigger‹?«

Ihre Wahrnehmungsmuster sind erschüttert. Jetzt sehen sie die Welt aus einer neuen Perspektive. Welche wichtigere Lektion in der Geschichte der Schwarzen hätte ich sie lehren können, wenn nicht die Erfahrung der Ungerechtigkeit?

Am nächsten Tag gebe ich ihnen den richtigen Test.

Ich ging auf Schneiden, riskierte Katastrophen, arbeitete unterhalb der Oberfläche, benutzte Drama, Schock, Humor, alles, was ich mir ausdenken konnte, um Bewegung und Veränderung zu schaffen. Ich wußte nicht, was ich überhaupt tat, aber was immer es auch war, ich mußte es tun. Ich lernte mein Handwerk, aber niemand – vor allem ich selbst nicht – wußte, was es war. Das war der Grund, warum ich ständig meinen Weg verlor und dann wiederfand.

Ich gab schließlich das Unterrichten auf, denn eigentlich wollte ich nur tanzen – auch wenn ich nicht einmal die Miete bezahlen konnte. Ich mußte dieses Risiko eingehen. Statt drei Klassen wöchentlich unterrichtete ich nun drei Klassen täglich. Tagsüber fügte ich mich den Anforderungen der Form. In der Nacht gab ich mich der Leidenschaft des ekstatischen Tanzes hin. Es dämmerte mir nie, daß ich auch in der Lage sein könnte, diese Form des formlosen Tanzes vorzuführen oder zu unterrichten. Mir schien nur die einzige Wahl möglich, nämlich eine professionelle Tänzerin zu werden. Gott hatte jedoch andere Pläne mit mir. Mein Knie begann mysteriöserweise einzuknicken. Eine alte Skiverletzung leitete mich vom ›Vorführen‹ zum ›Unterrichten‹ um. Die Ärzte erklärten mir, daß ich niemals wieder tanzen könnte. Es sah aus, als ob ich den Rest meines Lebens in einem Körper verbringen müßte, der nicht tanzen konnte. Der Todeshieb.

Meine anschließende Depression führte mich nach Big Sur, um an einem Sensitivitätstraining teilzunehmen. Aber der Leiter der Gruppe war so unsensitiv, daß ich abbrach und zu den Hot Tubs ging. Im Aufgeben fand ich das, wonach ich gesucht hatte.

Zum ersten Mal wage ich mich in das berüchtigte Bad des Esalen-Instituts. Es macht mich nervös, nackt zu sein. Ich fühle mich gehemmt und tölpelhaft, als meine unschönen bloßen Füße ihren Weg zu den Steinstufen machen. Ich biege um die Ecke und stolpere direkt in einen alten Mann, der wie der Weihnachtsmann aussieht und der, wie er es ausdrückt, es fertig bringt, eine Frau so lange in den Hot Tubs zu vögeln, bis sie ihren Verstand verliert. Ich halte krampfhaft mein Handtuch fest, stürze den Hügel zurück und verstecke mich kettenrauchend in meinem Zimmer bis zum Abendessen.

Der alte Mann sitzt an meinem Tisch. Er rügt eine Frau, weil sie ihn gebeten hat, ihr das Salz zu reichen. Plötzlich wendet er sich mir zu und sagt mit starkem deutschen Akzent: »Und wen haben wir hier, einen Filmstar?« Ich starre ihn wütend an und verpasse kein Wort. »Nein, ich bin Regisseurin. Mein Spezialgebiet ist Badewannensex mit geilen alten Männern.« Keine Antwort. Wir starren uns so lange an, bis er in Gelächter ausbricht.

Ich hatte keine Ahnung, daß ich gerade Fritz Perls kennengelernt hatte, den Begründer der Gestalttherapie. Es stellte sich heraus, daß Fritz Tänzer sehr mochte. Es faszinierte ihn, daß ich Kinder auf dem Spielplatz, alte Leute in Altenzentren, Schizophrene in Anstalten, Fixer in Rehabilitationszentren im Tanz unterrichtet hatte. Zu der Zeit waren das für mich merkwürdige Jobs gewesen, die ich angenommen hatte, um mich durch das College zu bringen. Aber für ihn machte das Arbeiten mit diesen Leuten erforderlich, im Augenblick zu leben, und das war es, worauf es ihm ankam.

Sein Therapieansatz bestand darin, Erinnerungen aus der Vergangenheit zu reißen und in das Jetzt zu pflanzen. Früherlebte Traumata, wiederkehrende Träume, vergangene Beziehungen, Verletzungen, Wut – er ließ Leute alles in der Gegenwartsform erleben. Was auch immer geschieht, es geschieht jetzt. Die Vergangenheit ist jetzt, die Zukunft ist jetzt. Lebe es.

Und er erkannte den gleichen Charakter in mir. Ich hatte meine Arbeit niemals als heilend oder therapeutisch angesehen, aber Fritz stellte schnell die Verbindung her. Er forderte mich unverzüglich auf, in seiner Gestalttherapiegruppe Bewegung zu unterrichten. Niemals zuvor hatte ich solches Lampenfieber empfunden; ich konnte nicht tanzen und hier sollte ich es unterrichten, aber ich ließ mich trotzdem darauf ein.

Ich erscheine mit fünfzig Schallplatten, drei Räucherstäbchen und mindestens zehn Plänen im Kopf. Im ganzen Raum sind Körper, sitzend, stehend, an der Wand lehnend, redend oder mich argwöhnisch beobachtend.

Ich laufe zur Stereoanlage, fühle mich gehemmt wie eine geschlechtsreif werdende Ballerina. Die Anlage ist kaputt. Panik. Meine ganzen Pläne sind vereitelt. Ich spüre die starrenden Blicke der buntgemischten Menge hinter meinem Rücken, die mich herausfordern, sie zum Bewegen zu bringen.

Verzweifelt wirbel' ich herum, um meinem Feind ins Angesicht zu sehen. Und dann nehme ich das Mantra auf, das in meinem Kopf hämmert: »Tanz einfach, tanz einfach!«

Ich fange also an mich zu bewegen, und die Worte kommen hervor: »OK, legt euch einfach hin und laßt euren Körper in den Boden sinken. Öffnet die Beine, entspannt die Hände, lockert den Kiefer. Spürt euren Atem, reitet auf ihm tief in euer Zentrum wie ein Surfer, der auf einer Welle reitet. Jetzt bewegt einfach die rechte Hand ... Gut, jetzt die linke Hand ... öffnet und schließt beide Hände ... öffnet und schließt den Mund ... die Hände ... die Beine ... Schließt euch zu einer Kugel ... öffnen ... Schließen .. Jetzt mit Partnern ...

Wir bewegen uns durch die einzelnen Teile unseres Körpers. Wir folgen dem Körper wie einer Landkarte in ein tieferes Erfühlen unseres Selbst.

Eine neue Ebene meiner Arbeit hatte begonnen. Ich wurde die Bewegungsspezialistin mit Wohnsitz in Esalen. Es waren die sechziger Jahre, und alles war möglich. Eine Revolution ging vor sich, und ich war mitten drin.

Ich bin in Esalen auf dem Deck. Es ist Nacht. Seit Monaten beobachte ich andere beim Tanzen und verleite Leute, sich zu bewegen, die ganze Zeit über habe ich Angst, selbst zu tanzen. Erinnerungen an Ärzte verfolgen mich, die über Knochennägel und Knieoperationen reden.

Unter einem Vollmond stürzt das Gebirge in das Meer. Das Deck ist mit Körpern vollgestopft, einige sind ›Hip‹, andere wieder gutbürgerlich und alle beobachten die Schlagzeuger von Big Sur, die eine Jam Session machen wollen.

Die Luft ist elektrisiert, als sie zu spielen anfangen. Plötzlich machen sie klick, und der Rhythmus beginnt in meinem Körper zu trommeln und zerschmettert meine Trägheit. Ich werde aus dem Schatten gezogen – alles fordert mich zum Tanzen auf.

All meine Ängste lösen sich im hämmernden Pulsieren der Trommeln auf. Ich vergesse mein Knie. Ich vergesse, daß ich nicht tanzen kann. Nichts kann mich von der Bewegung abhalten, nicht einmal mein Körper. Ich lasse los, während ich in einer Wirbelbewegung zu der tiefsten Ebene des ekstatischen Tanzes, die ich je erlebt habe, fortgerissen werde. In mir erwacht der Geist des Tanzes, so wie ich alle Form zurücklasse – für immer. Mein Tanz und ich sind eins. Es ist mein Tanz – mein Körper fliegt. Ich bin ein

Rabe und trage das Leid der Kinder auf meinen schwarzen Flügeln, ein Wolf, der durch die Nacht heult. Meine Form verwandelt sich weiter und ich folge ihr in die Silberne Wüste.

Für mich war es ein Moment großer Wahrheit, als ich herausfand, daß ich mich bewegen konnte, obgleich ich nicht einmal ›tanzen‹ konnte, komisch genug, da ich genau das anderen jahrelang beigebracht hatte. Ich war auf einer Reise in das Land des Geistes gewesen und wiedergeboren worden. Meine heilsame Krise endete in meiner ekstatischen Trance. Und die Ekstase, die ich fand, war das, was alle suchten. Ich war besessen von der Idee, über meine Reise dorthin und wieder zurück eine Landkarte anzufertigen, um andere mitnehmen zu können.

Fritz war der einzige Mensch, mit dem ich darüber reden konnte. Wir wurden gute Freunde. Eines Tages kam er zu mir, als ich seine Autobiographie *Gestalt-Wahrnehmung: Verworfenes und Wiedergefundenes aus meiner Mülltonne* las. Er riß es aus meinen Händen und warf es über den Gebirgskamm hinter uns in den Pazifik und schrie: »Ich habe es geschrieben, weil ich nicht tanzen kann!« Kurz danach erlebte ich Fritz, als er gerade dabei war, das Selbstbewußtsein von jemandem wachzurütteln – er gestikulierte wild, verzog sein Gesicht zu unzähligen Masken, wobei jede einen ausgereiften Charakter darstellte. Ich sagte: »Hey Fritz, wer sagt, daß du nicht tanzen kannst?«

Im großen und ganzen gab mir Fritz eine einfache Botschaft: »Ich weiß, wer du bist. Ich sehe, was du tust. Mach weiter!«

In den folgenden drei Jahren war Esalen eine erschöpfende Werkstatt für die Entwicklung meiner Arbeit. Und in meiner Werkstatt ließ ich einen ständigen Strom von Körpern durchlaufen: in Blue Jeans gezwängte Möchte-gern-Modelle und -Gurus, in einem Gewirr von Goldketten gefangene Egos, Gesichter, die kurz zuvor in den Blättern des *Life*-Magazins zu finden waren. Ich sah die Privilegierten, die Beneideten, die Supereleganten, die Reichen. Ärzte, Rechtsanwälte, Psychiater, Filmstars – alle verklemmt, alle leidend. Hier waren sie, die Gefangenen des Amerikanischen Traums, standen alle in der Schlange, warteten darauf, zu schreien, sich ihren Weg aus ihrem klimatisierten Alptraum zu stampfen.

Sobald ich ihnen ihre Worte wegnahm, fingen sie ›insgesamt‹ an, auseinanderzufallen, egal was für ein Problem sie hatten. Sie wußten nicht, wie sie es zusammenhalten oder alles zum Einstürzen bringen konnten. Sie konnten weder den Rhythmus der Musik erfassen noch den Rhythmus in ihren Herzen spüren. Sie konnten sich nicht gegenseitig in die Augen sehen oder einen Schrei ausstoßen. Gefangen in Geschwindigkeit und Bildern, konnten sie einfach nicht hier sein, obgleich man nirgendwohin gehen konnte, obgleich es nichts zu zeigen gab.

Ich tanzte meinen Schmerz in diesen Bewegungssitzungen und ließ jeden seinen Schmerz tanzen, was auch immer es war. Das Eis wieder aufbrechen, die Maske schmelzen, etwas in den Knochen fühlen. Hinuntersteigen. Endlich lebendig werden.

Und die Körper sprachen zu mir. Ich sah Erzählungen im Fleisch, die unsäglichen Geschichten von leblosen Armen, die einfach herabhingen, von Becken, die auf dem ›Parkplatz‹ eingeschlossen waren, von zusammengeballten Fäusten und verkrampften Kiefern, die im Körper zu Einstellungen wie ›Ich bin nicht gut genug‹ oder ›Geh aus meinem Weg‹ eingeschmolzen waren. Vor Scham eingefallene Brustkörbe, hochgezogene Schultern, Stimmen, vor Wut gereizt oder vor Angst zusammengeschnürt. Der Körper lügt niemals.

Das typisch amerikanische Volk marschierte jeden Tag vorbei. Nett. Normal. Neutral. Neurotisch. Jeder Körper, auch wenn er noch so berühmt war, wollte verzweifelt jemand sein und wußte nicht, wie das zu erreichen sei. Wer konnte glauben, daß das Geheimnis in der Bewegung lag? Indem wir für dieses Fleisch, das wir wie eine Last mit uns herumschleppen, ein Zuhause schaffen!

Allmählich erkannte ich, daß wir alle an ›Trizophrenie‹ leiden: wir denken eine Sache, fühlen etwas anderes, agieren auf eine dritte Art. Wie oft denke ich ›ja‹, fühle ›nein‹ und höre mich sagen: »Ich komme zu dir zurück.« Oder ich bin total sauer, denke aber: »Es ist mein Fehler« und bin freundlich. Oder ich denke: »Mir geht es gut«, fühle mich unsicher und handle aggressiv. Trizophrenie ist schwächend. Du bist ausgelaugt, kraftlos; es gibt kein Energiezentrum. Man fühlt sich entzweit, wie ein Durcheinander von Teilen, die nur auf das reagieren, was auf sie zukommt. Jeder in meinen Sitzungen kannte das Gefühl.

Aber aus Gründen, die mir selber kaum klar waren, begann die Bewegung sie zusammenzuschweißen, vermittelte ihnen das Gefühl eines Zentrums, entfachte in ihnen einen Funken von Geist. Jeden Tag entdeckte ich, daß sich Leute selbst heilen, wenn man sie einfach in Bewegung setzt. Und ich begann, für sie Abkürzungen der Reise zurück zur Ganzheit zu finden.

Dennoch hatte ich noch keinen Namen für das, was ich tat. Keine Sprache. Leute in meinen Workshops veränderten sich, brachen aus ihren Zwangsjackenpersönlichkeiten heraus und zerschlugen die Mauern ihrer Verteidigungsanlagen. Ich war zufällig auf einen Weg gestoßen, den Geist freizusetzen, hatte aber keine Struktur, keine Methode, kein System. In der Tat hatte ich überhaupt keine Ideen, sondern nur Instinkte.

Es verunsicherte mich zur Genüge, daß mich die Formlosigkeit meines Berufes beunruhigte. Wenn man mich im Flugzeug oder auf Partys fragte: »Was machen Sie?«, mußte ich jedes Mal eine Antwort improvisieren, dennoch kam ich mir immer lächerlich und ausweichend vor. Sollte ich etwa sagen: »Ich setze Ekstase frei«?

Ich war noch damit beschäftigt, meine Teile zusammenzuschweißen, mich zu meiner Kraft zu bekennen, meine Stimme zu finden.

In jener Zeit begannen Leute meine Arbeit als schamanisch zu beschreiben. Ich mußte das Wort nachschlagen, aber das half mir auch nicht weiter: »Schamane: ein Medizinmann (keine Frau); sowohl Priester als auch Arzt, der mit dem Übernatürlichen arbeitet.« Übernatürlich. Was ist natürlicher als natürlich? Ich lehnte die ganze Idee ab.

Aber wer war ich? Wie konnte ich meine Arbeit interpretieren? War ich echt oder eine Betrügerin? Ich brauchte einen eigenen Lehrer. Und als einige Freunde von mir aus Chile zurückkehrten, sichtbar verändert und Begeisterung für die Lehren von Oscar Ichazo ausströmend, spürte ich sofort, daß er der Lehrer war, den ich gesucht hatte.

Es stellte sich heraus, daß Ichazo nach New York zog, und ich fand mich schnell im Essex Hotel wieder, wo er sein Arica-Training für spirituelles Wachstum leitete. Oscar Ichazo, eine schwarze bolivianische Katze mit Laseraugen, hatte den Code entschlüsselt. Er war ein Meisterlehrer, ein Gestaltwandler, ein schamanischer Supermann, lebte im Satori und gab Schülern ein Zeichen, ihm zu folgen, falls sie sich trauten. Ich wagte den Sprung. Er fragte mich: »Wer bist du? Wohin gehst du? Wie willst du dorthin gelangen?« Ich wich aus, verhaspelte mich, schwankte. Ich rasselte bei der Eingangsprüfung durch. Und das war der erste Schritt.

Oscar zeigte mir eine Landkarte zu meiner Seele: wie sie geformt und wo sie verwundet war. Meine Wunde war offenkundig – ein völlig negatives Selbstbild. Ich wußte nicht, wer ich war oder wie ich bei mir sein konnte. Ich beschäftigte mich die ganze Zeit, füllte das schwarze Loch in mir aus. Das war der Grund, warum mir die erste Übung, die ›Wüstenerfahrung‹, Angst machte.

Ich bin in einem Hotelzimmer in Manhattan. Alles in dem Zimmer ist mit weißen Laken überzogen. Telefon, Radio, Fernseher sind abgestellt. Die Rollos sind heruntergezogen und die Spiegel bedeckt. Keine Ablenkungen.

Nur ich. Nichts zu tun, niemand ist zum Sprechen da, nichts zum Rauchen, kaum etwas zu essen oder zu trinken – nur ein paar Feigen und etwas Apfelsaft. Drei Tage lang.

Zum Schluß wurde ich gebeten, all meine Aufzeichnungen abzugeben, ich bin all meiner Fassaden beraubt. Keine Gesichter, die man aufsetzen kann. Niemand, für den man jemand ist.

Zuerst gerate ich in Panik. Ich bin es gewohnt, von einer Aufregung zur nächsten zu laufen, mit Äußerlichkeiten beschäftigt zu sein, daß ich die Einsamkeit, von der ich behaupte, sie zu schätzen, wie eine Leere empfinde, Leben auf dem Nullpunkt. Und natürlich ist es das auch. Ich bin so sehr daran gewöhnt, mich auf der Flucht zu befinden, daß ich wie ein Origamivogel zusammenklappe.

Am ersten Tag falle ich erschöpft zusammen und schlafe. Ich wache mitten in der Nacht auf, aber es gibt nichts zu tun, außer mich zu fügen, daß ich hier bin. Ich fange an, loszulassen und zu entspannen, mache es mir gemütlich wie eine sich räkelnde Katze. Niemand ist zum Erfreuen da. Nichts zum Vorführen. Man kann nirgendwohin gehen. Einfach nur hier sein.

Langsam beginnt das Schweigen, die Leere mich einzuhüllen, ernährt mich wie eine Gebärmutter. Eine andere Art von Fülle – tief, persönlich, ungleich den mit Anforderungen, Ablenkungen, Ausweichmanövern ausgefüllten Tagen – beginnt zum Vorschein zu kommen.

Einsame Gefangenschaft in einer Stadtwüste. Ich stelle fest, daß ich vergessen habe, wie man aufhört, wie man still ist. Ich habe also den Kontakt zur Silbernen Wüste verloren. Doch jetzt genügt es, einfach hier zu sein.

Am dritten Tag kommt Oscar, um mir eine Übung beizubringen, die er ›Trespasso‹ nennt. Wir sitzen uns gegenüber in Lotusstellung, zwischen uns eine Kerze, und sehen in das linke Auge des anderen. Er weist mich an, zu entspannen, meinen Atem zu spüren, meinen Geist zu entleeren und immer wieder stumm das Mantra ›Wir sind eins‹ zu wiederholen, bis es sich in meinem Atem auflöst.

Mein Mantra verklingt in seinem bewegungslosen Körper. Sein Gesicht zerschmilzt in intensive Verzerrungen wie explodierende Voodoomasken. Er erscheint als ein Buddha. Das Zimmer verwandelt sich in Rot, dann in Gold. Er verschwindet. Ich kann die Wand hinter ihm sehen, aber ich höre ihn immer noch atmen. Ich lasse meinen Geist fallen und tauche in die Leere.

Allmählich sehe ich ihn wieder deutlich. Wir singen ›OM‹ und verneigen uns tief, um den Geist des anderen zu ehren. Er bläst die Kerze aus und läßt mich in der Dunkelheit zurück. Aber ich strahle. In dieser Nacht wehen erfrischende Winde aus dem Nichts durch mich. Ich sprudle über mit meiner eigenen Kraft, der Kraft, einfach die zu sein, die ich bin.

Plötzlich ist es Zeit zu gehen, und ich will nicht gehen. Ich bleibe bis zum letzten Moment. Das Mädchen muß das Zimmer säubern. Sie verliert die Geduld. Ich gehe zum Aufzug, aber ich kann meine Finger nicht bewegen, den ›Unten‹-Knopf zu drücken. Wie lange wird diese Seligkeit anhalten? Werde ich es durch die Lobby, nach draußen zur Straße, in die nächste Woche hinein schaffen? Aber dann erinnere ich mich an eine Passage aus dem I Ging: »Wir können niemals verlieren, was uns wirklich gehört, selbst dann nicht, wenn wir es wegwerfen.«

In den folgenden drei Jahren entdeckte ich unter Oscars Führung die komplexen Mechanismen, die unsere Persönlichkeit hervorbringen, unsere alltäglichen Muster, wie wir über die Welt denken und in ihr handeln. Ich lernte, meine eigenen inneren und äußeren Muster zu erkennen. Ich begann, eine gewisse Distanz zu meinem Ego zu gewinnen – von jenem falschen Gefühl des Selbst, der konstruierten Persönlichkeit, von der wir glauben, daß wir sie wirklich sind – und mein *wahres* Selbst zu finden, auf dem Nullpunkt zu leben. Voll und ganz im Hier und Jetzt anwesend zu sein, nicht in der Vergangenheit oder in der Zukunft zu leben und jedes Erlebnis mit emotionalem Ballast zu beladen.

Es war mein Ego, so lernte ich, das all meinen Schmerz verursachte. Es war ständig voll mit Geplapper, Beurteilungen, Ablehnungen, Hoffnungslosigkeit, Ausschweifungen, festgefahrenen Überzeugungen, dem Bedürfnis, Dinge zu kontrollieren. Ich war unfähig, mich wirklich zu bewegen, zu atmen, mich zu erforschen. Egos tanzen nicht. Sie schaffen es niemals zur Silbernen Wüste. Unsere Egos sind Menagerien mit stumpfsinnigen, voraussagbaren Seifenoperndarstellern, die wir zu spielen lernen. Sie halten uns davon ab, zu sein, wer wir sind, zu erfahren, wie man lebt und zu erkennen, was zu tun ist, indem sie unsere kreative Kraft anzapfen und die authentische Ausdrucksweise menschlicher Energie sabotieren – den Tänzer, den Sänger, den Dichter, den Schauspieler, den Heiler.

Nach drei Jahren des Studierens und Lehrens der Arica-Arbeit kam ich zu dem Schluß, daß ich wieder tanzen mußte.

Ich lerne ein anderes lateinamerikanisches Energiebündel kennen, Alejandro Jodorowsky, den hervorragenden Regisseur, der ›El Topo‹ gedreht hat. Er versetzt mich in eine Ebene der Kraft und Bewegung, wie ich sie noch nie erlebt habe. Das erste, was er zu mir sagt, ist: »Ich habe gehört, daß du Künstlerin bist. Daß du das Leben der Menschen verwandelst. Erzähl mir, was du machst.« Er überrascht mich völlig. Stotternd erkläre ich, daß ich Oscars Arica-Methode lehre.

»Oh«, sagt er mit einem geheimnisvollen Lächeln und beginnt sich zu bewegen. Sein Blick ist auf meine Augen gerichtet, und ich beginne zu folgen. Wir werden zu einem Bewegungsstrom, wie Tai-Chi-Partner im Trancezustand.

Plötzlich schnalzt er mit den Fingern: »Kann Oscar tanzen wie du?« »Nein«, antworte ich demütig. »Nun, warum unterrichtest du ihn nicht?«

Er sieht direkt durch mich hindurch. Er sieht meine Panik. Oscar ist für mich wie ein Gott. Ich kann mir nicht vorstellen, daß ich ihm überhaupt etwas beibringen könnte.

Am nächsten Tag sitzen Alejandro und ich uns ungefähr sieben Meter entfernt auf Stühlen mit geraden Rückenlehnen gegenüber in einem Wohnzimmer, das mit östlicher Kunst, afghanischen Teppichen und marokkanischen Kissen gefüllt ist. Er sieht großartig und gleichzeitig beängstigend aus: schwarze Lederhosen, purpurrotes Seidenhemd, glänzende schwarze Stiefel, breites, glänzendes Gesicht, dichtes silberschwarzes Haar, durchdringende schwarze Augen. Er funkelt mich an. »Gabrielle, tu mir einen großen Gefallen.« Ich nicke. »Schneide deinem Vater die Eier ab!« Er steht seelenruhig auf und verläßt das Zimmer. Ich verstehe nicht. Ich liebe meinen Papa. Er ist gut. Er ist immer da.

Erst mit der Zeit verstehe ich, daß er nicht über meinen Vater gesprochen hatte, sondern über meine Neigung, ständig Männer emporzuheben und mich kleiner zu machen. Oscar war nicht der einzige Mann, den ich zum Gott gemacht hatte. Aber ich begann zu lernen, mich vor Heldenverehrung vorzusehen, insbesondere wenn der Held ein Lehrer ist. Es ist schwer, den Fallen des Ego zu entkommen – für jeden.

Nach meinem Treffen mit Jodorowsky ging ich nach Big Sur zurück, um wieder Bewegung zu unterrichten. Im Grunde genommen war die Arbeit dieselbe, nur ich hatte mich verändert. Von mir stand mehr zur Verfügung. Ich hatte gelernt, präsent zu sein, still zu sein.

In jener Zeit war Gregory Bateson, der berühmte Anthropologe, dort. Er war zum Weisen der Esalen-Gemeinschaft geworden. Er hatte Krebs und war todkrank, und er ging damit offen, mutig, anmutig um. Gregory nahm an mehreren meiner Workshops für Rituelles Theater teil. Wir führten sogar gemeinsam einen Workshop, den wir ›Die Schamanin und der Anthropologe‹ nannten: sein letzter Auftritt als Lehrer.

Gregory war einer der inspiriertesten und am meisten inspirierenden Menschen, die ich je kennengelernt habe. Viele mächtige Lehrer haben meine Arbeit geschätzt und ihren Studenten weiterempfohlen, aber Gregory machte wirklich etwas. Er gab sich ihr völlig hin. Siebenundsiebzig Jahre alt, mit kaputten Lungen und dermaßen angeschwollenen Füßen, daß er kaum laufen konnte, verpaßte er doch niemals einen Rhythmus, geschweige denn eine Sitzung. Meine Workshops sind überwiegend körperzentriert, und dennoch erforschte dieser zerbrechliche Riese alle Stufen der Bewegungen und versenkte sich in die Massage und die rituelle Theaterarbeit. Ebenso war er in der Lage, mit seinem erstaunlichen Intellekt und seinem großen Wissen zu schauspielern, und einfach das zu sein, was er tat. Seine Psyche war voll und gleichzeitig leer.

Ich erinnere mich noch gut an die erste Unterrichtsstunde, an der er teilnahm. Ich war durch seine Anwesenheit völlig eingeschüchtert; ich wußte, daß er einer der scharfsinnigsten Geister unserer Zeit war. Dennoch saß er direkt vor mir wie ein begeisterter Schuljunge, und ich war von seiner Aufmerksamkeit und grenzenlosen Neugierde so verzaubert, daß sich mir neue Facetten meines Denkens eröffneten. Sein

Genie war ansteckend. Seine Persönlichkeit und Anerkennung sind mir seitdem eine Inspiration.

Als ich ihn das letzte Mal sah, lag er im Krankenhaus im Sterben, und seine ersten Worten waren: »Gabrielle, ich werde nicht mehr mit dir tanzen.« Er sagte es mit Anmut, Würde und nur einem Hauch von Wehmut.

Gregory und ich – der Denker und die Tänzerin, ein höchst ungleiches Duo – hatten sich, aus unterschiedlichen Richtungen kommend, auf einer gemeinsamen Ebene getroffen. Wir beide hatten unser Leben damit verbracht zu erforschen, was Gregory ›die Muster, die verbinden‹ genannt hatte. Ich nenne sie Landkarten, Karten, die die Choreographie unserer Energie darstellen und uns zur Ekstase, zur Ganzheit führen. Gregorys Arbeit war intellektuell, meine ist körperlich. Sicherlich verstand er meine Arbeit besser als ich seine. Aber seine Bestätigung meiner intuitiven Entdeckungen war eine entscheidende Inspiration, und er war es auch gewesen, der mich als erster drängte, dieses Buch zu schreiben.

Die Rituelle Theaterarbeit entwickelte sich bald zu meinem Schwerpunktgebiet. Ich rief eine experimentelle Theatergruppe ins Leben, um in den Ruinen unserer gegenwärtigen Psychen zu graben, nach der Wahrheit zu forschen, eine Ebene der Authentizität zu finden, die zu fehlen schien. Die Leute, die sich für diese Arbeit einfanden, wurden ein Ensemble wahrer Krieger, als wir unsere Reise durch das innere Reich der Psyche ritualisierten und dramatisierten. Die Arbeit entwickelte sich zu einem fortlaufenden täglichen Prozeß, der drei Jahre anhielt und die sich ständig ändernden Lebenserfahrungen und Belange der Darsteller reflektierte.

Ich nannte diese ›im Werden begriffene Arbeit‹ ›Mirrors‹ so wie auch die Theatergruppe. ›Mirrors‹ war die Geschichte eines Arztes, eines Rechtsanwaltes, einer ›Null‹, eines Friseurs, einer Go-Go-Tänzerin, einer Märchenprinzessin, eines freiberuflichen metaphysischen Existenzialisten und eines Schamanen, alle in einem Einakter gefangen, in dem sich die Darsteller und Zuschauer mit Humor und Mitgefühl erleben konnten. Wir spielten das Stück in Sälen, die mit Tausenden von Zuschauern gefüllt waren und vor nur aus wenigen Dutzenden bestehenden Zuschauerschaften. Wir spielten es in Theatern, in Lofts, Kirchen und Gewerkschaftsräumen. Wir spielten es in den Städten und auf dem Land, im Westen und im Osten. Gleichgültig, wo wir uns befanden, der Schauplatz war das menschliche Ego. Die Zeit war im Jetzt. Der Ort war überall. Es war kathartische Arbeit, und sie wurde für jeden von uns zu einem Übergangsritus.

Und meine Arbeit vertiefte sich, da ich sie zu verstehen begann und die Beziehung zwischen den einzelnen Elementen erkannte. Das Theaterexperiment war wie eine Werkstatt – ein Ort, an dem ich meine Leidenschaft erforschte, was es wirklich bedeutet, ein menschliches Wesen, eine Ganzheit zu sein. Wir verwandelten unser Leben in Kunst, in Tänze, in Gesänge, in Gedichte, in Theater – und das war das Heilen.

Die ›Mirrors‹ wurden auch eine Musikgruppe, eine großstädtische, primitive Rock 'n' Roll-Gruppe, die sich der Trance-Musik verschrieb. Ich begann, eine Karte über die Reise von Trägheit zur Ekstase mit Rhythmus und Musik aufzuzeichnen zu der gleichen Zeit, als ich sie als Theaterstück aufführte. Endlose Stunden im Aufnahmestudio unter bedenklichem Druck, um 3.00 Uhr morgens Truthahn auf Roggenbrot essend und auf der Suche nach Wegen zur Ekstase mit Hilfe der modernen Technologie.

Musik ist für die moderne schamanische Reise unentbehrlich. Sie ist die Inspiration, der Führer, der Ruf. Sie steht im Mittelpunkt unserer Geschichten, unserer Mythen, unserer Herzen und Seelen. Sie spricht zu unserem Zeitgeist. Viele meiner Lieblingsschamanen sind Rockstars. Sie wissen wahrscheinlich nicht einmal, daß sie Schamanen sind, aber sie wissen, wie man in Ekstase gerät und wieder herauskommt, und wie man andere mitnehmen kann. Sie haben vielleicht keinen Führerschein, aber sie können fahren.

Viele Schamanen sind im Rhythmus des Rock 'n' Roll geboren und gestorben – haben ihre Reisen aufgezeichnet, ihre Dämonen in Konzertsälen auf der ganzen Welt tanzen lassen. Wenn wir Glück haben, nehmen sie uns mit.

Rock 'n' Roll ist eine allumfassende Musikform geworden. Er bewegt sich über die Grenzen, über politische und religiöse Überzeugungen, Wirtschaftssysteme, Kulturen, Soziologie, Sprache, Sitten und Ideologien hinaus. Rock 'n' Roll spricht zu der Seele der Freiheit. Es ist der moderne Schamanenruf – zurück zum Rhythmus, zum Herzschlag, zurück zum Körper, zurück zur Basis.

Rock für die Regenwälder, für hungernde Kinder und ruinierte Landwirte – Rock für die Obdachlosen, Rock für politische Gefangene. ›Rock‹ es, ›roll‹ es, verändere es.

Rockkonzerte sind die modernen Stammesrituale, wo gemeinschaftlich erlebte Ekstase eine reale Möglichkeit ist – der Moment, in dem die Menge und die Musik eins sind im Rhythmus. Das ist religiöse Erfahrung, heilige Kommunion. Die jungen Leute hungern nach Einheit, und hier liegt ihre Chance. Wie wunderbar, daß das alles in einem Kontext stattfindet, wo uns überall T-Shirts verkauft werden – kein Schuldgefühl, keine Verpflichtung, keine Hierarchie, keine Einengung, kein Dogma.

Nicht jeder Rockstar ist ein Schamane. Nicht jeder Schamane ist ein Rockstar. Aber es ist ein guter Platz für einen modernen Schamanen, und sie sprechen jetzt den Planet als ein Ganzes an. Ihre Lieder dringen bis ins Innerste, berühren uns, wo immer wir auch leben, inspirieren uns. Rock 'n' Roll-Schamanen skizzieren ihre Reise mit Poesie und Klang, aber überwiegend mit Energie. Sie sprechen uns unterhalb der Psyche an und haben mich immer wieder auf meinen

Reisen begleitet – sie sind die stärksten Verbündeten bei meiner Arbeit.

Du mußt wirklich durch dieses Buch tanzen. Zwischen den Zeilen tanzen. Es ist eine schamanische Reise an sich, eine Initiation. Es ruft dich auf, dein eigenes schamanisches Selbst zu entdecken und zu erforschen. Es ist nicht notwendig, Federn zu kaufen oder gar eine Trommel zu schlagen. Aber es erfordert, daß du dem Rhythmus deines eigenen Herzens zuhörst, deinen eigenen Rhythmus findest, deinen eigenen Blues singst, deine eigene Geschichte schreibst, deine eigenen Phantasien in die Tat umsetzt und deine eigenen Visionen siehst. Es ist zeitgenössischer, großstädtischer, primitiver, westlicher Zen, eine sofort antretbare Reise. Es ist eine Reise in die Ganzheit, eine Initiation in eine schamanische Sichtweise.

Dieses Buch führt dich in die fünf heiligen Kräfte ein, die für das Überleben natürlich und notwendig sind – die Kraft des Seins, die Kraft des Liebens, die Kraft des Wissens, die Kraft des Sehens und die Kraft des Heilens. Das sind die wahren Kräfte. Die meisten von uns haben in der Tat Angst vor wahrer Kraft. Wahre Lebendigkeit ist wie das Herausgerissenwerden aus einem tiefen Schlaf. Aber wir müssen unsere Angst überwinden, wenn wir aus dem lebenden Tod einer verstummten Existenz aufwachen wollen.

Ich biete dir eine schamanische Technik für Körper, Herz, Psyche, Seele und Geist an. Es wird nicht als Evangelium angeboten. Es ist nur eine Tür, die du öffnen kannst, durch die du dich vielleicht selbst sehen kannst, eine Möglichkeit, deinen Körper zu befreien, dein Herz auszudrücken, deine Psyche zu entleeren, deinem Geist eine konkrete Gestalt zu verleihen und deine Seele zu erwecken.

Ich wünsche dir eine wundervolle Reise.

Erstes Kapitel

Den Körper befreien
Die Kraft des Seins

ain't it strange

hand of god feel the finger/hand of god I start to whirl
hand of god I don't linger/don't get dizzy/do not fall now
turn whirl like a dervish/turn god make a move/turn lord
I don't get nervous oh I just move in another dimension

come move in another dimension
come move in another dimension

Patti Smith[3]

Die erste schamanische Aufgabe besteht in der Befreiung des Körpers, um die Kraft des Seins zu erfahren.

Es ist darum die erste Aufgabe, weil wir uns hier am Anfangspunkt befinden und weil sie die grundlegendste ist. Dein Körper ist deine Grundmetapher, der Ausdruck deiner Existenz. Er ist deine Bibel, deine Enzyklopädie, deine Lebensgeschichte. Alles, was mit dir geschieht, ist in deinem Körper gespeichert und spiegelt sich in ihm wider. Dein Körper ist wissend; dein Körper spricht Bände. Die Beziehung zwischen deinem Selbst und deinem Körper ist unteilbar, unausweichlich, unvermeidbar. Bei der Vermählung von Fleisch und Geist ist Scheidung unmöglich, aber dabei muß es sich nicht um eine notwendigerweise glückliche und harmonische Ehe handeln.

Der Körper bildet also den Ausgangspunkt für den Weg des Tanzes zur Ganzheit. Nur wenn du wirklich in deinem Körper lebst, kannst du die heilende Reise beginnen. So viele von uns sind nicht in ihren Körpern, sind nicht wirklich in ihm zu Hause und in ihm pulsierend präsent. Auch stehen wir nicht in Kontakt mit den grundlegenden Rhythmen, die unser körperliches Sein ausmachen. Wir leben außerhalb unserer selbst – in unseren Köpfen, unseren Erinnerungen, unseren Sehnsüchten – wie Eigentümer, die nicht auf ihrem Grundbesitz leben. Im Wartezimmer eines Chiropraktikers las ich einmal in einer Broschüre: »Wenn Sie Ihren Körper abnutzen, wo wollen Sie dann leben?«

In diesem Zusammenhang ist mir ein Vorfall besonders stark im Gedächtnis geblieben. In einem Einkaufszentrum stieß ich zufällig auf einen Rabbi. Wir kamen ins Gespräch und ich fragte ihn: »Hassen die Juden ihren Körper auch so sehr wie die Katholiken?« In scheinbarer Bestürzung fing er an zu lachen, aber dann schenkte er mir einen seltsamen Blick. Ich schien einen schwachen Punkt bei ihm getroffen zu haben. Er erzählte mir, daß er erst kürzlich seinen Vater beerdigt hätte, der auch Rabbi gewesen war. Auf dem Totenbett hatte er seinen Vater gefragt: »Was war das Wichtigste in deinem Leben, die Thora?« Und der alte Mann hatte geantwortet: »Nein, mein Körper.« »Ich war völlig verwirrt«, erzählte mir jetzt sein Sohn. Er starrte verlegen schweigend an mir vorbei und sagte schließlich: »Ich habe immer gedacht, daß mein Körper einfach nur ein Vehikel für meinen Geist sei: es würde ausreichen, ihn zu ernähren, einzukleiden und nach Harvard zu schicken.«

Zu sein – Existenz, Energie, Vitalität – bedeutet, daß unser Körper mit unserem Geist erfüllt ist. Unser ganzes

Selbst hat eine körperliche Gestalt. Aber was sehen wir im Spiegel? Einen stumpfsinnigen, leeren Blick? Einen eingefallenen Brustkorb? Ein gekünsteltes Lächeln? Sieh mal in den Spiegel? Und? Wenn du kein vibrierendes Selbst siehst, das vor Energie und Persönlichkeit überschäumt, dann haust du dich selbst mit dem Geschenk des Lebens übers Ohr. Ich weiß es. Ich habe es selbst erlebt. Ich habe Tausende mit einem abwesenden Selbst gesehen, und das hast du auch – in der U-Bahn, im Stoßverkehr, im Supermarkt, im gespenstischen düsteren Licht der Tunnel – und du weißt nur allzugut, daß auch du einer von ihnen bist.

Für viele von uns ist der Körper ein gefürchteter Feind, dessen Instinkte, Impulse und Wünsche besiegt, gezähmt, für Dienstleistungen gedrillt und zur Unterwerfung gezüchtigt werden müssen.

Ironischerweise ist es genau das, was ich als ›Tänzerin‹ getan habe – ich habe gelernt, meinen Körper zu ignorieren, abzulehnen, zu kontrollieren, zu mißbrauchen und zu mißhandeln. Ich konnte ihn dazu bringen, kunstvolle Schritte zu machen, ihn mit einer Droge auf Touren zu bringen und mit einer anderen wieder auszuschalten, ich ließ ihn hungern und verehrte ihn, aber ich habe ihm nicht vertraut und ihn auch nicht gemocht. Kein Wunder, daß ich nicht in meinem Körper lebte und selten unterhalb meines Halses atmete.

Mein Körper wurde von den Wellen, Rhythmen und Phasen, die den Ozean meines Seins ausmachen, abgeschnitten. Ich konnte tanzen, aber ich hatte verlernt, wie man sich wirklich bewegt oder bewegt wird.

Mein Weg zurück zum Leben war der ekstatische Tanz. Ich trat wieder in meinen Körper ein, indem ich lernte, mein Selbst zu bewegen, meinen eigenen Tanz von innen nach außen und nicht von außen nach innen zu tanzen. Und im Laufe der Jahre entdeckte ich – indem ich meinen Körper und tausend andere beobachtete – die fünf heiligen Rhythmen, die die Essenz des Körpers in Bewegung, des lebendigen Körpers sind: *fließend ... Stakkato ... Chaos ... lyrisch ... Ruhe.*

Die fünf heiligen Rhythmen

The rhythm is below me
The rhythm of the heat
The rhythm is around me
The rhythm has control
The rhythm is inside me
The rhythm has my soul

Peter Gabriel[4]

Stell dir einen einsamen Tänzer vor – du selbst – auf einer bloßen dunklen Bühne mit weißem Hintergrund. Du stehst völlig still da, ruhig wie die Nacht. Du spürst, wie sich dein Atem hebt und senkt, sich ausdehnt und zusammenzieht. Du läßt deinen Kopf nach vorne fallen, spürst sein Gewicht; laß ihn um deine Schultern kreisen, bewege ihn nach oben und unten, von der einen zur anderen Seite. Schwere, langsame Bewegungen, die in deine Schultern gleiten. Jetzt deine Ellbogen. Langsame, schwere Bewegungen, die in der Luft Formen schneiden. Dann sind deine Hände an der Reihe und führen ihren Tanz auf. Deine Hüften werden von dem um sich greifenden Feuer erfaßt, sie drehen und wenden sich immer wieder im Kreis. Deine Knie beugen und strecken sich, umschreiben kleine und große Bögen. Und schließlich gleiten, stampfen, steppen deine Füße – experimentieren mit einem Dutzend von Gehmöglichkeiten. Nun sind alle Teile deines Instrumentes gestimmt. Dein Körper ist auf die fünf heiligen Rhythmen vorbereitet.

Die Lichter gehen an wie in der Morgendämmerung. Dein Körper ist wieder still. Du spürst das Heben und Senken deines Atems, das Ausdehnen und Zusammenziehen deines Brustkorbes. Du gehst mit diesem *fließenden* Rhythmus, steigerst ihn, übertreibst ihn: Einatmen, Heben, Ausdehnen, Öffnen; dann Ausatmen, Senken, Zusammenziehen, Schließen. Immer wieder reitest du auf dieser Bewegungswelle, bis du dich wie eine wachwerdende Katze streckst. Langsam wirst du von der Musik eines einsamen Saxophons erfaßt, und du wirst zu einem Kontinuum von Bewegung mit unendlich vielen Formen, wenn du dich auf und ab bewegst, aufgehst und untergehst wie eine volle Sonne. Du atmest tief ein und aus, in deinen Bewegungen gibt es keine scharfen Kanten, sondern nur Kurven, endlose kreisende Bewegungen, die ineinander übergehen. Dein Körper ist ein Meer von Wellen geworden – eine kraftvolle, gleichbleibende rhythmische Bewegung, die in der Erde verwurzelt ist, entspannt und zentriert, in allen Richtungen *fließend.*

Dann setzen die Trommeln und die anderen Blasinstrumente ein, platzen mit pulsierender Energie in den halbwachen Traum. Es ist, als ob du von einem plötzlichen Sturm überrascht wirst, Wellen schlagen auf, dein Körper wird von dem Tempo getragen. Du beginnst dich auf einer scharfen, klar umrissenen Weise *im Stakkato* zu bewegen, jede Bewegung hat ihren Anfang und ihr Ende. Du verschmilzt mit dem Takt der Trommeln, und deine Arme und Beine werden Schlaginstrumente, hämmern auf dem Boden und in der Luft. Du bist nun der Inbegriff des *Stakkato*, dein Körper dreht sich in eckigen Bewegungen, Arme blitzen auf, Füße stampfen, eins mit deinem Puls, du ernährst dich von der Luft, atmest in einer Bewegung aus, atmest mit der nächsten Leben ein.

Dein Körper ruckt und zuckt und stößt um sich, gerät in ein Muster und wiederholt es immer wieder, bis es stirbt und ein neues Muster geboren wird – wie die Musik von Philip Glass. Du machst Körper-Jazz.

Jetzt steigert sich der Takt, das Tempo wird schneller. Du gehst über die Schneide in das *Chaos.* Du verlierst die Kontrolle, wirst vom Rhythmus überflutet. Die Lichter blitzen auf, die Bühne dreht sich. Du wirst von einem uralten Ritus erfaßt, stürzt immer tiefer in dich hinein, eine Trance im Wachzustand. Die Kodo Heart Beat Drummers peitschen durch die Lautsprecher. Dein Körper dreht sich im Kreis, biegsam wie eine berauschte Stoffpuppe, die Wirbelsäule bewegt sich wellenförmig, der Kopf ist locker, die Hände fliegen in der Luft, die Füße sind im Takt gefangen. Du bist elektrisiert, ›angetörnt‹, an einen riesigen Transformator angeschlossen. Wie beim Flash-Dance läßt du dein Herz aufflammen, während dein Verstand unbeteiligt bleibt und du pulsierend vom Leben und völlig *chaotisch* bist.

Aber gerade, wenn du denkst, daß du platzen oder zusammenbrechen wirst, landest du wie eine Feder auf deiner leichten Seite und befindest dich im *lyrischen* Rhythmus. Die Lichter verschmelzen zu einem pastellfarbenen Glühen, Violinen schwellen zu einem süßen Klang an, und dein Körper gleitet in anmutigen Drehungen wie bei einem Walzer dahin. Diese *lyrische* Stimmung ist köstlich wie frisches Obst, einlullend wie eine Sommerbrise, spielerisch wie ein Otter. Unbeschwert und leichtfüßig wirbelst du immer langsamer wie Isadora, bis die Ruhe eintritt.

Du fällst auf den Boden, spürst, wie dein Atem sich hebt und senkt, sich ausdehnt und zusammenzieht. Die *Ruhe* ist voller Sein. Lebendig sein. Du fühlst dich strahlend, verwandelt, ekstatisch. Dein Körper ist *ruhig,* aber im Innern ist alles in lebendiger Bewegung.

Hast du die Rhythmen verstanden? Erkennst du sie wieder? Dessen bin ich mir sicher. Erinnere dich einfach an deine schönste Liebeserfahrung. Stark und *fließend,* sanft und langsam, sehnsüchtig und zärtlich im Vorspiel; pulsierend und voller Energie, trommelnde *stakkatische* Leidenschaft und fesselnde Spannung, wenn das sexuelle Verlangen ansteigt; wild, *chaotisch*, außer Kontrolle, jenseits allen Denkens und aller Ängste mit dem Einsetzen des Orgasmus; süßes Schwelgen im Liebesspiel, *lyrische* Sicherheit in vollkommenen Armen und sinnliches Nachglühen; und schließlich die *Ruhe,* heiter und gelassen wie das Licht in der Abenddämmerung, wenn sich alles klar und glänzend im Sonnenuntergang abhebt.

Oder erinnere dich an die Rhythmen bei der Geburt eines Kindes. Die Wehen setzen mit einer sanften, wellenförmigen Bewegung in der Gebärmutter ein, gehen über in starke, stechende Kontraktionen; schwellen zu unerträglichen, den ganzen Körper umfassenden Schmerzen an und dann schließlich die letzten Preßwehen, die das Kind herauszischen und die Freude durch jede Zelle jagen lassen und schließlich die ekstatische Ruhe, die in der Umarmung mit deinem säugenden Kind ihren Höhepunkt findet.

Im Laufe der Jahre habe ich herausgefunden, daß diese Rhythmen – fließend, Stakkato, Chaos, lyrisch und Ruhe – die veränderliche Struktur, die DNA, unseres körperlichen Seins darstellen. Wir wissen aus der Physik, daß sich alles in Bewegung befindet und die einzige Möglichkeit, die Wirklichkeit wahrhaftig zu verstehen, besteht darin, in Begriffen der Bewegung zu denken: Rhythmus, Schwingungen, Frequenzen – die Sprache der ständigen Bewegung, des ständigen Wandels.

Unsere Herausforderung liegt also darin, sich dieser Rhythmen bewußt zu werden, sie voll und ganz zu erleben, in sie einzutreten. Wir müssen lernen zu erkennen, in welchem Rhythmus wir uns befinden, wie wir auf ihm reiten können, wie wir ihn verändern können; zu spüren, in welchem Rhythmus sich andere befinden und wie die verschiedenen Rhythmen sich gegenseitig ergänzen oder im Widerspruch zueinander stehen. Wir müssen herausfinden, welcher Rhythmus in uns vorherrschend ist – sind wir ein fließender Typ oder ein chaotischer? Welche Rhythmen sind für die meisten Menschen in unserem Leben charakteristisch? Wir müssen uns auf die wellenförmigen Rhythmen unserer einzelnen Zeitabschnitte – Tage, Wochen, Monate, Jahre – einstimmen.

Die Rhythmen ausüben

Wie kommen wir nun in Berührung mit den Rhythmen, der Muttersprache unseres Körpers? Die einfachste Antwort lautet: »Die Rhythmen ausüben«; sie auszuleben, in sie einzutreten. Und der einfachste, natürlichste Weg dazu ist ihre tänzerische Umsetzung. Es gibt keine Regeln oder feste Anweisungen, denn letztendlich ist dein Körper, deine Energie dein Lehrer.

Durch den Tanz werden die ureigenen Rhythmen des Körpers am direktesten ausgedrückt; der Tanz ist spontan und allgemeingültig – beobachte, wie Kinder auf Musik reagieren und erinnere dich, daß jede menschliche Kultur ihre eigenen Tanzformen hat, in denen die verschiedenen Rhythmen enthalten sind. In meinen Workshops stelle ich für jeden Rhythmus die entsprechende Musik zur Verfügung und fordere die Teilnehmer auf, ihren eigenen Ausdruck in ihnen zu entdecken: der fließende, Umrissen folgende Rhythmus, wie beim Tai Chi, oder so, als wenn man sich durch Honig bewegen würde – langsam, glatt dahinfließend, elegant; die scharfen, klar umrissenen, zusammengezogenen, karateähnlichen Bewegungen des Stakkato; der wilde, urwüchsige, außerhalb deines Verstandes stattfindende, ausgelassene Ausbruch des Chaos; das leichte, luftige Tanzen in der Luft der lyrischen Phase, und das possenähnliche Zusammenspiel von Bewegung und Stagnation – die dynamische Ruhe. Die spontanen Choreographien von Leuten, die niemals im Tanz ausgebildet wurden, erstaunen mich immer wieder: sie sind so erfrischend, kühn und einfallsreich wie die meisten Leistungen, die ich bei Tanztruppen gesehen habe.

Jeder kann die Rhythmen ausüben. Sie sind in uns und bilden einen Teil unserer Zusammensetzung; sie müssen nur wachgerufen werden, um ihren Ausdruck in unserem einzigartigen Sein zu finden. Ich habe mit vielen gearbeitet – mit Rockstars und Priestern, Kindern und alten Leuten, Schizophrenen und verklemmten Intellektuellen – und sie alle entdecken den Tänzer in sich, so wie durch die Ausübung der Rhythmen ihre Gliedmaßen befreit werden und sie ihren Körper wiederentdecken. Ich habe Tausende ›unterrichtet‹, und es gab nicht einen, der nicht die Rhythmen beherrschen konnte.

Selbst mein Freund Stanley. 1975 hielt ich in der großen Unitarischen Kirche in San Francisco eine Vorlesung und Vorführung ab. Danach trat ein fünfundsechzigjähriger Mann zu mir, der infolge einer Werkexplosion halbtaub und schwer gelähmt war. Er war sehr aufgeregt und erzählte mir mit undeutlicher Stimme, wie sehr er über den Tanz begeistert wäre. Ich lud ihn zu meinem nächsten Workshop ein. Er kam, und seitdem arbeitet er bei mir. Im Verlaufe der vergangenen zwölf Jahre, in denen er regelmäßig die Rhythmen ausübte, ist er nun in der Lage, sich trotz seines gelähmten, spastischen Zustandes zu bewegen und seine Bewegungen und seine Sprechweise auszudehnen und zu erweitern.

Stanley ist wie eine verwelkte Blume gewesen, die wieder in voller Blüte zurückgekehrt ist. Als ich ihn kennenlernte, waren seine Arme dicht an seine Brust gezogen, seine Hände waren eng zusammengeballt wie knorrige Äste, und sein Körper zitterte in einem unaufhörlichen Zustand des Chaos. Beim Ausüben der Rhythmen trat Stanley in diesen chaotischen Zustand ein und fand von dort seinen Weg zu den anderen Rhythmen – zuerst Stakkato, fließend, dann lyrisch und schließlich erreichte er eine Art von Ruhe –

und führte seinen Körper allmählich wieder in seine anderen Formen des Seins. Das Ausüben der Rhythmen entspannte ihn enorm und eröffnete ihm das ganze Repertoire menschlicher Bewegung. Sein Fortschritt, überflüssig zu sagen, führte zu einer völligen Veränderung seiner Lebensqualität und war für mich eine freudige Entdeckung. Stanley ist der ›Großvatergeist‹ meiner Arbeit geworden. Er trägt nun Gymnastikkleidung und lustige kleine Hüte, und er hat nicht nur den Geist des Tanzes erfaßt, sondern seinen eigenen Stil entwickelt. Er, der nun stark auf die Achtzig zugeht, hat den Tanz des Lebens entdeckt und stellt eine ständige Freude und Inspiration dar.

Die Leute sind überrascht herauszufinden, daß die Rhythmen nicht nur heilsam sind, sondern auch Energie verleihen und entspannen. Indem wir den vollen Umfang der natürlichen Bewegung unseres Körpers erforschen, stellen wir eine erneute Verbindung zu unserer angeborenen animalischen Energie her und beginnen in unseren Körpern präsent zu sein.

In meinen Workshops verwende ich Live- oder auf Kassetten aufgenommene Musik, die zu jedem Rhythmus paßt, und führe kurz vor, wie jeder Rhythmus aussieht und sich anfühlt, wie er dargestellt werden kann. Manchmal verwende ich überhaupt keine Musik und fordere statt dessen die Teilnehmer auf, ihrem eigenen inneren Gespür für den Rhythmus zu folgen. Ich unterrichte keine Schritte – dein Körper hat für jeden Rhythmus seine eigenen Schritte, seine eigenen Bewegungen, seine eigenen Formen des Seins; du entdeckst deinen Tanz ganz einfach dadurch, indem du ihn tanzt. Ich habe eine Kassette mit meiner eigenen Musik zur Begleitung dieses Buches (›Initiation‹) zusammengestellt, die dich durch die fünf Rhythmen führen kann. Aber du kannst genausogut auch deine eigenen Rhythmen-Kassetten zusammenstellen. Es ist wichtig für dich herauszufinden, was *dich* bewegt.

Idealerweise sollte man sich den Rhythmen täglich zur gleichen Uhrzeit, fünf Tage in der Woche, widmen. Finde die für dich beste Zeitstruktur heraus – morgens, mittags oder abends. Das Ritual deiner Bewegungsarbeit liegt bei dir. Wenn du die Rhythmen nicht jeden Tag ausüben willst, dann mache es, wenn deine Stimmung dich dazu bewegt. Du kannst die Rhythmen allein oder mit anderen ausüben. Für die einen ist es eine tägliche Meditation. Für andere ist es Gymnastik. Für mich ist es beides.

Du solltest leichte, locker sitzende Kleidung und leichte Schuhe tragen, mit denen du tanzen kannst, oder einfach barfuß. Du kannst meine Rhythmen-Kassette auflegen, wobei du mit der ersten Seite beginnst. Oder nimm irgendeine weiche, wellenförmige Musik. Es ist der *fließende* Rhythmus, auf den es ankommt, und dabei spielt es keine Rolle, ob es sich um Rock, Klassik oder Ethno-Musik handelt. Stimme dich auf die Musik ein, laß dich von ihr durchdringen. Fühle ihren Puls, ihre Umrißlinien, ihre Wellen. Musik ist ein Verbündeter, eine Inspiration, eine Verlockung: sie spricht deine inneren Rhythmen spontan an und verführt deinen Körper zur Bewegung. Beginne dich mit dem fließenden Rhythmus der Musik allmählich zu bewegen. Strecke dich, bewege dich wellenförmig, spüre das Gewicht jeder Bewegung im Raum, du erfindest dein eigenes Tai Chi. Du spürst deine Füße fest auf dem Boden und die kreisförmigen Bewegungen deiner Beine und Arme, und deine Hände beschreiben ein sich entfaltendes Kontinuum. Du bist in deinem Bauch zentriert und alle Bewegungen fangen hier an und kehren auch hierhin zurück: du erhebst dich beim Einatmen, überbetont und anhaltend, und senkst und ziehst dich zusammen beim Ausatmen durch den Mund. Fließe einfach mit der Musik, so wie sich der Geist bewegt. Es gibt keine definierte Methode dafür, es gibt nur deine Methode. Und allmählich wird dein eigener Stil, deine einzigartige Art des Seins zum Vorschein kommen, und die Bewegungen und das Atmen und der Fluß der Musik wird zu einer dynamischen Einheit verschmelzen, und du wirst fühlen, du bist der Rhythmus, du bist fließend.

Dann bewegst du dich in den *Stakkato*-Rhythmus gemäß meiner Kassette oder der Musik deiner Wahl, die einen harten, treibenden, pulsierenden Takt hat. Laß dich vom Takt erfassen. Atme mit jeder Bewegung ein und laß den Atem explosionsartig heraus, gleichgültig, was für ein Laut erzeugt wird. Deine Bewegungen werden schneller, hämmernd, pochend – jede Bewegung steht für sich allein, hat einen Anfang und ein Ende. Du bewegst dich in Linien und Kanten und nicht mehr kreisförmig, und deine Bewegungen sind trommelnd; kurz: sie haben Ecken bekommen und dein Atem erfolgt in Ausbrüchen von Lauten. Wie bei jedem anderen Rhythmus fließen die Wellen durch deinen ganzen Körper, und du wirst dir immer mehr aller Teile deines Körpers bewußt, so wie sie vom Takt fortgerissen werden, wenn du deinen Verstand und deine Konzentration in deine Füße verlagerst.

Für das Eintreten in das *Chaos* lasse ich mich am liebsten von afrikanischen Trommeln forttragen. Das Chaos ist mit den fließenden und den Stakkato-Rhythmen verwurzelt, aber bringt sie jenseits jeglicher Kontrolle auf Touren. Ruckartige, spiralförmige, freisetzende Bewegungen, jede Bewegung führt dich über die Schneide, dennoch sind deine Füße fest mit dem Boden verankert. Du wirst fortgetragen, gibst dich den Brandungen und Zuckungen der Musik hin. Laß den Verstand und den kontrollierenden Geist los, und laß den Körper frei – keine Blockaden, keine Hemmungen, keine Zweifel, nur reine animalische Drehungen. Gib alles von dir, wen geht es etwas an? Tu es einfach!

Und die Stürme des Chaos führen unentrinnbar zum regenbogengleichen Glühen der *lyrischen* Phase. Die Stimmung der Musik ist leicht, federnd, heiter. Die Bewegungen sind luftig, spielerisch; deine Füße berühren kaum den

Boden, alles gleitet, dreht sich, wirbelt mühelos. Du bist so leichtfüßig wie ein Hirsch; alles ist einer Erkundung wert und herrlich. Es ist die Bewegung der heiteren Freude, des Zelebrierens.

Dann schließlich kommt die *Ruhe.* Aber es ist keine Trägheit oder unbewegliche Starre. Die Bewegung ist nach innen gekehrt, ein Gefühl der leeren Fülle, der Konzentration, pulsierenden Präsenz. Deine Bewegung ist langsam, oder du bewegst dich und hältst inne; bewegst dich und hältst inne, du spürst deine Füße, dein Gesicht, deine Hände, deinen ganzen Körper. Die Bewegung ist nicht länger die Meditation, sondern die Ruhe dazwischen. Es kann aussehen wie ein Possenspiel oder wie Break-Dance. Bewege dich und halte inne! Stopp! Bewege dich und halte inne! Der Atem geht stark, die Lebenskraft ist intensiv. Die Zeit ist im Jetzt, der Ort ist im Hier. Jede Geste ist total, gleichmäßig, dein Körper ist voller Atem, dein Blick direkt.

Leute, die die Rhythmen regelmäßig ausüben, erleben drastische Verbesserungen in ihrem Wohlbefinden. Eine Schülerin von mir hielt all ihren Streß und ihre Spannung, die sie in ihrem Leben erfahren hatte, im unteren Teil des Rückens fest. Als sie dann Professorin an einer Wirtschaftsschule und Firmenberaterin wurde, führte sie ein wahrhaft anstrengendes Leben und bekam regelrechte Krämpfe im Rücken. Robin mußte tagelang im Bett liegen, bis sich ihre Krämpfe wieder legten. Als sich dieser Zustand ständig wiederholte und dazu führte, daß sie mehrere Male ins Krankenhaus eingewiesen und im Streckverband liegen mußte, wollten die Ärzte schließlich operieren. Aber nachdem sie mehrere Monate lang die Rhythmen ausgeübt hatte, begann sich ihr ganzer Körper zu lockern. Wenn ihr jetzt der Rükken zu schaffen macht, bewegt sie sich sanft durch die Rhythmen, anstatt den Krämpfen nachzugeben, und die Spannung löst sich schließlich. Sie beginnt mit fließenden Bewegungen und bewegt sich allmählich in die Anspannung und durch sie hindurch. Krankenhaus und Streckverband waren daraufhin nicht mehr erforderlich, und sie mußte sich natürlich auch keiner Operation unterziehen. Dieser überaus ehrgeizigen Frau mußten buchstäblich die Füße unter dem Boden weggezogen werden und sie mußte praktisch vor Schmerzen gelähmt sein, um herauszufinden, daß Bewegung die Heilung ist.

Viele Leute neigen dazu, einen Rhythmus oder mehrere natürlich und leicht zu finden, und andere wiederum beängstigend und schwierig. Menschen unseres Kulturkreises können sich im allgemeinen mühelos die fließenden und Stakkato-Rhythmen aneignen, schrecken aber davor zurück, in das Chaos einzutreten und empfinden die lyrische Phase als merkwürdig. Es ist sehr wichtig, gerade in die Rhythmen einzutreten, vor denen wir uns normalerweise sträuben, weil sie die verlorengegangenen Dimensionen unseres Seins darstellen. Robin, zum Beispiel, sträubte sich dermaßen, das Chaos zu erleben, daß ihr immer übel wurde, wenn wir mit der chaotischen Phase begannen. Ich fand sie in einer Ecke zusammengekrümmt vor, wie sie ihren Bauch festhielt. Sie hatte Angst, die Kontrolle zu verlieren, sich hinzugeben – auf dem Tanzboden, im Bett, beziehungsweise in ihrem Leben schlechthin. Aber diese Hingabe ist für unser emotionales und sexuelles Leben und auch für das intensive Erleben in allen möglichen Bereichen notwendig. Schenke also deinen Widerständen Aufmerksamkeit und wage dich daran, diese unbekannten Bereiche deines Selbst zu erforschen. Eine Möglichkeit wäre, einfach mit der Musik anzufangen, vielleicht mit Kopfhörern, und sie tief in dein Inneres gleiten zu lassen; allmählich wirst du deine angeborene Fähigkeit für diesen Rhythmus entdecken, und diese Entdeckung wird dich reich belohnen.

Wir alle neigen dazu, uns in einem bestimmten Rhythmus oder einer Kombination von Rhythmen am wohlsten zu fühlen. Ich spreche zum Beispiel auf den fließenden Rhythmus an. Du solltest herausfinden, welcher Rhythmus in dir vorherrscht, um zu verstehen, wie du dich am besten gegenüber anderen Menschen, in bezug auf Orte und in Situationen verhalten kannst. Wenn du ein fließender Typ bist und dein Mann beispielsweise eine Stakkato-Persönlichkeit, wie es bei meinem Mann der Fall ist, kann die Erkenntnis dieses Unterschiedes im Grundrhythmus zum Verständnis beitragen, wie du mit anderen in Beziehung stehst – eine Person rast ständig völlig zielorientiert davon, während die andere umherschlendert und sich alles einverleibt. Indem du die Unterschiede erkennst, kannst du lernen, die beste Musik für euer gemeinsames Leben zu komponieren.

Das Verständnis der Rhythmen wird dir neue Wahrnehmungen eröffnen. Du wirst eingestimmt auf den Rhythmus von Plätzen, und du wirst verstehen, daß New York eine Stakkato-Stadt ist, während Jamaika ein lyrischer Ort ist. Du bist in der Lage, deine Energie mit dem Puls, der um dich herum im Augenblick herrscht, zu verbinden. Unbewußt im Stakkato-Zustand an einem ruhigen Ort zu sein bedeutet, sich absolut nicht in Einklang zu befinden. Und dieses unbewußte Nichtzusammenpassen von Rhythmen findet die ganze Zeit statt: bei Liebenden, die sich ständig gegenseitig auf die Nerven gehen, sich nicht bewußt sind, daß beide auf einen anderen Rhythmus ansprechen, oder bei Leuten, die an Orten leben, wo sie langsam in den Wahnsinn getrieben werden. Du mußt die Rhythmen von Menschen, Orten, von den Zeitabschnitten des Jahres, der Woche, des Tages erfassen und lernen, mit ihnen zu tanzen.

Welcher Rhythmus bist du also? Am leichtesten findest du das heraus, wenn du die Rhythmen ausübst und erkennst, welchen du am natürlichsten empfindest, welcher dir am meisten liegt. Du findest vielleicht heraus, daß du auf eine bestimmte Art lebst – beispielsweise äußerst gehetzt und getrieben, Stakkato oder im ständigen emotionalen Chaos – aber daß dein eigentlicher, natürlicher Rhythmus ein anderer ist. Genauso leicht kann man die dominierenden Rhythmen bei anderen erkennen – bei deiner Familie, deinen Freunden, Berühmtheiten. Der ureigene Rhythmus jeder Person ist wie eine Unterschrift oder sein Fingerabdruck. So wie sich Menschen bewegen, so sind sie auch. Da wir ja vielschichtige Wesen sind, können wir auch in Mischungen der Rhythmen verschmelzen, beispielsweise fließend/Chaos, Stakkato/lyrisch oder andere Zusammenstellungen.

Ich betrachte das Ausüben der Rhythmen als schamanische Technik, aber der Tanz ist nicht der einzige Weg. Wenn du die Rhythmen regelmäßig ausübst und sie erforschst, kannst du ohne weiteres auf viele andere Methoden stoßen. Beispielsweise kannst du die verschiedenen Rhythmen im *Laufen* ausüben – vom fließenden Schreiten über hämmerndes Laufen zum leichten Steppen und schließlich den besonnenen Schritten des Nachlassens. Du kannst jeden Rhythmus auch mit Aerobic, Schwimmen, Rollschuhlaufen oder Singen verbinden. Ein Schüler von mir übt die Rhythmen singend beim Autofahren aus, sicher in der Ungestörtheit seines Wagens summt und singt er, schmettert die lyrische Phase. Dieser Mann ist ein Rechtsanwalt an der Wall Street, der an allgemeiner Langeweile leidet, die ihn in einer intensiven Trägheit festhält, sein Gesicht ist leidenschaftslos, seine Stimme leblos, seine Einstellungen düster. Aber wenn er die Rhythmen ausübt – tänzerisch oder singend – dann kehrt Bewegung in sein Gesicht zurück, ein Licht erstrahlt in seinen Augen, Energie fließt in seinem Schritt, Heiterkeit und Begeisterung liegen in seiner Stimme. Dieser absolut vernünftige Mann, der für keinen Unsinn zu haben ist, der jedes Psychogeschwätz und New-Age-Gerede verabscheut, erzählt mir, daß er beim Ausüben der Rhythmen das Empfinden hätte, von einer Kraft von innen ergriffen zu werden, die zwar erfrischend und belebend, aber irgendwie natürlich und seine eigene sei, so als ob man Liebe ohne Sex machen würde, oder wie das Spüren der eigenen Seele. Er spricht über dieses Erlebnis mit einer Art ekstatischem Glühen, von dem er nicht glauben kann, daß er es erlebt. Die Rhythmen führen zur Ekstase des Wiederverbindens mit dem Geist deines Körpers, und die Methoden ihrer Ausübung sind vielfältig und unterschiedlich. Nur die Bereitschaft, sie ausüben zu wollen, ist notwendig.

Rhythmische Massage

Eine andere Methode, die Rhythmen zu praktizieren, sie in den Körper zu integrieren, ist die rhythmische Massage: mit ihr können die Rhythmen des Fließens und der Ruhe im Körper intensiv erfahren werden, und sie ist ein äußerst wohltuender und befriedigender Weg, um mit einer anderen Person rhythmisch in Einklang zu kommen. Die Massage ist eine wundervolle Möglichkeit für uns, mit unserem Selbst, unseren Gefährten, Liebhabern, Freunden und Kindern – buchstäblich – in Berührung zu kommen und mit unseren Händen zu heilen. Massage ist kein Luxus für die Reichen oder eine Leidenschaft für Wollüstige noch ein beschönigender Ausdruck für käufliche Liebe; sie ist ein wichtiges rhythmisches Wechselspiel und sollte im Leben aller Menschen eine Rolle spielen.

Rhythmische Massage setzt den ureigenen Energiefluß im Körper – sowohl des Gebenden als auch des Empfangenden – frei. Sie stellt eine erneute Verbindung von uns und unseren natürlichen Energiekanälen her und löst die körperlichen und auch seelischen Blockaden auf, die sich aufgebaut haben. Sie fördert Ganzheit, ekstatische Entspannung und nimmt unser Bewußtsein aus unseren Köpfen und setzt es an seinem Platz in unserem ganzen Körper ein.

Diese Massage macht eine gewisse Atmosphäre, Einstellung und Bewußtheit erforderlich. Sie kann von allen ausgeübt werden und bedarf keiner speziellen Ausbildung oder Technik, nur der Bereitschaft, einem anderen etwas zu geben und sich um ihn zu kümmern (und entsprechend dazu die Bereitschaft des Empfängers, zu erhalten und genährt zu werden).

Schaffe zuerst eine friedliche *Atmosphäre.* Stelle sicher, daß du nicht gestört wirst. Das Zimmer soll warm und wohltuend sein; du kannst Kerzen, sanftes Licht, beruhigende Musik, Räucherstäbchen und Blumen verwenden. Experimentiere ein wenig, um herauszufinden, wie man ein Paradies in Raum und Zeit schaffen kann, der Idealfall wäre wie ein Urlaub auf einer Insel im Pazifik mitten im Alltagsleben. Die Massage kann auf einem Massagetisch, auf dem Bett oder auch auf dem Fußboden erfolgen. Du brauchst Massageöl – ein leichtes Öl wie Mandel- oder Sesamöl eignet sich gut und ist in Reformhäusern und Body Shops usw. erhältlich – und einige dicke Handtücher.

Zweitens, mach dir bewußt, daß die *Einstellung* der wichtigste Bestandteil ist. Du solltest zu einer Einstellung der Liebe und Dienstbereitschaft gelangen, dem Wunsch, der anderen Person eine Erfahrung zu vermitteln, die sie oder er niemals allein haben kann. Die Energie des Gebens und Empfangens verläuft kreisförmig. Durch die Hingabe aus Geben und die Hingabe aus Empfangen können beide einen starken Kreislauf heilender Energie aufbauen. Sich dem Massieren wirklich hingeben bedeutet, die andere Person mit deiner Energie, deinem Geist zu versorgen.

Als ich in Esalen anfing, Massagen zu geben, erkannte ich sehr schnell, daß Massage kein bloßer körperlicher, sensorischer Vorgang, sondern ein religiöses Erlebnis ist. Es bedeutet, meinen Nächsten so zu lieben wie mich selbst, auf die direkteste Art und Weise, indem ich ihm eine einheitliche Erfahrung seines Körpers vermittele. Schließlich leitete ich das Massage-Team in Esalen und sah unsere Arbeit immer mehr als eine Art tägliches Gebet an. Ständig lernte ich neue Körper kennen, und obgleich ich oft kein Wort sprach, hatte ich mit jedem eine tiefe Begegnung. Es war eine wundervolle Ausbildung in der ›unpersönlichen‹ Liebe, eine Liebe ohne Bindung, Verpflichtungen, Komplikationen – einfach nur intensives Geben und Empfangen in einem Kreislauf des Austausches. Dabei entdeckte ich in mir einen verborgenen göttlichen Teil und die Fähigkeit, freigebig zu sein und Beziehungen herzustellen, Eigenschaften, die ich niemals zuvor bemerkt hatte. Und das rhythmische Körpergebet des Massierens erwies sich für mich als heilsam und integrierend, so wie es die Menschen unter meiner Berührung ganz machte.

Der dritte entscheidende Faktor bei der Massage ist die *Bewußtheit.* Mach dir bewußt, ob du entspannt bist. Du solltest keine Massage geben, wenn du dich in einem Zustand nervöser Anspannung befindest, denn dann wirst du deine negativen Gefühle auf die andere Person übertragen. Es ist wichtig, locker, natürlich, entspannt zu sein. Eine Möglichkeit wäre, kurz zuvor die Rhythmen auszuüben, so daß du dich bei der Massage in einem Zustand energiegeladener Ruhe befindest. Bleibe dir während des Massierens weiterhin deines Seinszustandes bewußt und erinnere dich fortlaufend daran, so daß sich der Massagevorgang wie ein Akt der körperlichen Meditation entfaltet.

Im gleichen Maße mußt du dir der anderen Person voll bewußt sein. Noch bevor du deine Hände auf den Körper legst, tritt zurück und nimm ihn auf: Achte auf die Körperform und stimme dich darauf ein, was sie über die Person aussagt. Beobachte, wie sich der Körper bewegt, wie er ein- und ausatmet. Achte auf jede Einzelheit. Du kannst erkennen, ob die Schultern oder das Gesäß hochgezogen und verspannt sind, oder die Beine, Hände usw. Du mußt diesen einzigartigen Körper beobachten, ihm deine Aufmerksamkeit schenken, als ob er neben deinem der einzige Körper auf dieser Welt ist, damit du nicht eine Schablonentechnik anwendest, sondern dich mit diesem bestimmten Körper/Mensch beschäftigst, so wie er im Hier und Jetzt vor dir liegt. Das Ziel ist, mit ihm zu verschmelzen, sich mit ihm wie mit einem Tänzer zusammenzufinden.

Ich bezeichne den Körper als ›er‹ wie ein Stenokürzel, aber Bestandteil der Bewußtheit bei jeder heilenden Massage ist natürlich, daß der Körper als ein integrierter Körper/Geist verstanden wird, in dem das Körperliche, Emotionale, Psychische und Geistige zu einer geheimnisvollen Einheit miteinander verknüpft sind, die zwar das Verstehen überschreitet, aber erlebbar ist.

Beginne mit dem Körper am Bauch. Vergewissere dich, daß er warm ist und bequem liegt und die Körperteile, die nicht berührt werden, mit Handtüchern bedeckt sind. Lege unter jeden Fußknöchel ein aufgerolltes Handtuch, um den Druck von den Knien zu nehmen. Du kannst die Person auch fragen, ob sie sich wirklich völlig wohl fühlt und entspannt ist und im Bedarfsfall weitere Handtücher verwenden. Wenn sich die Person wohl fühlt, stelle oder setze dich einfach vor die Füße. Nachdem du dich sorgfältig auf den Körper eingestimmt hast, halte beide Füße mit deinen Händen fest und atme nur, sei einfach da bei der Person. Allmählich wird dein Atem mit dem des anderen zusammenfallen und jetzt kannst du alle Teile deines Körpers entspannen.

Achte darauf, daß der Körper in Segmente unterteilt werden kann: Füße, Beine, Gesäß, Rücken, Arme, Hände, Schultern, Brust, Bauch, Becken, Hals und Kopf. Diese Segmente können weiterhin in Wade, Knie, Oberschenkel unterteilt werden; die zwei durch die Wirbelsäule getrennten Rückenhälften; die Bereiche der Arme, der Hände, des Kopfes, der Brust usw. Es ist nicht deine Aufgabe, den Körper auf irgendeine Weise zu verändern oder zu drehen; vielmehr sollst du ihn ehren, so wie er ist, die Form des Bewußtseins erkennen, die in diesem Körper zum Ausdruck kommt und annehmen und zu diesem Körper, zu diesem Fuß, zu diesem Bein usw. ›ja‹ sagen. Und deine geistige Einstellung sollte in folgenden Bahnen verlaufen: »Das ist deine Hand, und sie ist wunderschön. Sie ist auf ihre Weise vollkommen so wie ein Baum oder ein Blatt oder eine Schneeflocke oder ein Kätzchen wunderschön und vollkommen ist, wenn man sie einzig und allein um ihretwillen betrachtet.« Darin liegt die grundlegende Botschaft, die die Massage vermittelt: jeder Teil der Person ist vollkommen, etwas Besonderes und sollte genährt und gehegt werden. Fühle jeden Teil, würdige ihn, atme durch deine Hände auf jedes Teil, liebe jede Dimension des vor dir liegenden Körpers. Indem du dich dem Körper auf diese Weise zuwendest, wird das Atmen in ein müheloses Muster gebracht und deine Bewußtheit erhöht.

Der wesentliche Bestandteil bei dem Berühren, Streichen, Ziehen und Kneten der Massage besteht in der Vollständigkeit. Du mußt dich in einer sorgfältigen Reihenfolge von Gelenk zu Gelenk bewegen – vom Knöchel zum Knie, vom Knie zum Oberschenkel usw. Ansonsten erlebt der Massierte immer nur, was nicht berührt, vergessen und übersehen wurde. Wenn du den Fuß bearbeitest, dann bearbeite den ganzen Fuß. Folge den Umrissen, den Spalten und vorstehenden Teilen des Körpers, erforsche sie tief und gründlich. Um in Harmonie mit dem Massierten zu atmen, mußt du dich wahrhaftig geben, dich selbst in das Massieren eingeben, dein ganzes Gewicht und deinen ganzen Druck in jede Bewegung einbringen. Das Schlimmste, was du anrichten kannst, ist, willkürlich über die Haut zu gleiten, ohne wirklich in sie einzudringen, ohne dein ganzes Selbst in den Vorgang einzubringen. Wahllose Oberflächenberührung fühlt sich schrecklich an. Du solltest auch nur soviel Öl verwenden, daß sich die Hände tief und geschmeidig über den Körper bewegen können.

Mit einer angemessenen Menge Öl, die du in deinen Händen vorher erwärmt hast und fest entschlossen, alles mit richtigem Druck und wahrer Aufmerksamkeit vollständig auszuführen, trittst du in den fließenden Rhythmus einer einfachen, kreisförmigen Wiederholung, einem Mantra der Bewegung ein. Du fängst mit dem linken Fuß an, den du in der rechten Hand hältst. Folge mit deiner massierenden linken Hand seinem gesamten Umriß und schaffe dabei geschmeidige kreisförmige Rhythmen, während du ihn in einem achtungsvollen, zärtlichen Griff lose hältst. Bewege dich mit fließender Anmut und setze nicht nur deine Hand ein, sondern die volle Kraft deines Unterarmes. Du knetest, ziehst, streichst, wendest genügend Druck an, der tief eindringt, aber nicht so stark ist, um den Fluß einzugraben oder zu unterbrechen.

Dann kannst du in langen fließenden Streichbewegungen zum restlichen Bein bis hoch zum Gesäß massieren, indem du nach und nach weitere Segmente einbeziehst – zuerst den Fuß und das untere Bein, dann vom Zeh zum Oberschenkel – und auf diese Weise immer mehr vom Körper in den rhythmischen Fluß integrierst. Du bewegst dich auf und ab mit Hilfe deines Körpergewichtes und massierst in Richtung auf dein Zentrum, auf deinen Bauch. Nachdem du das mehrere Male gemacht hast, kannst du zum Gesäß übergehen und diesen Bereich in die verlängerten fließenden Streichbewegungen entlang des ganzen Beines einbeziehen. Der Schlüssel liegt in der Wiederholung. Wenn du zufrieden bist und meinst, das linke Bein belebt und integriert zu haben, hörst du auf und hältst wieder den linken Fuß und spürst bejahend seine Vitalität. Dann kümmerst du dich um das rechte Bein, führst den gleichen gemächlichen Tanz deiner Hände auf, machst dir das Bein von der Zehe bis zum Oberschenkel in zunehmendem Umfang zu eigen. Dann nimmst du beide Hände und massierst beide Beine, angefangen von den Zehen über Oberschenkel bis zum Gesäß, mit schwungvollen, integrierenden Streichbewegungen. Vergiß nicht, eventuell mehr Öl zu nehmen, um glatte, aber keine glitschigen Streichbewegungen zu erzielen. Dann hörst du wieder auf, hältst beide Füße fest, atmest und ruhst dich aus und ›bist da‹.

Wenn du wieder völlig entspannt und auf den Massierten eingestimmt bist, bewegst du dich zur linken Seite des Rükkens, machst immer wieder weitläufige fließende Streichbewegungen, von der Schulter die linke Körperseite hinunter. Wenn diese Seite unter deiner Berührung erwacht ist, legst du die linke Hand zwischen deine Hände, hältst sie einfach fest und atmest ungefähr ein bis drei Minuten lang. Dann gehst du zur rechten Seite des Rückens und machst das gleiche vom Gesäß bis nach oben zur Schulter. Nachdem du die rechte Hand wie zuvor die linke gehalten hast, legst du beide Hände auf die untere Wirbelsäule mit beiden Daumen auf jeweils eine Seite der Wirbelsäule und fährst mit festem Druck den langen Rückenmuskel empor, fährst weiter über Schultern und Arme bis zu den Händen hinunter; dies wiederholst du immer wieder. Dann nimmst du am Kopf Stellung ein und machst das gleiche. Wenn du nun die Rückseite des Körpers geweckt hast, kannst du zu den Füßen zurückgehen; massiere nun die ganze linke Körperseite, und dann die rechte Seite, von den Fußzehen bis zu den Fingerspitzen. Jetzt kannst du dich um den Nacken kümmern. Fühle die Furchen und die Energiekanäle, bringe sie zum Fließen, löse die Knoten, reibe und entspanne die Nackenmuskeln.

Jetzt drehst du den Massierten auf die andere Seite und beginnst mit der Massage der Vorderseite. Du fängst wieder mit den Füßen an, hältst sie in der gleichen Weise wie zuvor fest und bearbeitest nach und nach Füße, Beine, Oberschenkel, erst eine Seite, dann die andere, schließlich beide zusammen. Dann gehst du zum Kopf und legst deine Hände direkt unterhalb der Kehle auf, fährst hinunter zum Brustkorb und kommst auf jeder Seite wieder zurück, dann die Arme entlang und über die Hände. Im weiteren Verlauf massierst du dann den ganzen Brustkorb, einschließlich der Brüste, bis hinunter zum Schambein mit langen, rhythmischen, stoßenden und ziehenden Streichbewegungen. Dann kannst du beide Arme vom Körper wegschieben und jede Seite da bearbeiten, wo Hüfte und Oberschenkel zusammentreffen, dann den ganzen Weg hoch auf beiden Seiten und entlang den Armen zu den Fingerspitzen. Bei diesem Vorgang atmest du tief und läßt die Person tief atmen und zwar kräftig einatmen und langsam ausatmen. Zum Abschluß der Massage kannst du den Kopf und verschiedene Gesichtsteile bearbeiten, wo wir häufig sehr viel Anspannung festhalten.

Wenn du fertig bist, kannst du dich auf eine Seite hinsetzen und deine Hand ungefähr drei fingerbreit unterhalb des Bauchnabels auflegen. Bleib einfach so mit deiner Hand fest auf dem Bauch fünf bis zehn Minuten lang sitzen, während du leicht atmest. Du wirst spüren, wie sich der Bauch aufrichtet und deine Hand buchstäblich vom Körper wegschieben will, was darauf hinweist, daß du den Atem tief in den Bauch geführt hast. Dieses Verbinden ist Ausdruck tiefer Mütterlichkeit, eine nährende Erfahrung für Gebenden und Empfänger. Es kann in vielen Situationen angewendet werden – um ein unglückliches Kind oder einen unglücklichen Freund zu trösten und zu beruhigen oder um eine besondere Verbindung mit der Liebe deines Lebens auszudrücken. Es ist eine tiefe heilsame Geste, die den Geist in den Körper ruft, den Atem zu einem natürlichen vollen Rhythmus führt. Du kannst das auch bei dir selbst machen: leg dich auf den Rücken, die Füße fest auf dem Boden verankert, Knie hoch, Hände auf dem Bauch, und atme durch deinen Körper in deine Hände.

Massage ist eine herrliche Art des Kontaktknüpfens. Sie ist dazu bestimmt, den Körper in einen tiefen Zustand der Entspannung zu führen, das vibrierende Gegenstück des Schlafes – fließende Bewegung, die einen Zustand vitaler Ruhe hervorruft. Wenn du in dieser Art der Massage erfahrener und vertrauter wirst, wirst du eigene Techniken entwickeln und deinen eigenen Ansatz der jeweiligen Person anpassen. Du kannst auch andere Rhythmen einbeziehen, beispielsweise das Stakkato-Kneten oder Klopftechniken bestimmter Massagearten – insbesondere Shiatsu und die fedrige lyrische Berührung können den vollendeten Abschluß einer tiefen Massage bilden.

Dieses dynamische Berühren solltest du bei deinem Säugling, deinen Kindern, deinem Liebhaber, deinen Freunden und Eltern anwenden. Manchmal behandelst du einfach nur einen Fuß oder eine Hand oder ein Gesicht. Es ist eine großartige Möglichkeit, um mit jenen in Berührung zu sein, an denen uns am meisten liegt. Wir tendieren zu einer Gesellschaft, die aus Einsamen besteht, nicht einmal in Berührung stehend mit denjenigen, die uns am nächsten zu sein scheinen. Dies ist die Möglichkeit, ›die Hände auszustrecken und jemanden zu berühren‹ – ein praktischer, heilsamer Weg der freigebigen und lohnenden Intimität.

Außer der Abschlußtechnik, bei der die Hand auf den Bauch gelegt wird, können und sollten viele der anderen Techniken auch an dir selbst geübt werden. In der Tat bedeutet Selbstmassage eine wundervolle Methode, die Kunst der rhythmischen Massage zu erlernen. Schaffe die gleiche Atmosphäre, nimm die gleiche Einstellung der Liebe und Dienstbereitschaft an, führe sie mit der gleichen tiefen Bewußtheit aus. Beginne mit dem einen Fuß und arbeite dich zum Bein hoch, dann nimm den anderen Fuß und das andere Bein, indem du deinen Konturen, deiner Form mit der liebenden Sorgfalt deiner Hände folgst. Du wirst nicht alle Teile deines Körpers bearbeiten können – vielleicht ist das der Grund, warum wir uns zu Paaren zusammenschließen – aber du kannst einen großen Teil von dir selbst massieren. Du kannst aus der Arbeit an dir lernen, wieviel Druck sich gut anfühlt, wieviel Freude die Wiederholung und Vollständigkeit ausmachen, wie wunderbar es ist, berührt, geliebt und umsorgt zu werden. Wir brauchen es oft genauso sehr, uns selbst zu schätzen wie andere auch; so viel Leiden rührt letztendlich daher, daß Menschen nicht gut mit sich selbst umgehen.

Tiefe Massage bringt viel sexuelle Energie hervor, insbesondere wenn diese Energie unterdrückt oder nur oberflächlich ausgelebt wird. Daher sollte man während der Massage am besten ein Handtuch über den Genitalbereich legen, damit die Massage zu einem vollen rhythmischen Austausch führt und sich nicht unangemessen oder vorzeitig in den hochaufgeladenen Bereich der Sexualität bewegt. Wenn sexuelle Gefühle aufkommen, wie das häufig der Fall ist, kann der Person empfohlen werden, sie nicht zu bekämpfen, sondern sie einfach als Wellen vitaler Energie zu empfinden, die vorübergehen. Am wertvollsten ist es, Massage als einen nichtsexuellen Weg des Körper-zu-Körper-Austausches und der Intimität zu erforschen, auf dem man zu einer immer tieferen Ebene körperlichen Bewußtseins gelangt, die wir allein in dem Maße nicht erreichen können. Indem wir der körperlichen Form des Bewußtseins mit liebevollen und fließenden Streichbewegungen folgen, vermitteln wir eine Botschaft, die wir alle immer wieder nötig haben zu hören und zu fühlen: »Du bist ausreichend. Du bist auf deine Weise vollkommen.«

Die Rhythmen des Liebesaktes

Ein anderer Schlüsselweg zur Befreiung des Körpers, um die wahre Kraft des Seins zu erfahren, besteht in der umfassenden Äußerung der Sexualenergie, die uns durchströmt, die uns vorwärts treibt. Eine der wichtigsten Aufgaben in unserem Leben zur vollständigen Erlangung unserer menschlichen Kraft ist *das Erlernen der körperlichen Liebe*. In unserer puritanisch/geilen Gesellschaft wird sie uns nicht beigebracht, beziehungsweise erst, wenn wir uns im Erwachsenenalter befinden und dann auch nur zufällig und unvollständig. Es gibt immer noch zu viele Menschen – eigentlich die meisten –, die durchs Leben gehen und nicht auf eine vollständige und befriedigende Weise körperlich lieben können. Wir leben in einer angeblich befreiten, ja sogar freizügigen Gesellschaft, aber in sexueller Hinsicht ist sie in Wirklichkeit erbärmlich unterentwickelt. Vollendetes sexuelles Erleben wird durch zügellose Reize und schnellen Geschlechtsverkehr ersetzt. Es ist schon der Mühe wert, sich zu fragen, wie unsere Welt aussehen würde – wieviel weniger Gewalt, Vergewaltigungen, Suchtkranke, Depressionen, Verbrechen und Krieg es geben würde –, wenn die Menschen regelmäßig reiche und erfüllte sexuelle Erlebnisse hätten. Wir werden ständig mit Angeboten konfrontiert, sexuelle Befriedigung auf fast jede mögliche Weise zu erhalten, ausgenommen der wirklich lohnenden. Wie viele von uns haben jemals ein totales, den ganzen Körper umfassendes, kathartisches, durch und durch gehendes sexuelles Erlebnis gehabt?

Ein erfülltes sexuelles Erleben ist der grundlegendste Weg zur Selbstheilung. Spannungen und Verspannungen, die sich in uns aufgebaut haben, lösen sich und am Ende werden wir von der Welt umarmt und wir umarmen sie in der Person unseres Liebhabers. Aber der Sex, der uns normalerweise umgibt – in der Werbung, in der Unterhaltung, in der flüchtigen Begegnung im Dunkeln –, ist eher auf Äußerlichkeit und Oberflächlichkeit ausgerichtet und spielt sich vielmehr im Kopf als im Körper ab. Dieser chronische Mißbrauch der Sexualität ist in dem Maße ungesund und zerstörerisch, wie echtes sexuelles Erleben heilend, ganz-machend ist. Wir denken viel an Sex und reden auch eine Menge darüber, aber beim Ausführen sind wir meist nicht gut.

Das allerwichtigste, was wir wissen müssen, ist, den Liebesakt in die Länge zu ziehen. Es ist keine Angelegenheit, die man zwischen den Nachrichten und der Johnny-Carson-

Show, dem Wecken um 7.00 Uhr und der Hetze zur Arbeit erledigen kann. Der Liebesakt nimmt Zeit in Anspruch. Wir müssen uns die Zeit dafür nehmen, die diesem wichtigen Bestandteil unseres Wohlbefindens auch zusteht, was bedeutet, daß man sich dem Sex wahrscheinlich nicht jeden Tag widmen kann. Wenn du willst, daß sich die Energie aufbaut, dann wende dich dem Sex mit vollem Engagement und voller Bewußtheit zu, da er eine der heiligen, unberührten Dimensionen unseres Lebens sein sollte. Es sollten genügend Zeit und Freiheit zur Verfügung stehen, um sich ausschließlich liebevoll und sexuell hinzugeben.

Der Schlüssel liegt natürlich in den Rhythmen – die Sexualenergie mittels der gesamten Skala der fünf Rhythmen zum Ausdruck bringen. Im gewissen Sinne liegt der wichtigste Aspekt meiner Arbeit darin, die Fähigkeit zum totalen Orgasmus zu erwecken. Immer wieder erzählen mir Teilnehmer aus meinen Bewegungs-Workshops, daß sie erst die vollen Dimensionen der Energiemuster ihrer Körper erfahren und einen totalen Orgasmus erleben konnten, nachdem sie mit den Rhythmen angefangen hätten. Und diese Entdekkung führt sie immer wieder zur Ekstase und hat eine echte Veränderung in ihrem Leben bewirkt. Das Ausüben der Rhythmen erlaubt uns, die Phasen körperlicher Energie – insbesondere das Chaos, den Verlust der Kontrolle, den wir am meisten fürchten – auf eine sichere, angenehme Weise vollständig zu erforschen und eröffnet uns so die vollen Dimensionen sexuellen Erlebens, das im Grunde rhythmisch ist.

Spaßeshalber bezeichne ich meinen Ansatz zum Sex als die ›Rothsche Rhythmische Methode‹. Die katholische Kirche verwendete zwar den richtigen Begriff, hatte aber die falsche Idee – die Rhythmen sind die Sprache der körperlichen Liebe und keine Art der Geburtenkontrolle. Erfülltes sexuelles Sein bedeutet, die Fülle eines jeden Rhythmus in unseren sexuellen Begegnungen zu erfahren. Wir sind aufgerufen zu einem sanften, hämmernden, wilden, wunderschönen Ritt auf den Wellen der Sexualenergie, bei dem wir am Sandstrand des Paradieses abgeworfen werden.

Beginne bei dem Liebesakt mit einem gemächlichen Wechselspiel fließender Rhythmen. Die weiter oben beschriebene Massage ist eine großartige Möglichkeit, um den ersten Akt des Fünfakters einzuleiten, der echten Sex darstellt. Hinzugefügt werden müssen nur noch die erotische Sensibilität und sexuelle Zielgerichtetheit. Verwende Musik, um den Rhythmus bei deinem Liebesakt zu beschleunigen. Das Ein- und Ausatmen mit dem anderen, das Teilen fließender, ausgewogener Zärtlichkeiten, das Erforschen und Bejahen jedes Körperteils des anderen mit sanften, kreisförmigen Bewegungen und das langsame Sich-Aufbauen der Energie, während der Körper völlig ›angetörnt‹ und geöffnet wird. Das ist der Weg zur sexuellen Ekstase.

Erst wenn beide Körper in dynamischer Entspannung völlig geöffnet sind und die Energie frei fließt, sollte der Mann in die Frau eindringen. Nun werden die kräftigen, langsamen, fließenden Bewegungen im Innern und in unseren engen Umarmungen fortgesetzt. Unsere Körper werden sich von selbst zu einem stakkatischen Rhythmus steigern, die Energie wird heftiger und beharrlicher, Spannung und Aufregung nehmen zu. Am besten läßt man diese hämmernde Energie auf natürliche Weise ansteigen, ohne zu drängen, zu forcieren oder zu beschleunigen. Sie wird weiter zunehmen und stärker werden, bis sie die Dämme unserer Kontrolle durchbricht und in eine tiefe chaotische Phase übergeht. Hier müssen wir uns der Energie hingeben, sich ihr unterwerfen; wenn wir dem nachkommen, werden Laute und Gefühle unaufgefordert hervorbrechen, eine leidenschaftliche animalische Energie wird von uns Besitz ergreifen und uns dorthin führen, wo wir niemals zuvor gewesen waren. Am besten, man schließt sich der prickelnden Erregung der Reise, des Abenteuers, des ewig-unerforschten Landes an.

Diese Hingabe führt uns zu einer noch tieferen Ebene. Dort beginnt sich der Orgasmus aufzubauen, und dort sollte man sich nicht beeilen, um zum Ende zu gelangen, das süße Verlangen des Wartens abbrechen und das köstliche Eintauchen in jene zellulare Explosion, die den Höhepunkt bildet, beschleunigen. Diese Explosion, wenn sie umfassend ist, hallt in unserem ganzen Körper nach, durch unser ganzes Sein, läßt alles in uns frei, löst all unsere Blockierungen.

Mit diesem totalen, körpererschütternden, explosionsgleichen, überwältigenden Orgasmus werden wir auf ein Plateau des Lichts, der glückseligen Intimität geschleudert. Ich bin überzeugt, daß postkoitale Tristesse nur eine romantische Fehlinterpretation der Unzufriedenheit beim ›schnellen Sex‹ ist, eine Erfahrung, die dem erfüllten, gemächlichen, ausdrucksvollen Liebesspiel völlig entgegengesetzt ist. Nachdem man sich dem Chaos überlassen und den wahren Orgasmus erlebt hat, gelangt man in die lyrische Phase: die genitale Vereinigung bleibt bestehen, aber die Energie verändert sich. Wir beginnen wieder, uns gegenseitig zu liebkosen und uns dankbar und anerkennend anzuschauen, uns aufs neue zu ehren und zu schätzen.

Laß die Energie allmählich in eine glückselige, erfüllte Ruhe übergehen. Hier befindet sich der Kern unseres Heilens, dieses tiefe Gefühl des Einsseins, des Verbundenseins, der Heiterkeit im Sein. Jetzt erlebst du den Geschmack der Ekstase! Es ist nicht die Art der Erfahrung, die man bei einem einmaligen Gastspiel erlebt: die zur Verantwortung aufrufende Safer-Sex-Bewegung kann den unverhofften Vorteil bieten, daß wir veranlaßt werden zu lernen, uns wirklich gegenseitig körperlich zu lieben.

Das Ausüben der Rhythmen in der Bewegung und in der Massage ist für den echten Liebesakt, das echte sexuelle Erleben eindeutig förderlich, etwas, wozu wir Menschen auch geschaffen sind. Das regelmäßige Ausführen der Rhythmen – insbesondere das in die Länge gezogene Fließen und das

Sichüberlassen des Chaos – verbindet uns mit den treibenden Kräften unseres Körpers, die zum wirklichen ›sexuellen Heilen‹ wichtig sind.

Es trifft auch zu, daß erfüllte orgasmische Sexualität eine emotionale Freiheit sowie das Entfalten der natürlichen Phasen unserer Sexualentwicklung erforderlich macht, was jedoch selten der Fall ist. Wenn das Herz nicht frei ist, um die Kraft des Liebens zu erfahren, wenn wir emotional blokkiert sind und Gefühle zurückhalten, gibt es keine Möglichkeit, einen totalen Orgasmus oder völliges Wohlbefinden erleben zu können. Und wenn sich unser sexuelles Wachstum in einem Zustand blockierter Entwicklung befindet, dann können unsere sexuellen Fähigkeiten nur vollständig erschlossen werden, wenn wir herausfinden, wo wir feststekken und uns dann rhythmisch durch jede Phase arbeiten.

Die fünf Phasen der Sexualentwicklung

Wenn wir zu einer sicheren Erkenntnis über unsere Sexualentwicklung gelangen wollen, müssen wir eine heilsame Reflektion über unsere persönliche Sexualgeschichte durchführen. Unsere Sexualität reift in den fünf Lebensphasen (die im dritten Kapitel näher erläutert werden). Unser sexuelles Wachstum beginnt mit der Entdeckung unseres Körpers (in der Geburtsphase); im Spiel mit Freunden (in der Kindheitsphase) entwickeln wir sexuelle Bewußtheit; erblühen (in der Pubertätsphase) zu erfüllten sexuellen Beziehungen mit Liebhabern; erfahren einen Höchststand (in der Reifephase) durch das Eingehen einer Verbindung mit einem Lebensgefährten und verinnerlichen mit fortschreitendem Alter (in der Sterbephase) Weisheit und Erfahrung. Du berührst dich, berührst andere, gehst verbunden mit jemandem den ganzen Weg und läßt schließlich los. Jede einzelne sexuelle Phase ist wichtig, jede stellt eine Vorbereitung auf die nächste dar. Keine darf ausgelassen werden, sonst bleibt in der Psyche ein tiefes Loch zurück. Es handelt sich also um eine grundlegende Aufgabe, dir über deine persönliche Sexualgeschichte klarzuwerden, damit die sexuelle Dimension deines Lebens ein entscheidender Aspekt deiner Arbeit wird, nicht nur den Körper, sondern auch das Herz, die Psyche, die Seele und den Geist zu befreien.

In unserer ersten Lebensphase, der Körper- bzw. Geburtsphase, die fünf Jahre dauert, in der wir unseren wunderbaren, spannungsgeladenen Körper entdecken, ist unsere Sexualenergie nach innen gerichtet. Wir führen uns selbst ein in unsere insgesamt neue physikalische Welt, indem wir lernen, Nahrung aufzunehmen und sie zu verdauen, zu krabbeln, laufen, sprechen, spielen; und das alles geschieht mit dem Schwung unserer ersten Lebenskraft. Wir berühren, kneifen, beklopfen, betasten, drücken und reiben unseren Körper, manchmal ziellos, manchmal heftig, als ob wir wie von einem Magneten zu uns selbst hingezogen werden. Wir spielen mit unserem Körper, mit unseren Genitalien und das dabei empfundene Vergnügen uns zu berühren, fördert die Selbsterforschung, die für unsere Sexualentwicklung so wichtig ist. Diese Augenblicke, in denen wir mit uns beschäftigt sind, bilden die wertvollen Anfänge all unserer späteren sexuellen Begegnungen. Wir lernen, zu uns selbst einen Kontakt herzustellen, bevor wir lernen, andere zu berühren. Am Anfang lieben wir uns selbst körperlich.

So viele Kinder werden dafür bestraft, daß sie mit ihrem Körper spielen, und diese Unterdrückung des natürlichen Instinktes bildet die Wurzel ihrer anschließenden Sexualneurosen. Wenn du auch als Kind dafür bestraft wurdest, wie konntest du dann lernen, deinen eigenen Körper zu lieben und ihm zu vertrauen, wenn seine Impulse zur Demütigung und Bestrafung führen? Wie konntest du in deiner Unschuld verstehen, daß etwas Natürliches schmutzig und falsch sein kann? Für ein unschuldiges Wesen ergibt es keinen Sinn, Vorhaltungen zu bekommen, wenn es seinen Körper berührt.

Wie sollte ein solches Verbot keine Verbindung zwischen sinnlicher Selbsterforschung und Bestrafung herstellen? Könnte es nicht darauf hinauslaufen, daß du in deinem Leben dazu neigst, Vergnügen zu unterdrücken, um Schmerzen zu vermeiden? An diesem Punkt werden die Frigiden und Stumpfsinnigen geboren, die alles mögliche unternehmen, sich nicht ›antörnen‹ zu lassen, so daß das Leben aus ihren Körpern gewichen zu sein scheint. Oder wirst du dazu neigen, den Schmerz zu suchen, um darin Lust zu finden? Hier entstehen Pornographie und Perversionen.

Wir werden dazu konditioniert, unsere Selbstliebe nicht auszuleben; wir halten uns für unwürdig. Da stecken wir in unseren kleinen vier oder fünf Jahre alten Körpern, gezwungen, uns gegen den wahren Fluß der Natur, die ursprüngliche Lebenskraft zu stellen. Unser Körper wird unser Feind, eine feindselige Macht, der man mißtraut und die man unterdrückt. Es ist gut, uns selbst abzulehnen, und es ist böse, unsere Gefühle zu bejahen. Es ist gut, sich zu beherrschen, böse, sich hinzugeben.

Der Moment, in dem wir für unsere Selbsterforschung bestraft werden, ist der Moment unseres Gespaltenseins in gut/böse, Geist/Körper, richtig/falsch. Gefangen zwischen dem, was wir empfinden und dem, was wir tun ›sollen‹, werden wir von unserem Körper abgeschnitten und aus der Unmittelbarkeit unserer Beziehung zu uns selbst gerissen. Wir beginnen über Sexualität nachzudenken und sie wird zu einem Gegenstand der Überlegung, des Abwägens, der Zweifel, der Angst, der Tagesordnung anderer.

Wir können eine Phase niemals wirklich verlassen, die wir nicht abgeschlossen haben. Die zurückbleibende Energie des Sexualbedürfnisses begleitet uns, und wir werden neurotisch auf sie fixiert. Der Impuls zur Selbsterforschung und Stimulierung ist eine Tatsache; wir sind dazu bestimmt, uns direkt oder indirekt mit unseren natürlichen Bedürfnissen zu beschäftigen, bis wir sie unserer Form des spontanen Seins einverleiben. Ohne eine adäquate Grundlage kann sich unser Erwachsenenleben sexuell nicht im Gleichgewicht befinden, und wir werden vom Sex beherrscht sein, entweder durch ihren Mangel oder ihr Übermaß. Wir können uns ihm verweigern, unsere Arme hängen dann leblos an den Seiten, das Becken ist angespannt, die Knie sind verschlossen, um den teuflischen Trieb in seinen vielen Verkleidungen zu bekämpfen, oder wir werden sexuell süchtig, haben gefühls- und beziehungslosen Sex, denken die ganze Zeit nur an Sex, ständig auf der Suche nach jemandem oder etwas außerhalb von uns, das uns antörnen könnte, obgleich wir eigentlich Angst haben, wenn so etwas wirklich eintreten sollte. Das Leben wird ein lebender Widerspruch, wenn wir darauf konditioniert werden, gegen seine grundlegendste Energie vom ersten Mal an, wenn sie in uns aufsteigt, anzukämpfen.

Jedoch, wenn wir uns als Kleinkinder in Ruhe selbst lieben und erforschen dürfen und unsere Sexualität vorbehaltlos akzeptiert und bejaht wird und somit in unsere selbstachtenden und nährenden Instinkte integriert werden kann, dann stehen wir auf einer soliden Grundlage, um in die nächste Sexualphase zu treten. In unserer zweiten Lebensphase, der Kindheits- bzw. Herzphase, die ungefähr vom fünften bis zum zehnten Lebensjahr verläuft, äußert sich unsere Sexualität in der Erforschung und im Spiel mit Freunden des gleichen Geschlechts. Diese Phase beginnt dann, wenn wir uns mit unserem eigenen Geschlecht zusammenschließen und uns bewußt als männlich oder weiblich wahrnehmen. Im allgemeinen verbringen Jungen ihre Zeit mit Jungen und Mädchen mit Mädchen. Dieses Muster mag wohl teilweise in unserer Konditionierung begründet liegen, aber es ist auch ein natürlicher Impuls, daß wir anfangen zu lernen, wer sich außerhalb von uns befindet, indem wir Kontakte mit denen anknüpfen, die uns am ähnlichsten sind.

Unsere erste ›Liebesaffäre‹ findet häufig mit dem besten Freund statt. Normalerweise handelt es sich um eine völlig unschuldige Beziehung, auch wenn solche Freundschaften gelegentlich an deutlichere sexuelle Berührungen grenzen, und es gibt Kulturen, in denen die offene sexuelle Erforschung zwischen älteren Kindern des gleichen Geschlechts bereitwillig akzeptiert wird. Im allgemeinen läuft es darauf hinaus, daß man die ganze Zeit mit der Person zusammensein will, neben ihr sitzen will, die Hand des Freundes festhalten will, die Nächte in der Wohnung des anderen verbringen will. Unser Herz öffnet sich dem warmen Band der Freundschaft.

In der Kindheit drückt sich die sexuelle Energie überwiegend mittels Kitzeln, Umarmen, Anlehnen, Anspringen, Anfassen und den Spielen ›Fangen‹ und ›Verstecken‹ aus. Es gibt die naiven, heimlichen ›Doktor‹-Spiele, bei denen der Körper des anderen erforscht wird. Und die Lektion, die hier gelernt werden soll, ist eher relational als körperlich: wir lernen uns als protosexuelle Wesen zu verhalten, dehnen unsere Grenzen aus, experimentieren mit allen Arten des Kontaktes zu anderen, lernen zurechtzukommen, uns zu behaupten, zu interagieren.

In dieser Lebensphase ist die Sexualenergie auf das Herz gerichtet. Wenn unsere Freunde das Medium für die erste nach außen gerichtete Äußerung unserer sexuellen Energie sind, wenn Sexualität in persönliche Wechselbeziehungen eingebunden wird, dann sind wir mit der liebevollen Verbindung von Sexualität und Gefühl, Lebensenergie und Herz gesegnet. Sexuelle Energie, die nicht durch das Herz strömt, ist immer unangemessen; wenn das Herz fehlt, entwickeln sich aus Selbstliebe Schuldgefühle, wird die Liebe zu Freunden verzerrt, werden Liebende zu reinen Lustobjekten. Wenn Sex aus dem Körper kommt, dann handelt es sich um ein Bedürfnis. Wenn er aus der Psyche kommt, ist es eine Phantasie. Wenn er aus dem Herzen kommt, dann ist es

Liebe, unsere Verbindung auf der heiligsten Ebene. Im Grunde ist Sex bedeutungslos, wenn das Herz fehlt.

Aufgrund von Homophobie, bzw. einem Rest von Puritanismus, herrscht immer noch sehr viel Verklemmtheit gegenüber diesen besonderen Freundschaften und auch gegenüber dem Blödsinn in der Kindheit. Aber wie sollen wir je zur wahren körperlichen Liebe fähig sein, wenn wir uns nicht zutrauen, den unschuldigsten, spielerischen körperlichen Kontakt zu unseren Freunden herzustellen? Wir können keine wahren Liebenden sein, wenn wir nicht zuerst lernen, Freunde zu sein, und wir können keine Freunde sein, wenn wir gehemmt sind, einander zu berühren.

Mit dem Anbrechen der Pubertät wird unsere Sexualität äußerst unsicher und sie gerät in den Mittelpunkt. Nun treten wir in die Phase des Jugendalters; es ist der Zeitabschnitt, in dem wir zu Liebenden werden. Heutzutage dauert dieser Abschnitt bis zu zwanzig Jahre. Es ist eine Zeit des Experimentierens und Erforschens: wir sind gefangen in den kraftvollen Fluten der sich selbst erschaffenden Energie, die wir auf konstruktive Weise kanalisieren müssen. Es ist die Zeit, in der wir die Kunst, Wissenschaft und Verfahrensweisen der körperlichen Liebe erlernen. Wir kommen heraus. Wir kommen zusammen. Wir kommen.

Unabhängig von den Regeln der Gesellschaft experimentieren wir mit der Ausdrucksweise unserer sich entfaltenden Sexualenergie, ob zaghaft oder kühn, ängstlich oder mutig, im kleinen oder großen Rahmen. Wir experimentieren mit vielen Beziehungsformen, angefangen von ersten Verabredungen über einmalige Gastspiele bis hin zum Zusammenleben. Im Mittelpunkt stehen keine dauerhaften Beziehungen, es gilt nicht das Ewig, sondern das Jetzt. Das Leben ist chaotisch, nicht voraussagbar, aufregend. Und in diesem Mahlstrom entdecken wir uns als eigenständige sexuelle Wesen.

Im Zeitalter von AIDS und der um sich greifenden Teenagerschwangerschaften ist es für Heranwachsende wichtig, nicht nur eine Erziehung zum Safer Sex, sondern auch andere Möglichkeiten für das Ausdrücken und die Entwicklung ihrer Sinnlichkeit zu erhalten. Es ist tragisch, die uns zur Verfügung stehende Zeit für unser emotionales Wachstum wegen Teenagerschwangerschaften, Teenagerehen und festen Arbeitsverhältnissen abzubrechen; wir sind in dem frühen Alter noch nicht bereit und säen den Samen für lebenslange Enttäuschungen. Idealerweise sollten den Teenagern unzählige Möglichkeiten zur Erforschung und Entwicklung von sinnlichen Ausdrucksweisen und Flexibilität zur Verfügung gestellt werden, und sie sollten ermutigt werden, das Vorspiel im Jugendalter zu verlängern, so daß die Erfahrung des Geschlechtsverkehrs, wenn er dann stattfindet, direkt von Anfang an als tief und reich erlebt wird.

Ebenfalls ist es wichtig, das zu bestärken, was Teenager ohnehin im Grunde ihres Herzens bereits wissen: erfüllte sexuelle Beziehungen sollten im Kontext einer echten liebevollen Freundschaft stattfinden. In einer solchen Beziehung wird dein Geliebter bzw. deine Geliebte dein heiliger Lehrer. Du und dein Partner, ihr entdeckt gemeinsam, wie man zu Liebenden wird, wie man Begegnungen hat, die euch durch all die Rhythmen mit am ganzen Körper erlebten Orgasmen führen, jenen tiefen, explodierenden, freiwerdenden Wellen vibrierender Energie. Es ist diese Energie, die Trägheit umformt, durch die Krankheit auf allen Ebenen deines Seins hervorgebracht wird.

Auch eine versagte Pubertät wird schließlich zu Ende sein, doch sollte sie lieber zur angemessenen Zeit beendet werden als später auf zerbrechende Weise. Unsere Kultur ist voller unterdrückter Teenager, die sich mit ihren dreißig, vierzig Jahren immer noch in der Pubertät befinden. Unkenntnis und Angst verwandeln die Jugendzeit in eine Zeit der Einschränkung anstatt des Experimentierens, der Begrenzung anstatt der Erweiterung. Das Ergebnis ist Impotenz, Frigidität, vorzeitiger Samenerguß, mechanischer Sex und die vielen anderen sexuellen Funktionsstörungen, gegen die Hunderttausende im späteren Leben Hilfe suchen. Und wenn du deine geschlechtsreife Energie nicht einsetzt, um ein wirklicher Liebender zu werden, dann wirst du sie in waghalsigen Autofahrten, Aggressivität, Ehrgeiz und Depressionen einsetzen. Du wirst sie zum Trinken, Rauchen, Narkotisieren, Vollstopfen oder Aushungern einsetzen.

Mit Glück erreichen wir die Reifephase und sind zur Intimität bereit – bereit, uns zu binden und eine Familie zu gründen. Wenn wir in den vorangegangenen Phasen unsere jeweiligen Lektionen gelernt haben, ist der Wunsch, eine Verbindung einzugehen, natürlich. Das Eingehen einer Verpflichtung ist ein ungezwungenes Konzentrieren, ein Teilen, das ein für allemal gilt, eine umfassende Investition in ein Gemeinschaftsunternehmen bestehend aus Körper, Geist und Herz. Und der Sex zentriert sich weniger in stakkatischen und chaotischen Rhythmen, sondern wird eher eine lyrische, tantrische Verbindung, in der die gesamte Oktave unseres körperlichen Potentials und nicht nur eine oder zwei sich wiederholende Noten gespielt werden.

Aber so viele von uns haben auf ihrem Weg Wunden davongetragen. Und die einzige Möglichkeit zur verbindlichen sexuellen Intimität, zur Erfülltheit sexueller Ekstase mit der Liebe unseres Lebens besteht darin, das unfertige Geschäft unserer vorangegangenen sexuellen Stufen zu vervollständigen: lernen, dich ohne Schuldgefühle zu lieben; die vitale Verbindung von Freundschaft und Sexualität zu schmieden, indem du deine Freundschaften sinnlich und deine Sexualität wahrhaftig gebend und empfangend ausrichtest; dir die Erforschung, die Hemmungslosigkeit, das Suchen zu gestatten, wie es die Pubertät fordert. Andernfalls wird auch die beste verbindliche Beziehung, auch wenn sie anhalten sollte, von sexuellen Wunden, Ängsten, Zweifeln, Unkenntnis, Verdrängung – die in Körper, Herz und Geist vorhanden sind – unterwandert.

Wenn wir älter werden und in die letzte Phase unseres Lebens eintreten, richtet sich unsere Sexualenergie wieder nach innen zu einer pulsierenden Enthaltsamkeit. Die Enthaltsamkeit des Alters bedeutet nicht, daß wir uns der Liebe enthalten, sondern daß unser Liebesleben über das Sexuelle hinausgeht und tausend andere Formen der Anteilnahme annimmt. Und unsere erotische Energie erstreckt sich auf unser ganzes Leben. Bei unserem letzten Walzer wird das ganze Leben unser Partner. Dieses totale Erotisieren des Lebens ist die Ganzheit, auf die sich unsere Sexualentwicklung auf natürliche Weise entfaltet, aber dies ist wiederum nur mit der Erfüllung der früheren Phasen möglich. Aber wie wunderbar ist es, wenn du das Alter, die Verkörperung einer vollständigen Sexualentwicklung, erreichen kannst und in deinem Körper so frei bist wie damals als kleines Kind, nur, daß du jetzt an Bewußtheit, Freundschaft, Selbstbeherrschung und einer spirituellen Verbindung zu allem, was dich umgibt, bereichert bist.

In diesem Kapitel stand der Körper im Mittelpunkt, der Ort, an dem für uns praktisch gesehen alles anfängt und aufhört. Und wenn du über einen Körper verfügst, dann bist du ein Tänzer. Es liegt an dir, die Kraft, deinen Körper im Rhythmus zu bewegen, in Anspruch zu nehmen. Es liegt an dir, die Kraft, sinnlich zu sein, einen totalen Orgasmus zu erleben, in Anspruch zu nehmen. Es liegt an dir, die Kraft, im Einklang mit dem Rhythmus des Lebens, seinen Wellen und Phasen zu leben, in Anspruch zu nehmen. Es ist dies die Kraft des Seins, die Präsenz und Ausstrahlungskraft, nach der wir uns doch alle so sehr sehnen.

Wenn du deinen Körper befreist, um die Kraft des Seins zu erhalten, werden alle möglichen Gefühle anfangen zu fließen – alte Gefühle, neue Gefühle, helle und dunkle. Es ist gefährlich, lebendig zu sein. Es bedeutet zu fühlen, Dinge zu fühlen, die du vielleicht nicht fühlen möchtest oder von denen du dachtest, sie niemals fühlen zu können. Lebendigsein bedeutet, ein Herz zu haben und es auszudrücken. Indem der Körper befreit wird, befreien wir das Herz, um die Kraft der Liebe zu erfahren – die Aufgabe im nächsten Kapitel.

Zweites Kapitel

Das Herz ausdrücken
Die Kraft des Liebens

Wenn Metall poliert werden kann
zu einem spiegelgleichen Schliff –
Welcher Politur bedarf dann
der Spiegel des Herzens?

Zwischen dem Spiegel und dem Herzen
besteht dieser eine Unterschied:
Das Herz verbirgt Geheimnisse
und der Spiegel nicht

Aus: The Ruins of the Heart
Jeláluddin Rumi[5]

Die zweite wichtige schamanische Aufgabe besteht darin, das Herz auszudrücken, indem die Emotionen befreit werden, um die Kraft des Liebens zu erfahren.

Wenn man den Körper durch die Rhythmen bewegt, werden zwangsläufig Emotionen freigesetzt. Das Befreien des Körpers führt unvermeidlich zur Befreiung des Herzens. Emotionen müssen so wie das Blut im Körper fließen. Wenn unsere emotionalen Arterien verstopft sind, unser Herz blockiert ist, dann mangelt es in unserem ganzen Leben an

Schwung und Vitalität. Und wenn man zu lieben versucht ohne den freien Fluß der Emotionen, dann kommt das dem Versuch gleich, ein Auto mit festgefressenem Motor zu fahren oder mit kollabierten Lungen Marathon zu laufen. In diesem Kapitel wird die Natur der Emotionen und die Möglichkeiten, wie wir sie in Bewegung setzen können, erforscht.

Für Menschen, die zur spontanen und natürlichen Äußerung ihrer Gefühle erzogen worden sind, ist ein dynamisches emotionales Leben genauso selbstverständlich wie für Athleten das tägliche Training. Aber für jene von uns, die von klein auf gelernt haben, viele ihrer Gefühle zu blockieren, zu unterdrücken und zu leugnen, kann das Ausdrücken von Emotionen anfangs genauso schmerzhaft sein wie für einen Athleten, der nach langer Zeit sein Training wieder aufnimmt. Wir gehen kein Risiko ein, unsere Gefühle zum Ausdruck zu bringen, um Verletzungen zu vermeiden. Wir gewöhnen uns an einen Zustand emotionaler Trägheit, eine Art von durchdringender Erstarrung, einen totenähnlichen Wachzustand, der uns zwar vor Schmerzen beschützt, uns aber auch von der spontanen Freude am Leben abhält.

Auf jeden Fall stellt der Versuch, vor unseren Emotionen zu fliehen, einen vergeblichen Akt der Selbsttäuschung dar. Es ist uns nicht möglich, unsere Emotionen wirksam abzulehnen, weil sie sich auf die eine oder andere Weise manifestieren oder sich zum Ausdruck bringen werden, wie sehr wir uns auch dagegen sträuben.

Gefühle sind real vorhanden. Es sind keine Ideen, die abgeschaltet werden können. Es sind keine Abstraktionen. Es handelt sich um Energie, in der Körper und Geist vereint sind, und die sich im geeigneten Augenblick körperlich manifestiert. Wird diese Energie nicht ausgedrückt, sondern verdrängt oder unterdrückt, dann wird sie giftig. Ohne ihr Freiwerden tritt sie in Form von Geschwülsten, Blutgerinnseln, Tumoren, Krämpfen, Migräne und anderen Symptomen körperlichen Leidens an die Oberfläche. Es ist nun klar erwiesen, daß die Unterdrückung von Gefühlen gesundheitliche Auswirkungen hat. Verschiedene weitreichende Forschungsarbeiten aus den letzten Jahren haben ergeben, daß das Unterdrücken von Emotionen an der Gesundheit nicht spurlos vorübergeht – ›Verdränger‹-Persönlichkeiten zeigen eine höhere Anfälligkeit für Krankheiten. Die einzige reale Möglichkeit, die einzige gesunde Alternative besteht darin, unsere Emotionen zu bejahen, sie bereitwillig anzunehmen, sie uns zu eigen zu machen und zu lernen, sie angemessen im richtigen Augenblick zu erleben und auszudrücken.

Ich arbeite mit fünf grundlegenden Emotionen: Angst, Zorn, Traurigkeit, Freude und Mitgefühl. Die meisten von uns neigen dazu, ›negative‹ Emotionen der Angst, des Zornes und der Traurigkeit zu vermeiden oder zu leugnen, um schneller zu den ›positiven‹ Gefühlen des Glücklichseins und des Mitgefühls zu gelangen. Aber es gibt keine Abkürzung zur echten Freude und zu echtem Mitgefühl, und alles, was wir erhalten, wenn wir die Erfahrung von Angst, Zorn und Traurigkeit auslassen, sind billige Imitationen von Freude und Mitgefühl – Heiterkeit und Sentimentalität.

Wir alle haben Angst. Wir alle haben Zorn. Wir alle sind traurig. Das ist eine Tatsache. Die Frage ist nur, was wir damit anfangen. Die Bejahung und Erforschung unserer Angst, unseres Zornes und unserer Traurigkeit stellt hierbei einen großen Schritt dar, weil wir gerade sie normalerweise ablehnen. Den größten Teil unseres kostbaren Lebens verbringen wir damit, in einem Schleier von Lügen umherzulaufen, uns selbst und andere zu täuschen, in einer leblosen Unwirklichkeit zu leben. Aber so einfach funktioniert das nicht. Jedenfalls nicht richtig.

Es wird von vielen angenommen, daß der Weg zur Erleuchtung und zur Selbstbeherrschung zumindest das Transzendieren, wenn nicht gar das Leugnen unserer ›negativen‹

Emotionen beinhaltet. Sollten wir nicht über unsere niederen Triebe erhaben sein und uns zur gelassenen Freude und zum Mitgefühl erheben, da dies unser natürliches Recht ist? Ich bin überzeugt, daß dieses Transzendieren bloß zu trügerischem Gleichmut führt, der auseinanderfällt, sobald man mit einer echten Herausforderung im Leben konfrontiert wird. Wenn du meinst, du kannst Angst, Zorn und Traurigkeit transzendieren, dann fahre mal um Mitternacht mit der Bahn vom oberen Manhattan ins tiefe Brooklyn und achte auf deine Gefühle. Oder besuche das Holocaust-Museum in Jerusalem (A. d. Ü.: Yad Vashem, die Gedenkstätte für die Opfer des Nationalsozialismus) oder verbringe eine Nacht in den Straßen von Kalkutta.

Warum will jemand überhaupt versuchen, das reale Sein, das Lebendigsein zu transzendieren? Warum wollen wir nicht unser Herz erfahren? Die grundlegenden Emotionen sind für unser Überleben und unser völliges Wohlbefinden notwendig. Die Herausforderung liegt nicht darin, sie zu transzendieren, sondern unsere Beziehung zu ihnen zu verändern. Wir müssen unsere Gefühle annehmen und sie rein und direkt im Jetzt ausdrücken.

Die irrige Gleichsetzung von Erleuchtung mit dem Transzendieren der Gefühle ist uralt. Es gibt eine Geschichte über einen tibetischen Meister, dessen Sohn gestorben war. Als die Anhänger des Meisters in sein Haus kamen, um ihr Beileid kundzutun, fanden sie ihn in seinem Garten weinend vor. Sie waren sprachlos, dachten sie doch, wenn jemand den Tod einer geliebten Person mit Gleichmut hinnehmen würde, dann ihr Meister. Sie fragten ihn also: »Meister, warum weint Ihr?« Er sah sie mit tränenerfüllten Augen direkt an und antwortete: »Ich weine, weil mein Sohn gestorben ist und ich traurig darüber bin.«

Es ist uns gegeben, Gefühle zu haben. Das Problem liegt darin, daß man uns von frühestem Alter an beigebracht hat, unsere Emotionen zurechtzustutzen und zu leugnen. Beobachte mal einige Stunden lang eine Zweijährige. Sie wird bei dem Auftauchen eines großen bärtigen Fremden vor Angst zurückschrecken, sie wird vor Zorn explodieren und sich enttäuscht auf den Boden werfen, wenn sie einen Mantel anziehen soll oder wenn man ihr den falschen Buntstift reicht, sie wird betrübt sein und eimerweise Tränen vergießen, wenn ihr Vater sie in der Kindertagesstätte zurückläßt, sie wird beim ›Fangen‹ vor Freude jauchzen, und sie wird zum Inbegriff des Trostes, wenn ihr Schwesterchen aus dem Bett fällt. Zweijährige sind in bezug auf Emotionen wahre Energiebündel; sie erproben ihre Grenzen, entdecken den Umfang ihrer Gefühle, sind berauscht von der eigenen unabhängigen Lebenskraft. Aber nur allzu schnell ist die Paßform in das soziale Leben dermaßen eng, daß alle Ecken und Kanten abgeschlagen werden, und wir lernen, unsere Gefühle zu leugnen, zu verdrängen, zu verdrehen und zu maskieren. Diese ganze blockierte emotionale Energie staut sich an und bricht schließlich keineswegs angemessen in Situationen hervor oder wird in selbstzerstörerische Verhaltensmuster umgeleitet.

Das Ziel liegt darin, über die Spontaneität und Reinheit der emotionalen Reaktionen eines Kindes zu verfügen, jedoch ohne von den Windstürmen weggetrieben zu werden, wie es bei Kindern der Fall ist. Der Philosoph Paul Ricoeur bezeichnet das, was wir wollen, als ›zweite Naivität‹, ein erfrischendes Reagieren, eine Spontaneität, die mit Weisheit und Erfahrung angereichert ist. Und um das zu erreichen, müssen wir unsere Emotionen an die Oberfläche lassen, müssen wir sie kennenlernen und bejahen: laß sie in dein Leben fließen, so daß wir vor dem Angst haben, was uns wirklich bedroht, zornig werden, wenn unsere Integrität angegriffen wird, weinen, wenn wir verletzt werden, lächeln, wenn alles in Ordnung ist, und uns der wahren Bedürfnisse anderer annehmen. Wenn du das geschehen läßt, wirst du zu begreifen anfangen, was Liebe eigentlich ist. Liebe ist emotionale Energie, die richtig fließt. Sie bildet den ganzen Umfang der Emotionen, die im Jetzt ehrlich und direkt angemessen ausgedrückt werden. Jemand der liebt, ist ein erwachsenes Kind.

Als der Dichter Rilke an schweren Depressionsanfällen litt, wurde ihm geraten, psychiatrische Hilfe in Anspruch zu nehmen. Aber er befürchtete, daß auch die Engel der Kreativität verschwinden würden, wenn man die Dämonen von ihm nehmen würde. Mit anderen Worten: Ihm war bewußt, daß er bereit sein mußte, das volle Ausmaß der Emotionen zu erleben, um weiter dichten zu können. Wir alle sind Künstler, indem wir unser Leben und die Welten, in denen wir leben, erschaffen und die optimale Entscheidung liegt in der vollen Palette der emotionalen Farben. Um mit unseren Gefühlen vertraut zu werden, können wir uns tänzerisch, singend, darstellerisch, schreibend und malerisch mit ihnen beschäftigen: Wir können sie schöpferisch erforschen und zelebrieren.

Eine Landkarte der Emotionen

In meinen jahrelangen Erforschungen, auf meinem eigenen Weg zur Selbstentdeckung und in meiner Arbeit mit Tausenden von Schülern und Klienten bin ich mit der grundlegenden Geographie der Emotionen vertraut geworden. Ich biete dir also meine Landkarte für dieses Land an, auch wenn das emotionale Gebiet bei jedem anders ist, und du wirst deine eigenen Gipfel und Täler, Flüsse und Dämme, Nebenflüsse und Müllkippen entdecken müssen. Dennoch bin ich von der weitgehenden Ähnlichkeit der Grundelemente in unseren emotionalen Welten überzeugt.

Gefühle treten ungeachtet unserer Zustimmung auf. Wir können wohl vorgeben, sie nicht zu empfinden, aber wir zahlen für die Folgen unserer Selbsttäuschung, indem wir zu Lagerhäusern nutzloser, veralteter Emotionen werden. Wir sind vollgestopft mit ungelösten Problemen aus der Vergangenheit, überhäuft mit Dingen, die völlig unpassend sind in bezug darauf, wer wir jetzt sind und was wir jetzt machen. Für dermaßen bis zum Rand gefüllte Herzen gleicht das angemessene Ausdrücken der richtigen Emotion dem Versuch, ein bestimmtes Buch in einem heruntergekommenen Second-hand-Laden zu finden, der seit dem letzten Jahrhundert mit allen möglichen Büchern angefüllt wurde – ein fast zum Scheitern verurteiltes Unterfangen. Wir müssen unsere emotionalen Kleiderschränke aufräumen, sie auf eine lebenswichtige emotionale Ordnung einschränken.

Gefühle sind weder positiv noch negativ; sie sind Elementarkräfte mit ihren eigenen Schwingungen und Funktionen in unserer Lebensenergie. Für unsere Gesundheit und unser Wohlbefinden sind sie lebensnotwendig. In der Hauptsache beschützt uns die Angst, verteidigt uns der Zorn, befreit uns die Traurigkeit, baut uns die Freude auf und vereinigt uns das Mitgefühl. Die Angst befindet sich nahe an der Oberfläche unseres Selbst, der Zorn sitzt ziemlich tief, Traurigkeit und Freude sind in zunehmendem Maße weiter innen zu finden und Mitgefühl rührt aus unserem tiefsten Zentrum her. Jedes Gefühl bildet eine Energieebene und -schwingung und muß frei fließen, damit wir uns wirklich in der Gegenwart auseinandersetzen können.

Angst

Die Angst ist eine äußerst sinnvolle Emotion. Mit ihr bist du auf der Hut, werden deine Sinne intensiviert und erhöht sich dein Bewußtsein angesichts von Gefahren. Die Angst ist dein Freund, dein Radargerät für deine Reise durchs Leben. Für das menschliche Überleben – in körperlicher, seelischer und geistiger Hinsicht – stellt sie einen elementaren Instinkt dar. Wir benötigen ein feines Gespür für das, was unser Wohlbefinden bedroht. Sensitive Antennen, die auf Gefahrensignale feinabgestimmt sind, erlauben uns, eintretende Bedrohungen auszumachen und mit ihnen fertig zu werden. Die Angst lehrt uns, dem Geschehen um uns herum Aufmerksamkeit zu schenken, und ein feinabgestimmtes Angstgefühl läßt uns ein dynamisches Gleichgewicht in einer Welt bewahren, die unvermeidlich unsicher und unberechenbar ist.

Aber die Gefahrensignale der Angst werden gedämpft, wenn wir unsere Ängste ablehnen und unterdrücken. Indem wir spezifischen Angstsignalen keine Beachtung schenken, zerstreut sich diese Energie zu einer verallgemeinerten Paranoia, einem ständigen leichten Alarmfieber, das sich durch unser Leben zieht. Und bei meiner Arbeit erlebe ich ständig, daß praktisch jeder in seiner Angst gefangen ist; die Menschen haben Angst vor allem – Angst, ihren Job zu verlieren, ihren Geliebten zu verlieren, ihr Leben zu verlieren; sie haben Angst vor Erfolg, Angst, glücklich zu sein, Angst vor der Wahrheit, Angst vor Gefühlen, Angst, sich zu bewegen, sich zu verändern. Bei zunehmender Sensibilität gegenüber dem Spiel der emotionalen Energien kannst du erkennen (und auch fühlen), wie zurückgehaltene Angst die Kehle, den Hals und den unteren Rücken anspannt, die Schultern hochzieht, den Kiefer versteift und die Stirn zusammenzieht, das Becken unbeweglich macht und die Knie verschließt. Die Angst versieht ihre Unterschrift am ganzen Körper, aber wir sind alle dermaßen abgestumpft, daß wir die laute und deutliche Botschaft unserer Körpersprache nicht mehr vernehmen. Und diese durchdringende Angst breitet sich aus; sie lähmt unsere Lebensenergie und bemächtigt sich unserer Gefühle. Wir haben soviel Angst, etwas zu verlieren, sind so krampfhaft dem verhaftet, was wir haben, daß wir zu einem lebenden Tod erstarren. Indem wir uns an das Leben klammern, wie es sich jetzt bietet, verweigern wir uns selbst einer lebendigen, pulsierenden Gegenwart und Zukunft.

Wir müssen uns also von diesen alten, diffusen, implodierten Ängsten befreien, um in der Lage sein zu können, Angst zu haben, wenn wir uns wirklich in Gefahr befinden. Ich erinnere mich an ein dramatisches Beispiel, in dem jemand durch die Angst wie in einem Gefängnis gehalten wurde und die sich dann schließlich entlud: In Esalen nahm ein Mann an einem Workshop von mir teil, der zwar sprechen, aber keine natürlichen Laute von sich geben konnte. Während die anderen in der Gruppe stöhnten, grunzten, summten und schrien, war er völlig blockiert und blieb stumm. Eines Tages gab ich ihm eine Massage. Während ich seinen Körper bearbeitete, um die Spannung zu lösen, bemerkte ich eine große Narbe an seiner Leistengegend, die heftig pulsierte. Ich legte meine Hand darauf und bat ihn, in meiner Hand zu atmen, was er auch tat. Plötzlich warf er seinen Kopf zurück und stieß einen grauenhaften Schrei aus. Aus allen Richtungen kamen Leute herbeigeeilt, die aber dann wie angewurzelt stehenblieben. Nach diesem schaurigen Schrei brach er ohnmächtig zusammen, und die verstummte Menge glaubte wohl, er wäre gestorben. Aber ich konnte seinen Atem spüren. Ich deckte ihn zu, damit er nicht fror und wachte über ihn. Als er das Bewußtsein wiedererlangte, war dieses Klopfen verschwunden. Er erzählte mir, daß dieses Pulsieren in der Leistengegend fünf Jahre zuvor angefangen hätte, als er in Vietnam gewesen sei. Dort wurde ihm ein Bajonett in die Leistengegend gestoßen; er hatte den Stoß kommen sehen, war vor Angst erstarrt und nicht in der Lage gewesen, einen Schrei auszustoßen. Ein guter Soldat schreit nicht. So hatte er diesen unterdrückten Schrei jahrelang mit sich herumgetragen, und dieser Angstschrei, der in ihm lebendig begraben war, hatte nicht nur seine Stimme, sondern seine ganzen Emotionen eingefroren.

Wir brauchen keine Angst vor der Angst zu haben. Wir brauchen wegen unserer Ängste nicht verlegen oder gelähmt zu sein. Wir müssen ihnen angemessene Beachtung schenken und sie zum Ausdruck bringen, wenn sie auftreten. Dann wird die Energie der Angst richtig freigelassen. Ich habe viel mit Schauspielern zu tun, und die Angst ist natürlich ein immer wiederkehrendes Problem. Lampenfieber, Angst, keine gute Darstellung abzuliefern, den Text zu vergessen usw. ist völlig angemessen. Aber ein guter Schauspieler verwandelt diese Angst in ihre natürliche dynamische Entsprechung – nämlich in Aufregung – und die daraus resultierende Energie erfüllt die Darstellung mit dem Elan, ein Risiko, ein Abenteuer einzugehen, auf der Schneide zu tanzen. Richtig kanalisierte Angst bringt ein hellwaches und aufmerksames Handeln hervor.

Zorn

Zorn ist eine die Integrität beschützende Reaktion auf Angriffe deiner persönlichen Grenzen. Er ist ein ›Nein‹ auf ein Unrecht, eine Übertretung. Er zieht Grenzen und wirft Barrikaden auf. Angemessener Zorn durchschneidet wie ein Messer Wasser. Zorn ist schnell, deutlich und erfordert keine Erklärung. Der Zorn ist wie die entblößten Zähne einer Hündin, die ihren Wurf verteidigt, wie der gewölbte Rücken und das Zischen einer Katze, die bedroht wird. Nichts ist eindeutiger und wirkungsvoller als angemessener Zorn. Echter Zorn ist konkret und gerechtfertigt, seine direkte Äußerung stellt Unrichtigkeit bloß und verteidigt Integrität auf eine Weise, die zum Vorteil aller ist.

Früher hielt ich meinen Zorn in meinem Inneren eingesperrt. Einmal ging ich zu Kastafayet, einem Impresario außerkörperlicher Erlebnisse. Es gehörte sich, ihn mit »Wie kann ich dir dienen?« anzusprechen. Daraufhin antwortete er mir: »Du hast es nötig, auf die ganze Welt zornig zu sein.« Es überlief mich kalt, und ich muß sehr verloren gewirkt haben, denn er fügte hinzu: »Mach dir keine Sorgen. Du verdienst es, auf jeden zornig zu sein.« Und damit schloß er seine Augen und ließ mich stehen.

Ich war aufgebracht. Wieso wagte er zu behaupten, daß ich zornig sein sollte? Was meinte er überhaupt damit? Als ich zu Hause ankam, war ich so in Rage, daß ich meinen Hals nicht mehr bewegen konnte. Er fühlte sich wie ein rauchendes Schießeisen an. Ich lief und stampfte durch meine Wohnung. Schließlich baute ich mit Kissen einen Turm auf und begann, ihn mit meiner ganzen Kraft mit den Fäusten zu bearbeiten. Ich saß auf den Knien, hob die Arme hoch über den Kopf und atmete riesige Mengen von Luft ein, die ich dann wieder ausstieß, während ich meine Arme in die Kissen warf. Ich ließ meinem Zorn freien Lauf, bis ich erschöpft umfiel.

Das machte ich tagelang. Es war, als ob mein Zorn mich aufzehren würde, als ob er überlaufen würde. Selbst wenn ich mich bemühte, zärtlich und liebevoll zu sein, trat Zorn in meine Stimme. Ich begann mich im Zornigsein zu üben, erlaubte mir, Dinge zu sagen und zu tun, die ich immer unterdrückt hatte. Ich hörte auf, mich darum zu scheren, ob das, was ich sagte und tat, angemessen war oder nicht. Ich war völlig aus dem Gleichgewicht, wie besessen. Ich schrieb zornige Briefe, die ich jedoch nicht abschickte. Und ich tanzte und tanzte. Schließlich dankte ich diesem geheimnisvollen Menschen, der die Entladung meines aufgestauten Zornes in Gang gesetzt hatte. In meinem Leben war das ein großer Wendepunkt. Und vermutlich meinte er nicht, daß jeder meine Wut verdienen würde, sondern daß ich es nötig hätte, meinen ganzen Zorn zum Ausdruck zu bringen, den ich in meinem Inneren genährt hatte.

Dieser aufgestaute, verinnerlichte Zorn ist in unserer Gesellschaft ein weitverbreitetes Übel, und die Konsequenzen sind verhängnisvolle häusliche Gewalttätigkeiten, Gewaltverbrechen, alle Formen von unangemessener Aggression, Krieg auf allen Ebenen, verzweifelte Destruktivität. Der Zorn ist die in unserer Gesellschaft am wenigsten gebilligte und zugelassene Emotion und folglich auch diejenige, die am meisten unterdrückt wird. Die verräterischen körperlichen Merkmale unterdrückten Zornes sind überall sichtbar: verschlossener Kiefer, zusammengeballte Fäuste, steifer Rücken, vorspringendes Kinn, erhobene Stimme, glühende Augen. Die teuflischen Samen des unterdrückten Zornes sprießen tagtäglich in jeder denkbaren Form; zerstörerisch für uns und für andere. Wenn wir nur lernen würden, im Jetzt auf angemessene Weise zornig zu sein, unser persönliches Gebiet vor echter Invasion zu beschützen, dann wäre Zorn eine passende Reaktion, eine angemessene Lösung für Herausforderung, eine Handlungsweise ohne negative Nebenwirkungen und kein chronischer Zustand der Ohnmacht, der Zerstörung hervorbringt. Das echte Freilassen von Zorn erzeugt häufig ein Gefühl des Mitgefühls, weil du dich vom Zorn über die Übertretung zu einem mitfühlenden Verständnis für die Person und ihre Gründe, diese Grenzen zu übertreten, bewegst. Und der Zorn selbst kann eine angemessene Form des Mitgefühls darstellen.

Traurigkeit

Traurigkeit ist das Freilassen der Enttäuschung, wenn sich unsere Erwartungen und Wünsche nicht erfüllen. Die Anspannung von Erwartung und Vorhaben ist wie weggeblasen. Traurigkeit tut weh, weil es mit einem Loslassen von Dingen, an denen wir hängen – ob es sich um einen Gutenachtkuß, eine Goldmedaille oder eine Liebesaffäre handelt –, verknüpft ist und damit, mit diesem Verlust leben zu müssen. Wir alle sind mit den Merkmalen der Traurigkeit vertraut – müde Augen, gesenkter Kopf, gekrümmter Rükken, herabhängende Schultern und Arme, schlurfender Gang und eine schwache, schleppende Stimme. Der Zustand der Traurigkeit ist wie das Eingehen einer Primel.

Instinktiv kämpfen wir heftig gegen die Traurigkeit an. Wir wollen glücklich sein. Das Streben nach Glück ist ein Recht, das alle betrifft, eine universelle Leidenschaft. Und wir sind überzeugt, den Weg zum Glücklichsein mit federndem Schritt zu gehen, den Glanz in den Augen zu haben, das ›High‹ des Glücks zu erleben, bestünde offenbar darin, Traurigkeit zu vermeiden. Doch in der Tat trifft das Gegenteil zu. Nur durch das Akzeptieren der unvermeidbaren Traurigkeit ist echte Freude möglich. Denn Traurigkeit ist die gesunde Reaktion auf die unausweichlichen Schicksalsschläge und enttäuschten Erwartungen des Lebens. Wir wollen, daß alles, so wie es ist, bestehen bleibt, aber Leben ist Wandel; wir leiden, wenn wir uns umstellen müssen. Wir wollen von anderen gut behandelt werden, aber wir können die anderen nicht wirklich kontrollieren (und unterhalten nichtsdestotrotz wichtige Beziehungen zu ihnen). Enttäuschungen kann man nicht aus dem Weg gehen.

Traurigkeit verbindet dich also mit dem Kern deiner Verwundbarkeit und den wichtigsten Bindungen, die das Netzwerk deiner Erfahrungen ausmachen. Sie ist eine Energie des Freilassens, ein Donner, der die Spannung durchbricht und die Luft aufklärt. Sie ist ein Tanz, in dem sich alles auflöst, eine chaotische Schwingung auf zellularer Ebene, die eine heilsame, für das Fließen und das Federn deines Seins notwendige Katharsis hervorruft. Traurigkeit ist das Medium in unserem Leben, mit dem wir unsere Unbeweglichkeit, unsere Sehnsucht nach Sicherheit, Stabilität und Absicherung angesichts der Zwangsläufigkeit des Wandels und der Notwendigkeit für Wachstum umformen können. Die Herausforderung liegt im Akzeptieren unserer unvermeidbaren Verwundbarkeit und dem Bejahen der Traurigkeit, wenn wir sie erleben als ein notwendiges Freilassen, um auf gesunde Weise mit Veränderungen umzugehen. Wir sollten unsere Erwartungen und wahren Bedürfnisse niemals zurückschrauben, um dem Schmerz der Nichterfüllung auszuweichen; vielmehr sollten wir genau danach streben, was wir uns wünschen, was wir brauchen, was uns wirklich befriedigt, und uns dann auch einen ›Moralischen‹ gönnen, wenn wir es nicht bekommen. Der Traurigkeit auszuweichen, führt zu einem oberflächlichen Glücklichsein, einer Art von Leben, das wie bei einer Show nachträglich mit Gelächter unterlegt ist und eine allzu offensichtliche unterschwellige Depression maskiert; es ist der Sender, den so viele ständig eingeschaltet haben. Thoreaus Bemerkung ist heutzutage zutreffender denn je, daß die meisten Menschen ein Leben stiller Verzweiflung führen; das heißt, ein Leben, in dem Angst, Zorn und Traurigkeit maskiert sind. Und das Vermeiden dieser Emotionen, insbesondere die Flucht vor der Traurigkeit, rächt sich, indem sie uns heimsucht.

Wie allgemein bekannt ist, weinen Kinder sehr viel. Sie sind auf etwas versessen, werden daran gehindert und schreien aus Protest. Immer wieder werden sie vom Leben enttäuscht, und sie lassen ihrem Unglücklichsein freien Lauf. Und wenn das Weinen vorbei ist, dann ist es auch vorbei, es bleibt keine nachklingende Spur von Depression zurück. Aber Kindern wird schnell beigebracht, daß es sich nicht schickt, zu weinen und traurig zu sein und daß es möglichst zu vermeiden ist. »Nicht doch, wein nicht ...«; »Was hast du denn?«; »Sei keine Heulsuse!«; »Benimm dich nicht wie ein Baby!«

Bei dem Versuch, unsere Kinder vor unvermeidlichen Enttäuschungen zu bewahren, kann man schnell in eine Falle geraten. Ich denke dabei an einen Abend, als ich meinen Sohn in ein Restaurant in Big Sur mitgenommen hatte, damit er heiße Schokolade trinken konnte, die er als Kind heiß liebte. Dort erfuhren wir, daß es heiße Schokolade nicht mehr gab. Ich war wütend und verletzt. Es gab hier immer heiße Schokolade. Sie mußten sie einfach haben. Jonathan liebte heiße Schokolade. Er mußte sie bekommen. Ich ließ nicht locker. Habt ihr denn nicht ein bißchen Schokoladensirup und Milch? Habt ihr nicht irgendeine Instantschokolade? Ich gab keine Ruhe und bohrte nach jeder möglichen Art, um diese heiße Schokolade zubereiten zu können. Jonathan beobachtete das Ganze mit wachsender Unruhe und Verlegenheit. Schließlich sagte er: »Mach dir bitte keine Gedanken, Mama. Ich bin nur enttäuscht.«

Inwieweit schirmen wir uns und unsere Kinder gegen Enttäuschung, Schmerz, Traurigkeit ab? Wir müssen uns klarwerden, daß wir uns und sie einfach nur gegen die gesunden Vorgänge des Lebens abschirmen. Und das Beschützen funktioniert sowieso niemals richtig. Ich kenne einen erfolgreichen Geschäftsmann, der bei seiner Arbeit tägliche Triumphe zu verzeichnen hat, eine wunderbare Familie hat und der sich keine Vergnügungen des Lebens versagt. Aber jedes Mal, wenn ich ihn treffe, wird das Zimmer von einer Aura der Traurigkeit erfüllt, wird er von einer Schwere eingehüllt. Er saugt das Leben direkt aus der Luft. Im Grunde hat er eine verzweifelte Angst, Versagen, Schmerz oder Enttäuschung zuzugeben; er trägt einen nahtlosen Umhang des Wohlbefindens, der eigentlich ein schwerer Schleier der Depression ist und alles einfärbt, was er tut, all das Gold in seinem Leben in Unrat verwandelt. Aber er hat Angst, sich selbst oder anderen sein Leiden zuzugeben, weil er sich auf einer Ebene bewußt ist, daß dann das ganze Kartenhaus einstürzen würde. Wenn er zulassen würde, zu weinen, wer weiß, welche Schleusen sich dann öffnen würden? Aber unterdessen befindet sich sein Leben durch diese aufgestauten Emotionen in Stagnation. Auf einer ähnlichen Ebene kennen wir alle die Partylöwen und Spaßvögel, deren ständiges Trachten nach Vergnügen eine offensichtliche Flucht vor Langeweile ist.

Durch Traurigkeit wird die Notwendigkeit signalisiert, uns von etwas, dem wir verhaftet sind, zu lösen. Sie ist ein Symptom, das vom Herzen rührt und Beachtung verlangt. Und wenn wir lernen zu akzeptieren, einen ›Moralischen‹, auch wenn er noch so schlimm ist, zu haben, dann werden wir schnell genug herausfinden, daß das Ausdrücken der Traurigkeit zwangsläufig zur Freude führt. Wenn wir vom Leben enttäuscht werden und es unseren tiefsten Wünschen zuwiderläuft, dann ist Traurigkeit die echte Reaktion darauf und ihre reinigende Energie läßt das freie Fließen unserer anderen Gefühle zu.

Freude

Freude ist die überschwengliche Energie des dynamischen Wohlbefindens. Sie richtet auf, kräftigt uns, läßt unsere Augen glänzen, verleiht unserem Schritt einen federnden Gang, läßt unser ganzes Sein erstrahlen. Freude ist von Natur aus großzügig, entspannt und offen. Sie ist da, wenn unsere emotionale Energie in einer Dynamik von angemessenen Reaktionen auf unsere Erfahrungen frei fließt. Viele von uns kennen das natürliche ›High‹, das beim Laufen oder Tanzen oder anderen körperlichen Betätigungen eintritt, wenn man den Punkt erreicht, an dem sich der ganze Körper natürlich und ungezwungen bewegt – wie bei einem Tier – wobei sich jeder Körperteil in Einklang bewegt.

Diese Freude stellt sich natürlich nur ein, wenn die anderen Emotionen Angst, Zorn und Traurigkeit fließen. Im allgemeinen glauben wir, das Gefühl der Freude zu kennen, aber in Wirklichkeit trifft das nicht zu. Wir verwechseln es zuweilen mit einem von der Gesellschaft sanktionierten ›Glücklichsein‹, das sich wie ein ewig glückliches Gesicht über all unser Handeln legt. Aber dieses Glücklichsein ist flüchtig und eine Illusion: wenn du an der Oberfläche kratzt, wirst du genau das Gegenteil vorfinden. Ich erinnere mich an ein Abendessen in New York mit einem sympathischen jungen Mann aus Chicago und einer Freundin von mir. Über vielen Drinks und kettenrauchend erzählte sie die ganze Zeit, was sie alles machen würde, was für einen wunderbaren, perfekten Ehemann sie hätte, wie großartig ihre Beziehung wäre. Nachdem sich dieser tolle junge Mann alles angehört hatte, beugte er sich dicht zu ihr und fragte sanft: »Sag mal, Süße, bist du unglücklich?« Ich sehe ihren Gesichtsausdruck so deutlich, als wäre es erst gestern passiert: eine harte Wahrheit hatte ihr einen Schlag ins Gesicht versetzt. »Unglücklich«, flüsterte sie, sah ihn an und dann zu mir in einer verwirrten Benommenheit. Ihr Körper schien in den Stuhl zurückzusinken. »Ja, ich bin unglücklich. Ich kann es nicht fassen. Ich bin sehr unglücklich!« Und sie fing gleichzeitig an zu lachen und zu weinen. »Wie einfach. Warum habe ich nicht gewußt, daß ich unglücklich bin?« fragte sie sich leise. Obgleich sie es sich nie eingestanden und vor allem anderen abgeschirmt hatte, ging es ihr wirklich miserabel. Vielleicht haben wir es alle intuitiv gewußt, aber nicht fertiggebracht, es zu denken oder zu sagen. Und sie war doch mit einem wirklich fabelhaften Mann verheiratet, und es mußte einfach großartig sein. Aber das war nicht der Fall.

Die meisten Menschen geben vor, glücklich zu sein, weil man glücklich sein soll; schließlich handelt es sich um einen angenehmen Zustand. Aber echte Zufriedenheit ist höchst selten. In den Jahren, in denen ich meine Angst, meinen Zorn und meine Traurigkeit leugnete, so wie es der Fall bei den meisten von uns ist, war ich keineswegs glücklich. Die Leute um mich herum dachten, daß ich glücklich wäre, weil ich lustig und zu Späßen aufgelegt war. Aber mit meiner Lustigkeit setzte ich mich selbst herab, um den Schmerz zu maskieren. Ich befand mich auf einer ständigen verzweifelten Suche nach etwas, nach jemandem, um das schwarze

Loch in meinem Inneren zu füllen. Freude läßt sich nicht bestechen.

Wenn sich Freude einstellt, sollte sie zelebriert werden, auch wenn viele von uns über spontane Ausbrüche der Hochstimmung verlegen sind. Wir denken zwar nicht, daß es falsch ist, sich zu freuen, aber wir haben eine bestimmte Vorstellung, daß es nicht gut und kultiviert ist, sich *zu sehr* zu freuen, oder seine Emotionen zu offen und direkt auszuleben. Wir fühlen uns oft unbehaglich, nicht nur, weil wir einen Körper haben, sondern auch ein Herz.

Meine ersten Erlebnisse, reine, ungehinderte Freude zu empfinden, traten ganz zufällig ein, ohne daß ich mich bemüht hatte. Es handelte sich dabei um die Geburt meines Sohnes und das natürliche Glücksgefühl, ihn zu stillen. Der Vorgang des Gebärens und des Stillens sind grundlegende Beispiele für den reinen Rhythmus des Gebens und Empfangens, total im Jetzt zu sein, es umfassend zu empfinden – das Wesen der Freude. Wenn man mit Müttern, vor allem die es gerade geworden sind, darüber spricht, wird man den Funken des sofortigen Wiedererkennens feststellen.

Freude ist, wie die anderen Emotionen auch, lebensnotwendig für uns. Sie ist heilsam, aufbauend, ermutigt uns in der Weise, die uns bestimmt ist. In letzter Zeit haben wir von Norman Cousins und anderen viel über die heilsame Kraft des Humors erfahren. Es trifft zu, daß der Humor wichtig ist und uns hilft, uns von Bedrängungen und Erwartungen zu entlasten, die Dinge auf die richtige Größe zu stutzen und den Moment mit Vergnügen zu erleben. Humor vermittelt eine wichtige Botschaft über die eigentliche Willkür, Fragwürdigkeit und Absurdität des Lebens, und dennoch sind wir hier und trotz alledem in der Lage, zu leben und zu sein. Ein zuweilen einsichtiger Freund von mir sagte mir einmal, daß er der Wahrheit einer Religion oder eines religiösen Lehrers nicht vertraut, wenn der Sinn für Humor fehlt. Der Grund ist einfach: der Humor erlaubt uns, Dinge klar und unmittelbar zu erkennen, so daß wir uns eingestehen können, wie wenig wir eigentlich wissen, wie fehlbar wir sind, wie weit entfernt davon, perfekt oder vollendet zu sein. Humor entlastet uns einen Augenblick für diese Erkenntnis. Außerdem befreit er uns von gewichtigen Bindungen, und es ist diese Freiheit von Bindungen, einfach zu sein, ohne etwas zu wollen oder etwas zu bedauern, die wahre Freude ausmacht.

Erst jetzt, in zunehmendem Alter, werde ich tagtäglich glücklicher. Denn ich fürchte mich nicht mehr so sehr vor meiner Angst, meinem Zorn und meiner Traurigkeit, und meine Bindungen, meine fixierten Erwartungen werden weniger. Ich stimme mehr und mehr mit der Energie überein, so wie sie sich einstellt. Freude erlebe ich immer weniger als einen kurzfristigen Sturm, sondern eher als eine Unterströmung, wie eine Begleitmusik, die ständig für mich spielt. Und aus dieser dynamischen Zufriedenheit heraus rührt mein Lehren – den Menschen auf wirksame Weise das geben, was sie im Moment brauchen. Denn wenn du voller Freude bist, kannst du spontan sein; du bist nicht mehr auf der Flucht vor dem gefürchteten Schmerz des Augenblicks oder davor, ein anderer in einem veränderten Zustand, in einer verflossenen Vergangenheit oder in einer noch nicht eingetretenen Zukunft sein zu wollen.

Mitgefühl

Das Mitgefühl ergibt sich aus Angst, Zorn, Traurigkeit und Freude. Wenn du diese Emotionen in deinem Alltagsleben erfährst, dann vermagst du dich einfühlsam in das Leben anderer einzubringen und anzufangen, deinen Mitmenschen genau das zu geben, was sie wirklich brauchen. Mitgefühl bedeutet nicht immer eine Umarmung; manchmal ist es wie ein Schlag ins Gesicht. Mitgefühl bedeutet, in der Lage zu sein, zu fühlen, was ein anderer fühlt, aber dabei ausreichende Distanz zu wahren, um zu erkennen, was getan werden muß und daraufhin angemessen zu handeln. Du fühlst zwar den Schmerz, die Freude, die Angst eines anderen, aber es ist nicht dein Schmerz, deine Freude, deine Angst, vielmehr verbindet dich die *Emotion* mit ihnen. Wenn du wirklich mitfühlend bist, dann macht es dir keine Angst, wenn ein anderer Angst hat, sondern du kannst diese Angst fühlen und dich mit der Angst des anderen verbinden. Du kannst echtes Mitgefühl empfinden, weil du von eigenen verworrenen Projektionen frei bist.

Als ich in den frühen siebziger Jahren anfing, mit Schauspielern zu arbeiten, forderte ich sie auf, die fünf Emotionen darzustellen. Ich war über das Ergebnis verblüfft. Ich arbeitete mit dem expressivsten Teil der Bevölkerung zusammen, professionelle Schauspieler, und alle kamen mit der gleichen begrenzten Skala klischeehafter Ausdrucksweisen von jeder Emotion an. In dem Moment wurde mir klar, daß wir alle von unserem wahren emotionalen Leben völlig abgeschnitten sind; selbst diese Professionellen waren dem allgemeinen TV-Wortschatz über Emotionen erlegen. Für alle war es am schwierigsten, Mitgefühl darzustellen. Sie streckten tränenerstickt ihre Hand einem fiktiven Unglücklichen entgegen.

Aber Mitgefühl beinhaltet das Erkennen der Emotionen, die in anderen wirken, und das angemessene Reagieren auf das, was vor sich geht. Mitgefühl ist wie ein Chamäleon: es kann das Gesicht der Angst, des Zornes, der Traurigkeit, der Freude oder auch der Leidenschaftslosigkeit tragen, je nachdem, was im Augenblick erforderlich ist. Der mitfühlende Buddha lächelte mit einem Auge und weinte mit dem anderen, und unser Buddha-Auftrag lautet, Menschen zu wahrer Freiheit zu führen, und nicht ihre Hand zu halten und ihnen zu sagen, daß alles wieder gut wird. Im Unterricht bedeutet Mitgefühl, alles Notwendige zu tun, damit der andere zur nächsten Stufe gelangen kann.

Im allgemeinen herrscht jedoch die irrige Auffassung, Mitgefühl bedeute, für andere Mitleid zu empfinden. Solche Gefühle sind aber nichts anderes als Sentimentalität: Mitleid zu empfinden ohne die echte Absicht, etwas für die Situation des anderen zu unternehmen; es ist ein billiger Ausweg, überzogen mit der Illusion, ein guter, mitfühlender Mensch zu sein. Uns allen gefällt die Vorstellung, mitfühlende, nette Menschen zu sein. Aber viele von uns wissen gar nicht, was Mitgefühl wirklich bedeutet. Ich hielt einmal einen Workshop über Emotionen ab, in dem ich die Teilnehmer aufteilte und bat, fünf verschiedene Theatergruppen für je eine Emotion zu bilden. Ungefähr die Hälfte von ihnen formierte sich unter Mitgefühl, während sich für den Zorn niemand einfand. Daraufhin sagte ich: »In Ordnung, alle, die sich für Mitgefühl entschieden haben, werden statt dessen die ›Zorn-Gruppe‹ bilden.« Das entfachte einen Proteststurm, Leute schrien lauthals: »Ich bin nicht zornig! Ich gehöre nicht in die Zorn-Gruppe!« Andere schmollten vor Groll. Um es kurz zu fassen, diese Teilnehmer hatten das Paradox ihrer Reaktion entdeckt: sie hatten gerade – zwar unbewußt – das Zorn-Theaterstück aufgeführt.

Manchmal bedeutet Mitgefühl, *nicht* mit den Emotionen einer Person zu gehen. Während eines Massagekurses, den ich unterrichtete, lag eine Frau auf dem Massagetisch und begann plötzlich hysterisch zu weinen. Ihr Partner und die anderen waren abgestoßen. Sie wichen zurück, wußten nicht, wie sie sich verhalten sollten, Verwirrung und Schmerz standen in ihren Gesichtern geschrieben. Irgend etwas in ihrer Stimme, in der Schwingung ihrer ganzen Energie hielt mich auf Distanz. Die anderen, unfähig zu widerstehen, näherten sich ihr widerwillig und versuchten sie zu beruhigen, oder zumindest ihr Weinen mit einer verwirrten Mischung aus halbherzigen Tröstungen und willkürlichem Streicheln zu beenden. Sie sahen mich hilflos an, doch ich lächelte nur leicht. Später fragten sie mich, warum ich nichts unternommen hätte und warum sie so kalt und unberührt gegenüber ihrem Schmerz gewesen wären. »Es ist ganz einfach«, antwortete ich, »es war nicht echt. Sie hat euch manipuliert und tief in eurem Inneren wußtet ihr das auch. Aber ihr Wille war stärker.«

Derartige Situationen erleben wir häufig. Meiner Erfahrung nach empfinden wir eine Neigung, auf einer gleichermaßen echten Grundlage zu reagieren, wenn jemand wirklich leidet. Ich erinnere mich an eine andere Situation, als ich in Esalen, jung und voller Angst, an einer meiner ersten Encountergruppen teilnahm. Die ganze Gruppe saß in einer Hot Tub, als eine Frau laut und stark zu weinen anfing. Offensichtlich trauerte sie um ihren Mann, der sieben Jahre zuvor gestorben war. Sie war mitten im Wasser, während wir anderen an den Seiten der Tub saßen. Der Leiter forderte sie auf, umherzugehen und jeden einzelnen von uns um Unterstützung zu bitten. Das tat sie auch. Die Teilnehmer gingen hintereinander ins Wasser und umarmten sie. Ihre Tränen flossen weiter. Ich war die letzte, die sie ansprach. Als sie vor mir saß, konnte ich mich des Eindrucks nicht erwehren, daß sie sich in Selbstmitleid erging. Sie bat mich um Unterstützung, und ich hörte mich sagen: »Natürlich unterstütze ich dich. Aber ich will, daß du hierher kommst, denn ich habe kein gutes Gefühl, dahin zu gehen, wo du bist. Ich kann dich nur unterstützen, wenn du hierher kommst.« Die anderen hielten mich für grob und kalt. Aber ich wußte, daß sie wußte, daß ich es wußte. Ich hatte einen flüchtigen Blick in ihre Seele erhascht und das hatte sie erkannt. Sie war bereit, sich zu bewegen und zu mir zu kommen.

In beiden Fällen bestand mein Mitgefühl darin, die Person in Ruhe zu lassen. Zu spüren, daß ich ihnen meine Unterstützung für ihr theatralisches Getue versage, war genau das, was sie wirklich nötig hatten, und nicht die übliche Geste, ihre Hand zu halten; es war das, was sie nötig hatten, um sich ins nächste Feld zu bewegen. In anderen Situationen ist jedoch eine Umarmung, ein Trost oder die Gesellschaft notwendig, um jemanden zum Weiterbewegen zu bringen. Ein mitfühlender Mensch leitet die Energie immer in Richtung auf Bewegung und Wandel. Wenn die Witwe nur auf ihrer untersten Stufe uneingeschränkte Unterstützung erhalten hätte, wie hätte sie sich dann jemals an ihrer Trauer vorbeibewegen können?

Mitgefühl bedeutet, jemandem das zu geben, was er braucht, was nicht immer unbedingt das ist, was er will. Stell dir zum Beispiel vor, du wärst mit einem Mann zusammen, der traurig ist. Es ist keineswegs mitfühlend, zu versuchen, ihm das auszureden, vorzugeben, daß alles völlig in Ordnung wäre. Wenn das der Fall wäre, würde er nicht traurig sein. Vielmehr sollte man den Kern dieser Traurigkeit fühlen, sie erkennen und bestätigen, daß er sich durch sie und nicht außen herum oder über sie bewegen muß und vielleicht sogar mit ihm weinen.

Wir werden nicht nur von falschem Mitleid umgeben – sentimentale Gefühle ohne jegliche moralische Verpflichtung – sondern auch von Hartherzigkeit und sogar Herzlosigkeit; Menschen sind dermaßen abgestumpft, beziehungsweise emotional verwundet, daß sie andere nicht wahrnehmen und auf sie eingehen können. Ich hielt in New York einen Workshop und ging eines Tages in der Pause auf die andere Straßenseite in ein Selbstbedienungsrestaurant, ein Stadtteiltreffpunkt für die über Sechzigjährigen, die von einem festen Einkommen leben. Ich stand in der Schlange hinter einem süßen alten Mann, der sorgfältig Kartoffelbrei, Erbsen, Hüttenkäse und Götterspeise aussuchte; es schien sein allerwichtigstes tägliches Ritual zu sein. Als er bei der Kassiererin angelangte, versuchte er mehrmals, mit ihr eine Unterhaltung zu führen, indem er in etwa sagte: »Nun, Sie glauben sicher, daß ich jeden Tag ein neues Menü bestelle. Aber nein, jedesmal das gleiche. Es muß mir wohl schmekken, und das ist es, was zählt, nicht wahr?« Die Kassiererin starrte mit versteinertem Gesicht an ihm vorbei: »Das macht 5,49 $. Der nächste bitte.« Der Mann wirkte völlig zerschmettert, als er zu einem Tisch schlurfte, an dem er Platz nahm und ganz allein saß. Er wollte nur ein wenig Kontakt, ein Lächeln, ein wenig Bestätigung haben. Aber sie war in ihrer Verwundbarkeit eingeschlossen, hatte irgendwie entschieden, daß es sie erschöpfen würde, wenn sie etwas von sich geben würde. Aber eigentlich hatte sie eindeutig mehr Energie für ihre steinerne Gleichgültigkeit beansprucht, als wenn sie sich auf ›all die einsamen Menschen‹, mit denen sie tagtäglich zu tun hatte, emotional eingelassen hätte.

Viele von uns stellen sich die emotionale Energie als eine Art Brennstoff vor – wenn du ihn verbrauchst, ihn verwendest, ihn weggibst, dann hast du weniger. Diese Energie ist jedoch keine Ware, die sich bei Gebrauch erschöpft. Wie das Blut in unserem Kreislaufsystem muß sie fließen, muß sie aufgebraucht werden, und dann wird sie sich von selbst auffüllen und uns gesund halten. Mit dem Horten, dem Lagern der emotionalen Energie erreicht man nichts; es verursacht nur Schaden und ist letztendlich selbstmörderisch. Die Kassiererin verweigerte dem Mann nicht nur die Bestätigung, daß er nicht allein sei, eine menschliche Wärme, die ihm den Tag lebenswert hätte erscheinen lassen, sondern sie machte sich augenscheinlich selbst zu einer emotionalen Leiche, zu einem toten Baumstumpf in Menschengestalt. Tatsächlich geht aus jüngeren psychologischen Untersuchungen hervor, daß freundliches und gütiges Verhalten physiologische Vorteile mit sich bringen; der Körper erhält einen natürlichen Auftrieb durch seine herzlichen Reaktionen.

Natürlich verdienen nicht alle Gesuche um Aufmerksamkeit eine Reaktion. In einem Workshop hatte ich einmal eine Frau, die mich in allem, was ich tat, unterbrach. Sie war besessen davon, ständig die Aufmerksamkeit auf sich zu lenken. Als ich das Muster eindeutig erkannt hatte, ließ ich die

Gruppe einen Kreis bilden und bat sie, sich mitten in den Kreis zu stellen. Ich sagte sanft zu ihr: »Jetzt hast du unsere ungeteilte Aufmerksamkeit.« Sie brach in Tränen aus.

Oft bedeutet Mitgefühl unsere Anteilnahme an der Emotion einer anderen Person. Bei einem wütenden Kind sollte man nicht versuchen, seinen Zorn abzuschalten und hinunterzudrücken, auf der Kontrolle des Zornes zu bestehen, vielmehr sollte man den Zorn erlauben, ihn bejahen. Vielleicht kannst du das Kind dazu bringen, einen gemeinsamen zornigen, stampfenden Monstertanz aufzuführen. Es ist so wichtig für uns, unseren Partnern, Geliebten, Kindern und Freunden zu helfen, ihre Emotionen atmen zu lassen und den treffenden Ausdruck zu finden. Mitgefühl unterstützt andere dabei, Zugang zu ihren echten Gefühlen zu finden und sie freizusetzen und unechte zu entlarven.

In vielen Familien werden einige Emotionen zugelassen und andere wiederum nicht. In der meines Mannes war Zorn natürlich und sein Äußern wurde akzeptiert; er und seine Familie fühlten sich wohl, ihren Zorn auszulassen. In meiner Familie war Zorn verboten, dagegen Traurigkeit akzeptiert. Ich mußte also lernen, nicht über den Zorn meines Mannes verängstigt zu sein, und er mußte lernen, nicht über meine Traurigkeit zornig zu werden. Wir mußten uns gegenseitig die jeweils fremde Emotion beibringen und bejahen, damit er Traurigkeit akzeptieren und ich Zorn erfahren konnte. Diese Art von Austausch ist für eine wirklich gesunde, lebendige und multidimensionale Beziehung lebensnotwendig. Einer der Gründe für das Austrocknen und Scheitern so vieler Beziehungen ist das Fehlen dieses Austausches. Das Lebensblut einer Beziehung wird durch Gerinnsel der Unterdrückung und Ablehnung blockiert, und unsere schöpferische, lebensaufbauende Energie wird durch erschöpfende Vermeidungsstrategien absorbiert.

Aus einem anderen Blickwinkel gesehen ist Mitgefühl das Fehlen von Emotion: Du bist so frei von deiner emotionalen

Vergangenheit, daß du für die Wahrheit der Gefühle anderer offen bist. In diesem Sinne ist Mitgefühl wie ein leeres Gefäß. Wenn du voll bist mit deiner eigenen Angst, kannst du nicht auf die Angst des anderen eingehen. Nur wenn du ein feinabgestimmtes emotionales Instrument zu sein beginnst, kannst du den Text und die Melodie der Gefühle anderer spielen. Und wenn du das Gefühl eines anderen wirklich fühlst, dann wirst du angemessen und nicht durch einen verzerrten Filter ungelöster Angst, Wut oder Traurigkeit reagieren. So wie dynamische Ruhe die Quelle aller Bewegung ist, kann vom Mitgefühl gesagt werden, daß es das Fehlen von Emotion ist, aus dem alle Emotion fließt.

Das Lied des Herzens

Gesang und Lieder sind wesentlicher Bestandteil jeder Kultur. In Liedern drücken wir unsere Wut und unseren Schmerz, unsere Freude und unser Leid, unser Mitgefühl und unsere Belange aus. In traditionellen Gesellschaften – afrikanischen Stämmen, schottischen Dörfern, indianischen Gemeinschaften – singt jeder; die Lieder sind für alle da. Aber in unserer modernen Gesellschaft ist das Singen etwas Besonderes geworden: professionelle Sänger singen und wir anderen hören zu. Aus uns kaum bewußten Gründen jedoch stellen Lieder weiterhin einen wichtigen Teil unseres Lebens dar: die musikalische Landschaft ist abwechlungsreich – Rock, Oper, Jazz; man hört sich Tag und Nacht, im Auto und zu Hause Lieder an. Wenn man darüber einmal nachdenkt, wird einem klar, daß wir von Liedern und Sängern abhängig sind, die uns fast ständig mit emotionaler Energie versorgen. Unser Verlangen nach Liedern und unsere Lobhudelei auf Sänger signalisiert unser verzweifeltes Bedürfnis, an diesem reinen Ausdruck der Emotionen teilzuhaben. Lieder gehören zu den wenigen Bereichen, in denen die

Erforschung der gesamten emotionalen Skala öffentlich sanktioniert und völlig akzeptiert wird, selbst in einer Massenkultur, in der die Tendenz herrscht, echte Gefühle zu verdrängen oder sie durch blasse, billige Imitationen zu ersetzen.

Wenn uns durch die Magie des Sängers gezeigt wird, wie man die gesamte emotionale Skala erforschen kann, dann können wir auch den Sänger in uns entdecken, um unsere Emotionen zu katalysieren. Für den Anfang ist es am einfachsten, mit den Sängern, die dir gefallen und mit denen du dich identifizieren kannst, mitzusingen. Finde Lieder, die dich mit deiner Angst, deinem Zorn, deiner Traurigkeit, deiner Freude und deinem Mitgefühl verbinden.

Gefühle bleiben in der Kehle stecken. Wir würgen vor Traurigkeit, sind vor Angst eingeschnürt. Aber wenn wir aus voller Kehle unseren Kummer jammern könnten, wie es trauernde spanische Bäuerinnen tun, oder wie feiernde Zulus unsere Freude herausjauchzen, dann würden wir den Puls reiner Emotion aufs neue zu spüren beginnen. Singen ist ein einfacher, unmittelbarer Weg, um den Fluß des Fühlens zu befreien und ihn Tag für Tag fließend zu halten. Erwecke den Sänger in dir, so wie du es bereits mit dem Tänzer getan hast, nicht mit dem Ziel, ein professioneller Sänger, sondern einfach nur ein vollständig funktionierendes Wesen zu werden.

Wenn du dich nicht zu singen traust, dann summe einfach. Summe frei und tief und laß den Klang von deinem Bauch aus nach oben steigen. Spüre, wie er in deinem Körper schwingt. Summe aus der Brust heraus, aus dem Herzen. Summe schließlich so hoch du kannst und laß diesen Ton durch deinen Kopf schwingen.

Dann kannst du das Summen in eine Melodie verwandeln. Gib dich deinem Lied hin, folge ihm in dein Herz, und du wirst fühlen, wie sich deine Seele regt. Manchmal kommen Worte, manchmal nicht. Es spielt keine Rolle. Laß einfach den Klang aus deinem Bauch heraus, laß ihn deinen ganzen Körper bewegen. Das ist die Stimme deines Herzens.

Wie das Tanzen der Rhythmen führt dich deine Stimme zu deinem Herzen. Beide Tätigkeiten – das Einsetzen des Tones in dir und das Bewegen deines Körpers – katalysieren Emotionen. Singen und Tanzen bringen dich in unmittelbare Verbindung mit deinem momentanen Gefühlszustand. Es werden auch alte Gefühle freigesetzt, Energie, die in deinem Körper gefangen ist und nicht weiß, wohin sie gehen soll. Laß sie gehen – sowohl die gegenwärtige Energie, die dich durchströmt, als auch die alte, aufgestaute Energie. Singe und tanze, um herauszufinden, wie du dich fühlst.

Das Entdecken deiner Stimme und deiner Fähigkeit für die Gefühlsskala von Liedern ist eine schnell verfügbare und sehr sichere und persönliche Möglichkeit, um die Konturen der grundlegenden Emotionen auf direktem Wege herauszufinden und ein Gespür für sie zu entwickeln. Eine andere Möglichkeit ist, die Rhythmen auszuüben als ein Mittel zum Ausdruck einer bestimmten Emotion. Zum Spüren der Angst verwende die fließenden Rhythmen; Stakkato zum Fühlen und Ausdrücken deines Zornes, Chaos für die Traurigkeit, Lyrik für Freude, Ruhe für Mitgefühl. Durch die Rhythmen wird jede Emotion und jede einzelne Stufe jeder Emotion katalysiert.

Jedes Gefühl hat nicht nur seinen eigenen Rhythmus, sondern bewegt sich auch durch alle Rhythmen hindurch. Du kannst deinen Zorn heraustanzen, indem du ihn in den Wellen der Rhythmen ausdrückst: zuerst in fließenden Bewegungen, mit denen du deinen Groll kontrollierst, zügelst, einatmest, übertrieben darstellst; der Zorn baut sich auf, bis er sich in kühnen, schnellen, stakkatischen Bewegungen entlädt – dem Inbegriff des Ausdrucks von Zorn; dann fließe über in einen chaotischen Zorn, stelle ihn mit wilden und heftigen Gebärden dar – um sich treten, mit eingebildeten

Gegenständen werfen, die Kontrolle verlieren; dann hat sich der Zorn erschöpft und du gibst dich am weitentfernten Rande deines Zornes lyrischer Schnoddrigkeit hin; und schließlich nimmst du eine ruhige Haltung friedlichen Trotzes ein und bewegst dich von einer beruhigten, trotzigen Pose zur nächsten.

Beim Tanzen und Singen entdeckst und entlädst du die emotionale Energie, läßt sie durch dich und aus dir frei fließen. Indem du beispielsweise durch die Rhythmen des Zornes tanzt, erreichst du eine beruhigte, zentrierte Einstellung, aus der du wirksam und angemessen mit der Quelle deines Zornes umgehen kannst, und nicht einfach chaotisch ausbrichst, oder bis zum Wutanfall kochst, oder wie ein überlegener Boxer auf jemanden mit Kränkungen und Beleidigungen einschlägst. Gleichzeitig wirst du mit der Emotion vertraut und beginnst sie in all ihren Stufen und Ausdrucksformen als natürlich zu empfinden.

Wenn Emotionen aufkommen, und das ist unweigerlich der Fall, tanze sie, bewege sie und konfrontiere dich mit Leuten, Situationen und Herausforderungen aus einem Standpunkt der zentrierten Ruhe heraus. Blockierte Emotionen explodieren oder fressen sich schließlich fest und sorgen für größere Auswirkungen, die ihnen nicht zustehen.

Natürlich reicht der einfache Befehl, deine Emotion zum Ausdruck zu bringen, nicht aus. Die wichtige und heilsame Arbeit, unsere Emotionen zu bewegen, machen das Entdekken und dann das Freilassen unserer wahren Gefühle erforderlich. Das Singen und Bewegen der Emotionen bilden für den Anfang eine gute Methode, und wenn du erst einmal dabei bist, eine hervorragende tägliche Übung. Aber da die meisten von uns diese schamanische Arbeit mit einer bewegten emotionalen Vergangenheit beginnen, ist das Verständnis unserer Vorgeschichte notwendig. Im allgemeinen wird uns von klein auf beigebracht, unsere Gefühle verschiedenartig zu verdrängen oder zu leugnen: »Weine nicht, es ist alles in Ordnung!« »Sprich nicht so zu mir in diesem Ton!« »Du bist ja völlig außer Rand und Band!« »Komm schon, sei keine Heulsuse!« Wir lernen schnell, uns so gut wie möglich zurückzuhalten und uns in einem engen emotionalen Umfeld zu bewegen, ein glückliches Gesicht aufzusetzen und eine allgemeine gefällige Bereitschaft zur Schau zu stellen. Aber unterdrückte Emotionen tauchen einfach unter, bauen sich auf und werden verzerrt, mit dem Ergebnis, daß sie meistens unangemessen sind und sich nicht in Einklang befinden, wenn sie schließlich zutage treten.

Entdecke dein emotionales Selbst

Die meisten von uns glauben, eine Menge über unser emotionales Leben zu wissen. Wir alle kennen das Gefühl der Angst, des Zornes, der Traurigkeit, der Freude und des Mitgefühls. Aber wie vertraut sind wir mit unseren wahren Gefühlen? Wenn du traurig, depressiv, niedergeschlagen bist, ist die Traurigkeit dann wirklich die eigentliche Emotion oder handelt es sich um eine selbstzugefügte Wunde, verursacht durch unterdrückten Zorn? Wir kennen die humorvolle Redewendung: »Ich weiß nicht, ob ich lachen oder weinen soll.« Aber finden wir uns nicht oft in Situationen wieder, in denen wir nicht wissen, was wir eigentlich fühlen? Wir sind dermaßen abgerichtet in unserem Denken, was wir fühlen *sollen,* und unser Emotionalbereich ist in dem Maße lahmgelegt und entstellt, daß viele von uns emotional verwirrt sind und wir zuweilen nicht wissen, ob wir lachen oder weinen sollen.

Es ist notwendig, unser emotionales Selbst zu entdecken. So wie du deinen Körper bewegt hast, um die Energie deiner Gefühle zu erfahren, kannst du deinen Verstand benutzen, um sie zu erforschen. Du kannst zu dir sagen: »Es macht mir Angst ...«, oder »Es macht mich sauer ...«, oder »Es macht mich traurig ...« Welchen Satz du auch immer auswählst, verwende ihn so, daß du einen Bewußtseinsstrom auslöst. Du kannst den Satz denken. Du kannst ihn laut aussprechen. Du kannst ihn aufschreiben. Du kannst dich mit ihm im fließenden oder stakkatischen Rhythmus oder aus einer tiefen, zentrierten Ruhe heraus auseinandersetzen.

Du hast die Kraft, dir deiner Emotionen bewußt zu werden, die durch dein Leben strömen – die Umrisse, Muster und Dynamik deiner Gefühle kennenzulernen, worauf sie sich konzentrieren und wie sie sich bewegen. Und für jene von uns, die grundsätzlich Angst vor ihren Emotionen haben, weil wir von klein auf gelernt haben, daß sie unangenehm, zerrüttend, nicht linear usw. (eben wie das Leben) sind, stellen diese Übungen einen harmlosen Weg dar, sich mit unseren Gefühlen anzufreunden und nicht von ihnen umgeworfen zu werden. Das Ziel ist, uns allmählich unserer gesamten emotionalen Skala bewußt zu werden und sich mit ihr behaglich zu fühlen, so daß wir erkennen können, was wir wirklich fühlen, und in der Lage sind, diese Gefühle angemessen und direkt zum Ausdruck zu bringen. Indem wir die Emotionen, beziehungsweise eine Emotion, sowie dieses ganze Gefühlsinventar mit den Rhythmen verbinden, werden sie uns als grundlegende Bestandteile unserer instinktiven Lebensenergie vertraut, und wir lernen nach und nach, ihre angemessene Ausdrucksweise zu beherrschen.

Da im allgemeinen unsere Gefühle in verzerrte Muster maskierter und unangemessener Reaktionen eingeschlossen sind – einmal extrem sprachlos, dann extrem aufbrausend – ist das bloße Ausdrücken unserer Gefühle nicht ausreichend. Es ist nicht so, daß ein Mangel an emotionalen Ausdrucksformen herrscht: wir werden in ausreichendem Maße davon umgeben. Die Zeitungen sind voll mit Geschichten über die emotionalen Wechselfälle des Lebens – Mord, Vergewaltigung, beängstigende Erlebnisse, Leute, die etwas für andere tun, amüsante Partys, atemberaubende

Siege. Und im persönlichen Leben erleben und spüren wir jederzeit zum Ausdruck gebrachte Gefühle. Aber auf was wir normalerweise stoßen, sind keine echten Gefühlsäußerungen, reine Emotionen, sondern verzerrte: eine Vergewaltigung ist keine Ausdrucksform der Lust, sondern des Zornes und des Hasses; wir sind auf jemanden zornig und richten den Zorn gegen uns, indem wir selbstzerstörerisch ein Päckchen Zigaretten rauchen, uns betrinken oder uns mit Junk-food vollstopfen; auf einer Party sind wir voller Leben, reden viel und schnell und tanzen wie ein Wirbelwind, weil wir Angst vor dem Alleinsein haben, Angst, unsere Einsamkeit einzugestehen.

Tatsächlich bildet uneingestandene Angst das Übel im Leben vieler Menschen. Ich habe die Allgegenwärtigkeit von Angst im Unterricht von Bewegung und Massage schon früh erkannt, da Angst Bewegung hemmt und uns buchstäblich steif macht. Und in meiner ganzen Arbeit erlebe ich ständig, wie angsterfüllt, wie betäubt von namenlosem Entsetzen Menschen sind. Wir leben in Angst vor unseren Emotionen und entwickeln alle möglichen Strategien und nehmen es mit allerlei Mechanismen auf, um ihr Erfahren zu vermeiden. Ein großartiger Schritt wäre schon getan, wenn wir mit dem Erkennen und Ausdrücken unserer Ängste beginnen würden. In der Arbeit mit einzelnen, Gruppen und bei mir habe ich die heilsame Kraft erlebt, die aus dem aufrichtigen Eingestehen von Ängsten herrührt.

Einmal forderte ich in einem Workshop jeden Teilnehmer auf, aufrichtig und spontan den Satz: »Ich fürchte mich, wenn ...« zu beenden. Der erste Teilnehmer ließ mutig einer tiefen Angst freien Lauf. Und sowie jeder Teilnehmer seine Ängste verbalisierte, nahm die reine Ehrlichkeit und die unheimliche Skala von Angst dermaßen zu, daß jeder spürte, daß man sich nicht hinter Lügen oder Illusionen schützen und verstecken konnte. Das ehrliche Äußern von Gefühlen ruft Mut, Beredsamkeit und Klarheit hervor.

In jener Nacht erlebte ich im Traum noch mal ein traumatisches Ereignis. Ich hörte meinen damals neun Monate alten Sohn wie jeden frühen Morgen um seine Mahlzeit schreien, doch diesmal schrie er nur einmal. Es war fünf Uhr morgens und ich wäre beinahe nicht aufgestanden. Er lag in seinem Kinderbett – grau und reglos. Ich erstarrte vor Entsetzen, dann schaffte ich es, den Arzt anzurufen. Ich beschrieb den Zustand meines Kindes, und der Arzt, der sich ernst und drängend anhörte, schlug vor, ihn abzuholen und dann sofort zur Notaufnahme ins Krankenhaus zu fahren. Er fragte »Wo sind Sie?« Als ich antwortete: »Big Sur«, fluchte er: »Scheiße!« Ich werde niemals dieses Schweigen vergessen, das daraufhin einsetzte.

Die Fahrt zum Krankenhaus dauerte anderthalb Stunden auf einer gewundenen Straße mit Haarnadelkurven und gebirgigen Abhängen – eine Strecke, auf der ich schon einige Freunde verloren hatte. Die ganze Zeit über machte ich bei meinem Sohn Mund-zu-Mund-Beatmung, während ein Freund fuhr. Gelegentlich vorbeifahrende Autos ließen uns nicht passieren. Mein Kind lief blau an und ich hatte schreckliche Angst.

Endlich erreichten wir das Krankenhaus. Alles geschah mit der Stakkato-Energie eines Kinofilms im Schnellvorlauf. Der Arzt hatte einen verbissenen Gesichtsausdruck. Ich beobachtete ihn, wie er eine riesige Nadel in die Wirbelsäule meines Sohnes stieß; mein Sohn wimmerte nicht einmal. Dann mußte ich das Zimmer verlassen.

Ich schritt auf und ab. Ich rauchte. Ich betete. Ich bettelte. Ich hielt meine Tränen zurück. Niemals wieder habe ich solch eine Angst erlebt. Endlich erschien eine Krankenschwester. Es waren inzwischen sechs Stunden verstrichen. Ich folgte ihr in ein Zimmer, in dem mein Kind lächelnd und glucksend in einem Bett lag. »Er hat Hunger«, sagte sie. Der Arzt nickte. Niemand wußte, was geschehen war, aber was immer es auch gewesen war, es war vorüber. Vermutlich ein plötzlicher Kindstod, der rechtzeitig behandelt wurde – es blieb ein Geheimnis.

Ich platzte vor Freude. Aber etwas vergaß ich. Ich vergaß zu schreien, mein Herz auszuweinen, die Spannung freizulassen, die lange Zeit danach weiterbestand und mich mit der Angst vor dem Verlust verfolgte.

Als ich am nächsten Morgen nach diesem Traum erwachte, erkannte ich, warum dieses Entsetzen mich so lange verfolgt hatte. Ich tanzte es also aus. Ich teilte mein Erlebnis mit der Gruppe. Ich ließ es los.

In eben solchen Situationen entdeckte ich, daß das reine Ausdrücken von Gefühlen magisch und heilsam ist. Und im Laufe der Zeit geschieht das nicht nur in Workshops, sondern als eine Kraft in deinem Leben.

Das Pulsieren von Liebe

Die Essenz der Liebe begründet sich auf dem Ausdrücken und Freilassen unserer wahren Gefühle. Die triviale Vorstellung von Liebe – Junge trifft Mädchen – bildet nur einen kleinen Ausschnitt des Bildes; dies als die ganze Liebesgeschichte zu betrachten, ist, als ob man eine Biographie auf eine Episode, ein Puzzle auf ein Teil, eine Partitur auf eine Passage reduzieren würde. Liebe ist im Grunde die elementare Energie all unserer fließenden Emotionen, des echten Fühlens und Reagierens im Hier und Jetzt. Der Heilige Augustinus zog einst aus der christlichen Lehre folgende Zusammenfassung darüber, wie man leben sollte: »Liebe und tue, was du willst.« Dies war wohl eine gefährlich freidenkerische Äußerung, insbesondere für einen so sittenstrengen Kleriker wie Augustinus. Aber wenn Liebe für das gesunde Funktionieren unseres gesamten emotionalen Systems notwendig ist, dann werden wir auch instinktiv das Richtige tun, wenn wir lieben. Liebe ist keine Laune, sondern ein dynamischer Zustand des Seins. Das Reich der Liebe hat nichts mit einem Schicksal wie in einer Seifenoper zu tun, sondern mit dem gesamten Austausch zwischen uns und den anderen. Die Liebe leben, kraftvoll durch die Liebe leben bedeutet, in den Rhythmus der grundlegenden, uns aufrechterhaltenden Lebensenergien zu gelangen.

Die Liebe – und die Bewegung der Emotionen Angst, Zorn, Traurigkeit, Freude und Mitgefühl – befindet sich offensichtlich an der Grenze zwischen Körper und Psyche. Gefühle sind sowohl körperlicher als auch psychischer Natur; sie manifestieren sich im Körper, und die meisten Gedanken sind auf unsere Gefühle gerichtet oder zumindest von ihnen beeinflußt. Die Kraft des Liebens bedarf eindeutig gleichfalls einer psychischen Komponente, einer stärkenden Selbsterkenntnis.

Die meisten von uns erreichen die Lebensstufe, auf der von uns selbst und von anderen erwartet wird, liebevolle Beziehungen zu entwickeln und aufrechtzuerhalten – mit einem Gefährten, mit unseren Kindern und Familien, Freunden, der Gemeinschaft. Aber oft sind wir dafür so ungeeignet und unvorbereitet wie Kinder, von denen erwartet wird, eine Oper zu singen. Wir haben nicht die Erfahrung, den Stimmumfang, die Ausbildung und kreative Freiheit, einen Ton hervorzubringen geschweige denn eine Arie zu singen. Die ganze Welt liebt den Liebenden, aber kaum jemand weiß, wie man einer wird. Darum werden wir im nächsten Kapitel über die Befreiung der Psyche die Lebensstufen untersuchen, die uns dahin führen, reife Liebende zu werden.

Drittes Kapitel

Die Psyche entleeren
Die Kraft des Wissens

Der vollendete Mensch
verwendet seine Psyche
wie einen Spiegel.
Sie reißt nichts an sich.
Sie bedauert nichts.
Sie empfängt, aber
hält nichts fest.

Chuang-Tzu[6]

Die dritte schamanische Aufgabe besteht im Entleeren der Psyche, um die Kraft des wahren Wissens zu erfahren. Welches Wissen? Das wahre Selbst – was auch immer das ist. Aber ich kann dir garantieren, es lohnt sich, dein wahres Selbst kennenzulernen. »Erkenne dich selbst«, war der Rat des uralten Orakels an Sokrates. Entleere deine Psyche von all ihrem Geplapper und sieh, was dahinter steckt. Darin besteht die Arbeit der Selbsterkenntnis: im Aufdecken deines authentischen Selbst.

Das Selbst ist der Teil von uns, der instinktiv tätig ist; der Teil von uns, der eher im verborgenen weilt. Es wird im Laufe unserer Lebensgeschichte, während unserer einzigartigen Erfahrung der Lebenszyklen von Geburt, Kindheit,

Pubertät, Reife und Tod eingegraben. Wenn wir auf unsere Lebensgeschichte zurückblicken (aus dem Blickwinkel der Lebenszyklen), können wir ans Tageslicht bringen, wer wir sind und warum wir nicht vollständig die Person sind, die wir eigentlich sein sollen. Wir müssen die Instinkte zurückgewinnen, die so wichtig sind, um in unserer Einzigartigkeit vollständig zu sein.

Die für das menschliche Sein wesentlichen Grundinstinkte werden in jeder Lebensphase von unseren heiligen Lehrern an uns herangetragen. Jede Lebensphase hat ihren Hauptkatalysator und ihre Lehren. Auf jeder Lebensstufe müssen wir bestimmte essentielle Erfahrungen durchmachen, bestimmte Wahrheiten lernen, und es müssen bestimmte Dinge geschehen.

Häufig jedoch treten diese entscheidenden instinktaufbauenden Ereignisse nicht auf. Statt dessen erlernen wir Muster, die uns eher fesseln als befreien, die uns eher entwurzeln als verankern. Unsere Herausforderung liegt jetzt darin, diese Muster, die unser wahres Selbst in Schach halten, zu verändern. Aber zuerst müssen wir uns ihrer bewußt werden, das heißt, wir müssen das Geheimnis ergründen, warum wir so geworden sind, wie wir sind.

Das Leben an sich mit all seinen Entwicklungsstufen ist der Weg zur Erleuchtung. Alles, was wir tun müssen, ist, es zu leben und nicht zu bekämpfen, zu kontrollieren oder ihm Widerstand zu leisten. Das Leben ist ein merkwürdiges Spiel: die einzige Möglichkeit zu gewinnen liegt darin, sich zu ergeben.

Es wäre herrlich, wenn wir alle vollkommene, erleuchtete Menschen wären, verwurzelt in der Praxis heiliger Methoden, traditioneller Übergangsriten, stärkender Visionen und Lehren. Aber das ist nicht der Fall, und als Folge erdulden wir viel Leid, wenn wir unser Wachstum behelfsmäßig herstellen und die Wunden der Unwissenheit und des Fehlgeleitetseins heilen. Aber wir können dieses Leid in Bewußtheit verwandeln und diese Bewußtheit in Kunst. Überlebenskunst. Wir tanzen. Wir singen. Und jetzt fangen wir an zu schreiben.

In diesem Kapitel werden die Erinnerungen mit ihren Wurzeln ausgegraben. Es ist die Aufgabe des Schriftstellers, dem bestärkenden Archetyp für das schamanische Befreien der Psyche. Der Schriftsteller gräbt tief, um die entscheidenden Momente zu finden, die einer Figur ihren Charakter verleihen, und findet die befreienden Bindeglieder, um mit der eigenen unverwechselbaren Stimme zu sprechen.

Persönliches Schreiben ist heilsam. Wir müssen den Schriftsteller befreien aus dem Gefängnis des seichten Lärms, in dem wir leben. Wir müssen schreiben, um herauszufinden, was für uns wahr ist. Wir müssen herausfinden, was wir wissen und was nicht. Wir müssen unsere Psyche öffnen.

Entdecke deine Psyche

Die Psyche ist wie eine Kamera: sie schafft Realität, nimmt sie wahr und zeichnet sie auf. Ihre Tiefe ist unermeßlich, ihre Breite unvorstellbar, ihre Energie grenzenlos. Wir erreichen selten unschuldig den Kern unserer Realität – den Schlüssel zur Magie. Wir wollen keine Magie. Wir wollen alles sicher, voraussagbar, sogar langweilig haben, und das ist der Grund, warum wir uns mechanisch auf der Stufe des Oberflächlichen bewegen – die kalkulierende, urteilende Psyche, die Psyche als allbeherrschender Feldwebel, der alles in strikten Prozeduren festlegt. Diese Psyche ist verkrampft, vollgestopft und glaubt, allwissend zu sein. Für sie ist nichts neu, frisch oder geheimnisvoll.

Jedoch spüren wir das Vorhandensein einer anderen Dimension und sehnen uns danach. Wir erleben, auch wenn es nur kurze Momente sind, ein offenes und aufnehmendes

Selbst, eine Ebene, die älter ist als unsere festgelegte, alleswissende Psyche und von ihr unabhängig ist. Ich bezeichne diese Ebene als die intuitive Psyche: sie ist geschmeidig, empfänglich, aufgeschlossen, im Jetzt präsent. Diese aufmerksame Psyche ist wie ein gut durchtrainierter Athlet, ein disziplinierter Tänzer, ein Schach- oder Aikidomeister – eine Psyche, die über die ganze Feinheit, Flexibilität, den Spielraum und das angemessene Wissen verfügt, um mit jeder Person und jeder Situation in einer völlig konzentrierten und angemessenen Weise umzugehen. Diese Psyche ist uns auf natürliche Weise zu eigen: es ist unsere spontane Form des Denkens. Aber normalerweise wird sie von früh an durch Erziehung und Ausbildung vergraben, in deren Verlauf uns unsere natürliche, aufmerksame Form des Seins genommen wird und wir zu einer künstlichen Form des Seins erzogen werden, mit der wir in die Neurosen und Erwartungen unserer Gesellschaft eingepaßt werden. Diese falsche Erziehung wird jedoch größtenteils unwissentlich von Menschen ausgeübt, die selbst falsch erzogen wurden und leiden. Und es geht nicht darum, anderen die Schuld zu geben, sondern Korrekturen durchzuführen.

Es ist also notwendig, die Abfallschicht unserer Psyche zu räumen, damit wir ihr volles Potential zum echten Wissen ausschöpfen können – persönliche, auf das Selbst bezogene Weisheit. Das Erlangen von Achtsamkeit, wie die Buddhisten es bezeichnen, ist eine lebenslange Aufgabe, die das Denken und das Nichtdenken einbezieht, die Psyche zu entleeren von dem, was ohne Belang ist und sie zu füllen mit dem, was von Belang ist. Wir sind dermaßen mit Gedanken überhäuft, daß wir im Hier und Jetzt gar nicht denken können. Ständig haben wir einen psychischen Walkman laufen, der Kassetten mit den gleichen zwanghaften Fragen, Meinungen, Sorgen, Vorsichtsmaßnahmen abspielt: wer bin ich, was sage ich, wie mache ich das, wann komme ich, wann gehe ich; was denken sie, was tun sie, wie ist das geschehen, worauf muß ich aufpassen und so weiter. Wir verfügen nicht über die Freiheit eines Tieres oder eines Meisters, uns instinktiv zu bewegen: entweder planen wir jeden Schritt oder wir werden in den Plänen eines anderen festgehalten. Wir denken, bevor wir sprechen, bevor wir handeln, bevor wir atmen. Wir denken und denken. Wir denken zuviel. Unsere kalkulierende Psyche ist wie ein Fließband, das Tag und Nacht in Betrieb ist und unsere Erfahrungen verpackt. Wir müssen dieses verdammte Ding abdrehen, um zu erkennen, was in unserem Leben wirklich vor sich geht.

Als mein Sohn drei Jahre alt war, überraschte er mich eines Morgens, als ich ihn mit einem Freund von uns sprechen hörte. Dieser Mann war völlig von seinem Herz abgeschnitten und sah nur sich selbst und keinen anderen. An diesem Morgen belehrte er völlig hirnlos meinen kleinen Sohn, der plötzlich sein Frühstück unterbrach, diesen hohlen Mann anstarrte und herausplatzte: »Worte, Worte, Worte – ist das alles, was du hast?«

Die Psyche schaltet nicht ab. Sie bleibt mit Manipulieren, Erinnern, Projizieren beschäftigt. Dieses ganze Kombinieren und Wiederkombinieren wird heutzutage von den meisten als die Psyche angesehen, und diese empirische, meßbare Dimension der Psyche wird als ›Intelligenz‹ bezeichnet. Diese kalkulierende Psyche gönnt sich keine Ruhe, nicht einmal im Schlaf, außer wenn es uns gelingt, unser Bewußtsein auf das tiefere Zentrum der Achtsamkeit zu lenken – die intuitive, empfängliche Dimension unseres denkenden Selbst. Der Philosoph Ludwig Wittgenstein war versessen auf einfache amerikanische Spielfilme, insbesondere Musicals, die er sich in leeren Kinos in der ersten Reihe anschaute. Als er einmal nach dem Grund gefragt wurde, antwortete er: »Das ist für mich die einzige Möglichkeit, um abzuschalten.«

Den Körper zu bewegen ist für mich die beste Möglichkeit, meine Psyche zur Ruhe zu bringen. Und eine Psyche, die von Geschäftigkeit entleert ist (das ›Geschäft‹, das den größten Teil unseres Lebens einnimmt) und auf die natürlichen Rhythmen unseres Körpers und Herzens ausgerichtet ist, verfügt über eine unermeßliche Kraft, eine unbegrenzte Kapazität für Weisheit.

Die Psyche ist die Brücke zwischen den höheren und niederen Dimensionen unseres Selbst. Sie führt zur Unbewußtheit oder zur Erleuchtung, zu einem Leben im Dunkeln oder im Licht. Wir können mit Hilfe der Psyche unsere Wunden erkennen und heilen. Oder wir können ihr erlauben, weiterhin als Autopilot über der Oberfläche der Realität zu treiben. Niemand kann die Entscheidung darüber fällen, nur du und ich.

Die fünf heiligen Lehrer auf der Reise des Lebens

Das Leben ist eine Reise. Die Strecke ist im Grunde für alle die gleiche, auch wenn wir uns von unterschiedlichen Schauplätzen mit unterschiedlichem Gepäck auf den Weg machen.

Jeder wird geboren, jeder stirbt, und die meisten erleben den ganzen Kreislauf von Geburt über Kindheit, Pubertät und Reife bis zum Tod.

Um Weisheit zu erlangen, brauchen wir nur zu wissen, wie unsere Psychen geformt, wie sie verletzt und wie sie gesegnet wurden. Und wie man mit dem, was unser volles Sein behindert, umgeht. Unsere Wunden und unsere Segnungen bilden das Rohmaterial für unsere Erleuchtung. Je bewußter wir sie verarbeiten, um so näher gelangen wir zur Erfüllung unseres psychischen Potentials.

Die Antworten liegen in unseren Lebensgeschichten. Jede Lebensgeschichte entfaltet sich in natürlichen Phasen, und in jeder Phase gibt es einen natürlichen Lehrer: unsere Geburt/unsere Mutter; unsere Kindheit/unser Vater; unsere

Pubertät/unser Selbst; unsere Reife/unsere Gesellschaft; unser Alter/unser Universum. Die einzigartige Handlung unserer Geschichten zeigt unsere besonderen Beziehungen zu all diesen und anderen Menschen in unserem Leben auf.

Von den fünf heiligen Lehrern – Mutter, Vater, Selbst, Gesellschaft, Universum – lernen wir die gesamte persönliche Weisheit, die für uns wichtig ist. Diese Führer auf unserer Lebensreise, ob sie es nun wissen oder nicht, sind für unser persönliches Wachstum entscheidend. Sie sind unsere Spiegel. Sie sind es, von denen wir unsere grundlegenden Lebensinstinkte, unsere spontanen Formen des Seins und des Reagierens auf die Herausforderungen des Lebens lernen. Viele von uns leben ohne diese gesunden Instinkte, die für ein reiches und erfülltes Leben erforderlich sind. Wir gleichen einem erwachsenen Kind, das zufällig in ein Hockeyspiel gerät und nicht weiß, wie es sich bewegen, geschweige denn angreifen soll. Wir sind dem Spiel überhaupt nicht richtig gewachsen, werden aber trotzdem laufend überfahren. Im gewissen Sinn sind wir alle Opfer von psychischem AIDS, da unsere natürlichen, selbstbeschützenden und selbstheilenden, ganzmachenden Instinkte geschwächt sind. Ein Großteil des Leids und Elends in unserem Leben, unseren Städten, unserem Land, unserer Welt rührt von unserer drastischen Unzulänglichkeit in den Grundinstinkten her, die ein volles und natürliches Leben ermöglichen.

Wohin ich auch schaue, blicke ich auf verwundete Kinder, die um ihre Existenz kämpfen. Warum sind wir alle so verwundet? Die Zeitgeschichte lehrt uns alles über die Weltkriege, Korea, Vietnam usw., aber wer bringt uns etwas über die Kinderkriege bei, die wir alle, um unsere Freiheit kämpfend, durchgemacht haben?

Wir alle haben den Kinderkrieg durchgemacht. Mein Lehrer Oscar Ichazo lehrte mich, wie insbesondere Mutter und Vater während dieses Kampfes unsere Psychen formen, und er zeigte mir, wie ich die Welt anhalten und mich selbst in der Bewegung beobachten kann. In diesen Bewegungen sah ich die gleichen, sich ständig wiederholenden Muster. Er benannte diese Muster und führte sie zum Nullpunkt zurück. Er führte mich zurück in den Garten Eden und fragte: »Willst du wirklich aufbrechen?« In seiner Vision sah ich die einfache Wahrheit meines Lebens. Meine Wunden. Meine Segnungen. Meinen Standpunkt. Meine Geschichte. Dieses Wissen befreite mich, so daß ich mich, um meine Instinkte zurückzugewinnen, weiter auf mein Selbst zu bewegen konnte, das ich vergraben hatte.

Um unsere natürlichen Instinkte der Selbsterhaltung und der Selbstentfaltung zurückzuerlangen, muß die Psyche von Vergangenheit und Zukunft befreit werden, damit sie im Jetzt spontan, magisch und intuitiv agieren kann. Du mußt die Vergangenheit kennen, um sie auszulöschen. Und mit dem Auslöschen der Vergangenheit wird auch die Zukunft ausgelöscht und dadurch wird Platz geschaffen, daß etwas Reales geschehen kann. Etwas Neues.

Unsere Lehrer – Mutter, Vater, Selbst, Gesellschaft und Universum sind von Natur aus befähigt, uns diese Instinkte zu vermitteln, die wir zum angemessenen Funktionieren in einer sich ständig verändernden Welt benötigen. Wir alle sind aufgerufen, über den Einfallsreichtum eines indianischen Fährtenlesers, eines mit der Gerissenheit des Straßenlebens vertrauten Heiligen, eines die ganze Schule in einem Klassenzimmer unterrichtenden Lehrers, eines Eskimos oder eines Beduinen zu verfügen. Es ist wahrhaftig eine Angelegenheit von Leben oder Tod herauszufinden, inwieweit unsere Lebenslehrer bei ihrer Aufgabe erfolgreich waren oder versagt haben. Welche Instinkte, welche Lebensfertigkeiten, die die Psyche befreien, und welche einschränkende Konditionierung, die uns zum Reduziertsein programmiert, haben wir erhalten? Wenn du Glück gehabt hast und die auf jeder Stufe entsprechenden Grundlagen in Wissen und Weisheit, Gefühlen und Energie erhalten hast, dann wirst du wohl deine alltäglichen Herausforderungen mit Anmut und Bereitwilligkeit handhaben können. Was für viele ein Kampf, eine Schlacht ist, gleicht für dich einem Tanz, einem Spiel. Aber wie viele Menschen siehst du, die wirklich mit Freude durchs Leben tanzen?

Wenn du nicht das bekommen hast, was für dich notwendig war, dann geschieht nichts wie selbstverständlich. Du mußt über alles nachdenken. So wie Wissen instinktiv ist, sind Überlegungen, Zweifel, Zögern etc. unnötig und unangemessen.

Wie das Immunsystem handelt es sich bei unseren Grundinstinkten um angeborene Reaktionsmuster. Aber sie müssen durch unsere heiligen Lehrer angeregt werden. Sie sind wie Schalter, die eingeschaltet werden müssen. Die Entwicklung unseres Instinktsystems durchzieht alle Lebensphasen. In jeder Phase sollte in der Interaktion mit dem jeweiligen Lehrer ein Instinkt, eine natürliche spontane Form des Seins geweckt werden.

Wir sind uns zum größten Teil der heiligen Rollen, die wir im Leben der anderen spielen, so gut wie gar nicht bewußt. Die Mutterschaft wird als Kinderbetreuung angesehen, eine Arbeit, die andere genauso gut oder noch besser verrichten können. Die Vaterschaft beinhaltet das häufige Fehlen des Oberverwaltungs- und Finanzbeamten der Familie. In der Adoleszenz wird unser freier Wille in der Regel vom elterlichen und gesellschaftlichen Druck beherrscht. In einer unreifen Kultur ist die Reife kaum zu erreichen. Und die letzte Lebensphase, die im Tod ihre Vollendung findet, wird eher herabgesetzt und vermieden als geschätzt und anerkannt.

Wir bekommen nicht, was wir brauchen. Sieh dir die Verwundeten in deiner Nachbarschaft, in deiner Familie und in deinem Spiegel an. Unterstützung für die entscheidenden Aufgaben auf jeder Lebensstufe, wie es in sogenannten primitiven Stämmen und im Dorfleben üblich ist, ist in der modernen Gesellschaft viel schwieriger und nicht sehr geschätzt. Wir achten nicht mehr die gesamte heilige Reise des Lebens. Unsere Rituale sind leer; sie haben keine Bedeutung. Sie bestärken uns nicht mehr in den psychischen Aufgaben, die wir übernehmen müssen. Welche Rituale haben wir für die Geburt, die Kindheit, die Pubertät, die Reife, den Tod? Verfügen wir über Rituale, die eine wirkliche Verwandlung nach sich ziehen? Ich glaube nicht. Das ist der Grund, warum wir einen kreativen, zeitgenössischen Schamanismus praktizieren müssen, der auf unsere turbulente, dürftige Zeit abgestimmt ist.

Unsere Mütter bringen unsere nährenden Instinkte hervor. Unsere Väter unsere Kameradschaftsinstinkte. Wir bringen unsere eigenen inneren Instinkte hervor, und die Gesellschaft – die anderen und die Institutionen in unserem Leben – unsere sozialen Instinkte. Die innere Einkehr und die Weisheit über unser Einssein mit dem Universum wird durch unseren Instinkt für das Ewige, das, was wirklich währt und zählt, zum Ausdruck gebracht. Dieser letzte Instinkt tritt nur in der Integration der vorangegangenen vier in der Psyche in Erscheinung. Und nur wenn wir uns mit dem Ewigen verbinden, können wir erfüllt und in Frieden sterben.

Geburt. Kindheit. Pubertät. Reife. Tod. Der Tanz des Lebens in fünf Bewegungen. Das Leben ist eine ›im Werden begriffene Arbeit‹, Darstellungskunst, Rituelles Theater, ein episches Gedicht, und wir sind nicht aufgefordert, einfach nur Zuschauer und Zuhörer, sondern die Schauspieler in unseren eigenen Geschichten, die Schöpfer unseres eigenen Lebens zu sein. Welche Rolle spielst du in deinem Leben? Warum? Hast du eine Wahl? Ja!

Du kannst bei deinem eigenen Film die Regie führen und die Hauptrolle übernehmen, oder du kannst Nebenrollen in den Produktionen anderer spielen. Du kannst wählen, voll bewußt zu sein oder stumm zu spielen. Ich spiele viele Rollen. Eine wichtige Rolle ist die der Schülerin: Das Leben ist mein Meisterlehrer. Lehrer kommen und gehen. Bei jedem Schritt, den man macht, begegnet man einem Lehrer, werden Lektionen gelernt, Beziehungen vollendet, Instinkte angeeignet. Wie lautet die Geschichte deiner Lehrer, deiner bisherigen Wanderung? Es ist an der Zeit, das alles niederzuschreiben.

Schreibe deine Geschichte

Wenn du tanzt, machst du aus deinen Bewegungen ein Ritual. Wenn du singst, machst du aus deinen Gefühlen ein Ritual. Beim Schreiben machst du ein Ritual aus deinem Denken.

Ich werde nun meinen Standpunkt über die grundlegenden Lebensphasen umreißen. Aber meine Worte werden leer sein, wenn du das Bild nicht mit deiner eigenen persönlichen Erfahrung füllst. Was zählt, ist *deine* Mutter, *dein* Vater, *deine* Geburt, *dein* Leben, *dein* Tod. Analysiere und artikuliere *deine* Mythen, *deine* Rituale, *deine* Konditionierung, *deine* Muster, das Spiel, das *du* jeden Tag spielst, den Roman, der sich als *dein* Leben entfaltet. Ich kann nur hoffen, daß ich dich dabei unterstütze, innezuhalten und über deine Geschichte nachzudenken.

Persönliches Schreiben an sich ist eine Form des schamanischen Heilens. Das Führen eines Tagesbuches, Autobiographien, auch persönliche Briefe sind Möglichkeiten, um einen Bezug zu dir zu finden, die Wahrheit über dich und die Menschen und die Wirklichkeiten in deinem Leben zu entdecken.

Es vermittelt ein gutes Gefühl, ein Tagebuch zu führen, das du mit dir anfüllst – mit Gedichten, Träumen, Dialogen, Porträts, Briefen, Erinnerungen, Beobachtungen, Reflektionen, Einsichten, Geständnissen, Zeichnungen, Zitaten. Es bedeutet, daß du dein Leben ernst nimmst und genügend Sorge trägst, es aufrichtig zu sehen und die Wahrheit siehst und sagst. Tagebuchschreiben sollte eine wichtige, kontinuierliche Übung bei der Selbsterforschung sein und im Laufe der Zeit wirst du deine eigene Stimme, deine eigenen Wahrheiten, deine eigene Geschichte finden.

Besorge dir besondere Notizbücher und Stifte, die du wirklich magst und reserviere sie für dein persönliches Schreiben.

Für einen mühelosen Start sind Briefe und Erinnerungen nützlich. In unserem Zeitalter der Telefone und Flugzeuge wird das Briefeschreiben zwar zu einer verlorenen Kunst, trotzdem sind Briefe ein zunehmend beliebtes und kraftvolles Kommunikationsmittel. Und in einer Zeit, in der wahre Vertrautheit selbst mit unseren Geliebten, Eltern und Kindern immer schwieriger wird, wird uns mit Briefen eine bequeme Möglichkeit gegeben, unsere Angst zu überwinden, um unsere Gefühle und die Wahrheit unseres Lebens auszudrücken und somit stellt das Briefeschreiben einen Weg zu wahrhaft vertrauter Kommunikation dar. Schreibe also nicht nur denen Briefe, die weit entfernt leben, sondern auch jenen, die mit dir zusammenleben, und laß sie an deinen Gefühlen, Erlebnissen, Erinnerungen, Gedanken Anteil nehmen.

Eine andere Starthilfe für deine Lebensgeschichte ist die Arbeit mit Familienfotos. Stell Fotos von dir, deinen Eltern, Geschwistern, Freunden, Lehrern usw. aus verschiedenen Lebensabschnitten zusammen: Babyfotos, Fotos von Eltern, Großeltern usw.; Fotos aus der Schulzeit; Hochzeitsfotos usw. Denke über jedes Foto nach und schreibe die Erinnerungen, Gefühle und Einsichten auf, die die Fotos bei dir hervorrufen.

Es folgen nun einige Wegmarkierungen, auf die du auf deiner Reise gestoßen bist und noch stoßen wirst, die zur Erforschung deiner Lebensgeschichte hilfreich sind. Wir beginnen mit der Geburtsphase, bewegen uns dann durch die

Kindheit, Pubertät und Reife bis zur letzten Phase und befassen uns in jeder Phase mit den heiligen Lehrern und Lebensaufgaben, die einverleibt werden müssen, damit wir uns nach vorne zur Erleuchtung bewegen können.

Die Geburtsphase

Der Fluß, in dem sie fließt,
Fließt und wächst;
Der Fluß, in dem sie fließt
Hinunter zum Meer.
Mutter trägt mich,
Ein Kind werde ich immer sein,
Mutter trägt mich,
Ein Kind werde ich immer sein.

Volkslied

Die Geburtsphase beginnt mit der Empfängnis und dauert ungefähr fünf Jahre. In dieser Phase ist die Mutter der heilige Lehrer. Sie erteilt ihre Lektionen durch ihren Körper mit ihrem Vorbild, ihrer Führung, ihrer Einstellung, Energie und Schwingung. Wenn eine Frau ihre heilige Funktion vergißt, dann wirkt sich das auf sie, auf ihr Kind und ihre Gesellschaft und ihre Welt zerstörerisch aus.

Männer mit mütterlichen Instinkten wissen, sich zu nähren und sich um ihre Kinder zu kümmern. Aber es liegt an der Mutter, ihrem Kind den nährenden Instinkt weiterzugeben. Von Körper zu Körper. So einfach ist das. Der Vorgang beginnt in der Schwangerschaft, wenn die Verbindung zwischen beiden Körpern und Psychen total ist. Hier macht das Baby die erste Erfahrung mit dem Vorhandensein oder dem Fehlen des mütterlichen Instinktes.

Die heilige Rolle der Mutter besteht darin, die Einzigartigkeit ihres Kindes zu respektieren und seinen Selbstwert zu nähren. Sie stillt ihr Baby, wenn es hungrig ist, und nicht gemäß dem Zeitplan eines Fachmannes. Sie stillt ihr Baby, wenn es gestillt werden will und nicht, um Erwartungen oder Routinen zu entsprechen. Sie erlaubt ihrem Kind zu weinen, wenn es verletzt oder traurig ist, zu schlafen, wenn es müde ist. Folglich bejaht und bestärkt sie die Richtigkeit der inneren Botschaften des Kindes. Sie lehrt ihr Kind Selbstvertrauen.

Auf diese Weise gibt sie ihren nährenden mütterlichen Instinkt weiter, unterstützt das Kind in dem spontanen Wissen, die wichtigen Fragen zu beantworten: »Wer bin ich und was brauche ich?« Wenn eine Mutter die natürlichen Instinkte ihres Kindes achtet, dann wird ihr Kind wissen, wer es ist und was es wahrhaftig nötig hat und braucht, ohne angestrengt nachzudenken und sich bewußt zu bemühen. Das Kind entwickelt sich zu einer Person, die sich ihres Wertes und ihrer einzigartigen Identität gewiß ist.

Es ist die Aufgabe der Mutter, ihrem Kind diesen Instinkt des Sich-selbst-Schätzens, des Sich-selbst-Nährens weiterzugeben, und nicht für den Rest seines Lebens zu ›bemuttern‹. In der Geburtsphase sollst du lernen, deine eigene Mutter zu werden, indem du dir den mütterlichen Instinkt einverleibst. Diese heilige Funktion nimmt ungefähr fünf Jahre in Anspruch. Wenn die Mutter ihre heilige Aufgabe vollständig und gut ausführt, dann ist ihre Arbeit grundlegend erledigt. Eine Mutter, die für ihr Kind wirklich da ist, lehrt es, sich selbst Aufmerksamkeit zu schenken, selbstnährend und selbstbejahend zu sein.

Eine Mutter kann nur das geben, was sie selbst erhalten hat. Sie kann ihr Kind nur lehren, für sich in dem Maße zu sorgen, wie sie für sich sorgt. Je mehr eine Frau sich schätzt und nährt, um so besser wird sie als Mutter sein.

Wenn die Mutter in diesen ersten fünf Jahren körperlich oder seelisch abwesend ist, kann der Kampf des Kindes um ein Selbstgefühl ein lebenslanger sein. Unzureichend bemutterte Kinder wachsen ohne einen verinnerlichten mütterlichen Instinkt auf: Wenn sie gestillt wurden, obgleich sie nicht hungrig waren, oder nicht gestillt wurden, wenn sie hungrig waren, ins Bett gebracht wurden, wenn sie hellwach waren oder wenn sie wachgehalten wurden, obwohl sie müde waren, wenn sie nicht anziehen durften, was sie anziehen wollten; auf vielen subtilen Wegen geformt wurden, um einem bestimmten Bild, einem Plan oder einer Erfahrung zu entsprechen, die ihnen völlig fremd und nicht ihre eigenen sind, dann wurden sie darauf konditioniert, ihren eigenen inneren Botschaften zu mißtrauen und sie werden schließlich überängstlich, sie selbst zu sein, unfähig, sich selbst richtig zu kennen und für sich angemessen Sorge zu tragen. Sie fühlen sich in ihren Körpern unbehaglich und haben kein ausgeprägtes Gefühl für sich und das, was sie brauchen. Sie identifizieren sich mit jedem in einem vergeblichen Versuch, sich selbst zu entdecken, verlieren sich in Beziehungen, Verbänden, Besitztümern, Rollen – von denen keine die innere Leere ausfüllt. Die von Grund auf bestehende Unsicherheit, die aus der Nichtverwirklichung ihres nährenden Instinktes herrührt, kann eine ständige und offen zu Tage tretende sein.

Mit der Geringschätzung der Mutterrolle in der modernen Gesellschaft erleben wir gleichzeitig das tragische Resultat von Generationen mutterloser Kinder oder zumindest unzureichend bemutterter Kinder. Millionen Erwachsene versuchen ihren Schmerz zu dämpfen und ihren unersättlichen Hunger nach Sicherheit und Anerkennung zu befriedigen, indem sie an Zigaretten saugen, sich in Alkohol, Sex, Drogen, Arbeit verlieren und das ewigwährende Gefühl der Leere mit Lebensmitteln stopfen. Wir entwickeln uns zunehmend zu einem Volk, das eine Art von ›Fix‹ braucht, irgendeinen betäubten, veränderten Zustand, um überhaupt zurechtzukommen. Einige von uns wären nicht solch bereitwillige Fixer, wenn wir die Sicherheit in den Armen der

Mutter und die süße Ekstase ihrer Brust erlebt und eine Chance erhalten hätten, unsere einzigartige Form des Seins zu entwickeln und zu erfahren.

Das augenfälligste Symptom für unseren kollektiven Mangel an mütterlichem Instinkt ist die Verschmutzung unseres Planeten. Das Verschmutzen der Erde offenbart das gleiche Fehlen der Mütterlichkeit wie das Verschmutzen unserer Körper. Es besteht kaum ein wesentlicher Unterschied, ob wir uns mit Junk-food vollstopfen oder giftige Chemikalien in das Meer kippen. Wo ist die Mutter?

Es verwundert kaum, daß in den allerersten Religionen der Erde die Muttergöttin im Mittelpunkt stand. Denn durch das mütterliche Prinzip wird uns essentielles Wohlbefinden vermittelt. Das gut bemutterte Kind verfügt über Selbstbeherrschung, Vertrauen in seinen Körper, eine genau richtig abgemessene Kühnheit; und meiner Meinung nach waren Erwachsene mit solchen Eigenschaften zwangsläufig Babys, die von ihren Müttern besonders geliebt und geschätzt wurden.

Mütter müssen sich nicht unbedingt allein um ihre kleinen Kinder kümmern. Ein großes Maß an Mütterlichkeit kann genauso gut von Vätern, Großmüttern, Großvätern und anderen gegeben werden, aber idealerweise sollte die Mutter regelmäßig da sein, um mit ihrer ganzen vertrauten Mütterlichkeit zur Verfügung zu stehen, zu der nur sie in der Lage ist. Und wenn sie das gut macht, ist ihre wichtige Aufgabe erledigt, wenn das Kind ungefähr fünf Jahre alt ist. Das Bemuttern sollte nicht jahrzehntelang fortgesetzt werden, da es für Frau und Kind gleichermaßen schädlich ist.

Wenn, wie es so oft der Fall ist, dein nährender Instinkt aufgrund unvollständiger Bemutterung unterentwickelt ist, dann solltest du jetzt die Aufgabe des schöpferischen Heilens in Angriff nehmen. Unser Mangel an Mütterlichkeit ist eine Wunde mit unterschiedlichen Ausmaßen: während einige fast verkrüppelt sind, tragen andere nur leichte Verletzungen davon. Aber für alle bedeutet der heilende Prozeß, zur eigenen Mutter zu werden: daß du für dich wirklich sorgst, deine eigenen Bedürfnisse erkennst und sie befriedigst. Fange mit den kleinen, aber doch wesentlichen Dingen an: iß das, was du wirklich magst, nimm dir die Zeit, die du für deinen Schlaf und zum Alleinsein brauchst, zieh das an, was dir gefällt.

Dann kannst du noch etwas Besonderes machen: Geh mit dir eine Liebesbeziehung ein. Geh so mit dir um, als wärst du jemand, in den du leidenschaftlich verliebt bist. Kauf dir selbst Blumen, koche dir köstliche Mahlzeiten. Schreibe dir Briefe über das, was dich so besonders macht, lobe deine Einzigartigkeit, deine Begabungen. Genieße die Zeit mit dir, schwelge in deiner Gesellschaft, mache einfach das, was dir gefällt. Unternimm eine Reise, kauf dir das Auto, miete die Wohnung – Dinge, von denen du schon immer geträumt hast.

Menschen mit der Mutterwunde haben oft Probleme mit dem Alleinsein. Sie müssen ständig mit anderen zusammensein, um das Gefühl zu haben, wirklich zu existieren, und das endet in allen möglichen sich zerstörerisch auswirkenden Abhängigkeitsverhältnissen – mit Liebhabern, Freunden, Mitarbeitern etc. Diesem Schwarzen-Loch-Syndrom kannst du entgegenwirken, indem du dir gibst, was du brauchst und möchtest – ein Nickerchen halten, sich mal austoben, einen Tag frei nehmen, ein bißchen Ruhe und Frieden.

Was nicht instinktiv gelernt wurde, muß nun bewußt erworben werden. Aber das letztendliche Ziel sollte nicht sein, wie es häufig bei Hilfsprogrammen für Suchtkranke der Fall zu sein scheint, sich permanent im Genesungszustand zu befinden und zu lernen, mit einer bleibenden Wunde zu leben. Wir sollten vielmehr darauf abzielen, diese Wunde zu heilen und ganz frei zu werden, um unser wahres Selbst zu leben. Nimm als Beispiel die Problematik über die Beziehung von

Ernährung und Gewicht. Falls du nur dann ißt, wenn du wirklich Hunger verspürst, und nicht aus irgendwelchen anderen Gründen (Wut, Traurigkeit, Trost, Langeweile etc.) und dir genau das gibst, was du in dem bestimmten Augenblick brauchst (ob es nun Rosenkohl oder Schokolade ist) und zu essen aufhörst, wenn dein Hunger befriedigt ist, dann wirst du auch dein natürliches Körpergewicht halten. Der Körper weiß, was er will und braucht, und wenn erst einmal der emotionale Lärm zum Schweigen gebracht wird, kommst du in Einklang mit seiner natürlichen, gesunden Ökologie. Dann kannst du die gleiche Philosophie auf deine anderen Lebensbereiche übertragen. Behalte (oder besorge dir) und trage die Kleidung, in der du dich wirklich wohl fühlst und trenne dich von dem Rest; das gleiche machst du mit Büchern, Schallplatten und anderen Unterhaltungsmedien. Schließlich beginnst du dich allmählich auf die wichtigen Bestandteile deines Lebens zu konzentrieren – Liebhaber, Familie, Freunde, Arbeit – indem du danach strebst herauszufinden, was du in jeder Situation, in jeder Beziehung *wirklich* willst und brauchst. Das ist keine niederträchtige Selbstsucht, sondern ein nährendes Sich-selbst-Füllen, das dir erlaubt, völlig präsent für jede Person und jede Aufgabe in deinem Leben zu sein. Wenn jeder mit wenig Gepäck, nur mit den wirklich notwendigen Dingen, verreisen würde, wieviel reicher, freier und direkter wären dann all unsere Beziehungen.

Wenn du dich instinktiv selbst liebst und gut mit dir umgehst, wenn du dein Sein schätzt und es achtest, dann danke deiner Mutter. Wenn es dir mehr oder weniger schwer fällt, dann vergib ihr und heile dich selbst. Denn du weißt, wie schwer es ist, mit einem ungenügenden nährenden Instinkt zu leben, und es muß für deine Mutter genauso schwer, wenn nicht noch schwerer gewesen sein. Unsere Stärken und Schwächen wurden weitergereicht, und Mut ist vonnöten, diesen Teufelskreis zu durchbrechen.

Auch wenn die meisten von uns es geschafft haben, das Erwachsenenalter zu erreichen, ohne sich selbst zu zerstören oder in eine Randgruppe abzugleiten, so müssen wir unseren nährenden Instinkt entwickeln, indem wir uns mit Respekt, Ehrlichkeit, Güte, Fürsorge und Aufmerksamkeit behandeln. Horche eine Zeitlang auf die Kassetten, die sich in deinem Kopf tagtäglich automatisch abspulen, und du wirst wahrscheinlich überrascht sein, wie hart du mit dir umgehst – wie kritisch, verächtlich, verneinend. Diese ganze Negativität führt unermüdlich zu weiterer Negativität, zu selbsterfüllenden Prophezeiungen der Enttäuschung. Achte einmal mehrere Tage darauf, was du eigentlich für dich tust. Vermutlich wirst du herausfinden, daß du sehr viel Zeit damit verbringst, auf die Bedürfnisse und Ansprüche anderer zu reagieren, und dir sehr wenig Zeit für deine eigenen wirklichen Wünsche und Bedürfnisse nimmst. Ein wichtiger Weg, um mit uns mit einer bejahenden, aufbauenden Stimme zu sprechen, ist das Schreiben, in dessen Verlauf der persönlichen Entdeckung vergangene Teufel ausgetrieben werden und eine reiche Gegenwart geschaffen wird.

Es folgen nun einige Schreibübungen, um dich auf den Weg zu bringen:

1. Fange mit deiner Lebensgeschichte an. Beginne mit deiner Empfängnis. Was hat man dir erzählt, was kannst du herausfinden über die Umstände, unter denen du entstanden bist? Haben sich deine Eltern sehr geliebt? Waren sie sich fremd – tatsächlich oder eigentlich? Warst du das Ergebnis eines unbewußten Moments der Leidenschaft, der Unkenntnis oder gar der Feindseligkeit, oder eine freudige Überraschung, ein ersehntes und ›geplantes‹ Ereignis? Wie gingen der Same und das Ei, die dich entstehen ließen, vor? Nimm Kreide, Buntstifte, Bleistifte oder Pastellfarben, um deine Empfängnis bildlich darzustellen. Zeichne dieses Bild auf die erste Seite in deinem Tagebuch.

2. Nun denke über die Zeit nach, die du in der Gebärmutter deiner Mutter verbracht hast. Wie war es in ihrem Körper? War sie entspannt, glücklich, verängstigt, verkrampft, wütend? Wie empfand sie ihre Schwangerschaft? Wie waren ihre damaligen Lebensumstände? Hatte sie einen Job, hat sie sich um deine Geschwister oder um andere Kinder gekümmert, litt sie unter irgendeiner Anspannung, war sie glücklich oder unglücklich in ihrer Beziehung zu deinem Vater? War sie allein? Schreibe darüber zuerst aus der Sicht deiner Mutter und dann aus deiner. Befasse dich dann mit der Geburt. Bist du im Krankenhaus zur Welt gekommen, vaginal oder mit Kaiserschnitt, gab es Komplikationen, wie schwer war es für deine Mutter, war sie abgesehen von Krankenschwestern und Ärzten allein etc.? Beschreibe deine ersten Lebensmonate, die Jahre bis zum Schuleintritt. Befrage deine Eltern, Geschwister, Tanten und Onkel. Gehe Fotoalben, Videofilme usw. durch. Es ist erstaunlich, was für ein vollständiges Bild du präsentieren kannst, mit dem du die Wahrheit über deine ersten Lebensjahre herausfindest. Selbstverständlich kann man mit Hypnose, Psychoanalyse usw. Säuglings-/frühe Kindheitserinnerungen und insbesondere schmerzhafte, verdrängte Ereignisse aufdecken. Ich stelle mir einfach selbst die Frage und gebe mich dem Schreibfluß hin.

3. Schreibe mehrere Porträts über deine Mutter zu verschiedenen Zeitpunkten ihres Lebens und aus verschiedenen Blickwinkeln. Schildere, wie sie war, als sie jung war, als du geboren wurdest, als du zur Schule gegangen bist, als du dein Zuhause verlassen hast, bei deiner Hochzeit und jetzt. Schreibe aus deinem Blickwinkel, aus dem deines Vaters, aus dem eines neutralen Biographen. Versuche auch, sie aus dem Blickwinkel des Universums, der universellen Mutter – dem Urtyp, der Verkörperung des mütterlichen Prinzips – zu sehen.

4. Lies diese Porträts laut vor und achte auf die Annahmen, Überzeugungen, Bewertungen, die ihnen zugrunde liegen. Nimm das unausgesprochene Rahmenwerk deiner Wahrnehmungen heraus und untersuche ihre Elemente mit Mut und Sorgfalt. Was ist wahr, was ist falsch, welche Einstellung willst du jetzt übernehmen?

5. Schreibe mehrere Dialoge mit deiner Mutter über alle Themen, die dir wichtig sind. Was würdest du sagen oder fragen? Was würde sie fragen, antworten? Schreibe einfach so lange weiter, bis alles ausgesprochen ist.

Die Meditation ist ein anderer fruchtbarer Erkenntnisweg zur Befreiung der Psyche. Indem du über deine Mutter in verschiedenen Betrachtungsweisen nachsinnst, kannst du Einsichten in deine Beziehung zu deiner Mutter erlangen und das nährende Mutterband erweitern.

Muttermeditation: Stell dir vor, deine Mutter sitzt dir gegenüber. Bring sie in den Mittelpunkt, bekomme ein Gefühl für ihr ganzes Sein – wer sie ist, wie sie mit anderen umgeht, in der Welt handelt. Was sagt dir diese Mutter-›Gestalt‹? Welche Emotionen werden ausgelöst? Denke an drei Dinge, die du an deiner Mutter liebst. Drei Dinge, die du an ihr haßt. Drei Hoffnungen, die du für sie hegst. Drei Ängste. Erforsche, inwieweit all diese Eigenschaften und Triebkräfte auch Teile von dir sind, Teile, die anzuerkennen und zu ›besitzen‹ du vielleicht ablehnst.

Stelle dir eine Form des körperlichen Kontaktes mit deiner Mutter vor. Daß du sie in deinen Armen wiegst, ihre Füße massierst, deine Hand auf ihren Bauch legst. Finde einen Weg, um dir diese intime Verbindung tatsächlich vorzustellen und zu fühlen.

Jetzt laß in deiner Vorstellung deine Mutter los und plaziere sie wieder dir gegenüber. Schau in ihre Augen und suche dich tief in ihnen, um die Kraft und den Mut zu finden, ihr zu danken und ihr völlig zu vergeben. Danke ihr, daß sie deinen Körper geschaffen hat, daß sie ihn genährt, eingekleidet und umsorgt hat. Vergib ihr aus ganzem Herzen für ihr Versagen, ihre Schwächen, ihre Mängel, ihre Fehler und sage ihr, daß du von allen Menschen die Herausforderungen, denen sie gegenübergestanden hat, wirklich verstehst. Danke ihr für deine Stärken und Schwächen, dein Glück und Unglück, deine Errungenschaften und Wunden, und erkenne in diesem Sinne an, daß du – wie ein Baum oder ein Tier – mit all deinen Unvollkommenheiten vollkommen bist und sie die Quelle deines Seins ist.

Während meiner Arica-Ausbildung meditierte ich zum ersten Mal auf diese Art. Diese Erfahrung hatte mich tief berührt. Ich spürte die sorgende Gegenwart meiner Mutter, ihr liebevolles Wesen, ihre Treue sowie ihren Selbstzweifel, ihre Angst, ihre Abhängigkeit. Die Teile von ihr, die anzuerkennen ich geleugnet hatte, waren unauslöschlich in mir eingewurzelt. Ich war zu Tränen gerührt bei der Vorstellung, sie wie ein Baby in meinen Armen zu halten, ihren warmen Atem an meiner Brust zu spüren. Ich hielt sie so eng, so fest, so zart, wiegte sie so süß, daß für uns beide reinigende Tränen flossen. Am nächsten Tag rief sie mich an und erzählte mir, daß sie am Tag zuvor intensiv an mich gedacht hätte. Ich habe die Verbindung zu ihr niemals zuvor so stark empfunden, und unsere Beziehung bewegte sich auf einer ganz neuen Ebene gegenseitiger Fürsorge und Aufrichtigkeit.

Wie auch immer die Beziehung zu deiner Mutter ist (und darum auch zu deinem Körper), es ist wichtig, die Wahrheit über diese Beziehung und ihre Auswirkungen auf dich anzuerkennen.

Viele von uns kennen die Erfahrung des Bemuttertseins und des Bemutterns, die unsere tiefgreifendste Erfahrung verankerter Ekstase darstellt – die reine Freude im Sein. Ich denke an meinen Sohn, der älter und erwachsen wird. Wir trennen uns und dennoch sind wir eins. Ich behalte

Erich Fromms Bemerkung im Gedächtnis: »So ist die Mutter-Kind-Beziehung paradox und in gewissem Sinn tragisch. Sie fordert von der Mutter die intensivste Liebe, und trotzdem muß diese Liebe dem Kind dabei helfen, von ihr wegzuwachsen und vollkommen unabhängig zu werden.«[7] Ich kann meinen Sohn in mir immer fühlen, ein lebenswichtiger Teil von mir, der niemals weggeht. Wie bei Tänzern auf einer riesigen Bühne spielt es keine Rolle, wie weit er entfernt ist, das Band, das Wechselspiel ist immer da, der unsichtbare Faden der Liebe, die chemische Choreographie des Blutes in den Adern. Er ist mein Schüler und gleichzeitig mein Lehrer. Denn er ist es, der mich in die Mysterien der Mutterschaft einwies. Ich war erstaunt über die Selbstlosigkeit und Spontaneität meiner Liebe und Hilfe, Hingabe und meines Vertrauens – ein Teil von mir, den ich sonst nicht kennengelernt hätte. Und ich bin es, die ihn die Freude und den Wert, der zu sein, der er ist, lehrte. Er ist mein ehrlichster Spiegel, meine aufrichtigste Reflektion, meine größte Freude, der Gegenstand meiner tiefsten Ängste. Mein Kind verbindet mich mit dem ursprünglichsten Teil von mir. Meine Tränen steigen mit seinen auf, ich krümme mich vor seinen Schmerzen, ich strahle mit seinem Lächeln, leide an seinen Enttäuschungen. Und wenn, wie das birmanische Sprichwort sagt, »ein mutterloser Sohn ein Fisch im seichten Gewässer ist«, dann hoffe ich zutiefst, daß ich ihm einen Ozean mit allen Möglichkeiten eröffnet habe, in dem er schwimmen kann. Einmal schrieb ich ihm dieses Gedicht:

Begegnungen
im Schaukelstuhl,
Tag und Nacht,
meine Brüste
voll und bloß
dein winziger Mund
saugt mich

in die Glückseligkeit
verführt mich
über mich hinaus.
Ich bleibe zurück hinter
deinen flügelgleichen Augen
und wir fliegen
du und ich
zu den Geschwaden der Zeit
wo Engel singen
wie tibetische Glocken.
In Anmut.
In Unschuld.
In Dankbarkeit.
Mit dir
bin ich schließlich ich.

Die Kindheitsphase

Ob du nun in der ersten Lebensphase verwundet oder gesegnet (oder höchstwahrscheinlich beides) wurdest, bewegst du dich nun in die Kindheit und mußt nun deinem Vater als heiligem Lehrer begegnen. Er ist die Umkehrung der Mutter, die Autorität gegenüber ihrer Erlaubnis, die Linie durch ihren Kreis, das weltliche ›Nein‹ zu ihrem kosmischen ›Ja‹. Durch deine Mutter wächst dein Selbstbildnis; durch deinen Vater wird es festgelegt. Innen/außen, auf etwas warten/auf etwas zugehen, Hingabe/Kontrolle, gewähren/fordern, weiblich/männlich. Zwischen Mutter und Vater lernst du den Tango des Lebens zu tanzen.

Deine Mutter lehrte dich, in deinem Körper zu sein. Dein Vater lehrt dich, dein Herz auszudrücken, wenn er dich in die Welt der Beziehungen mit anderen einführt. Er lehrt dich die Kunst, wie man sich am besten gegenüber einer anderen Person verhält, weil er der erste Mensch abgesehen von dir ist, mit dem du eine Beziehung hast, beziehungsweise aufbaust.

Du bist aus dem Körper deiner Mutter herausgekommen; diese Beziehung ist wirklich und unmittelbar. Es ist eine psychische ›Tatsache‹. Du und deine Mutter, ihr seid unweigerlich eins. Der Vater ist außerhalb von dir. Er ist dein erster Freund und deine Aufgabe (und seine Lehre) besteht darin, dich mit ihm zu verbinden. In der Schaffung dieser Beziehung baust du die Grundlage für all deine künftigen Zweierbeziehungen auf; du lernst durch deinen Vater, dich mit der Welt der Menschen in Beziehung zu setzen. In deinem späteren Leben beziehst du dich auf andere, so wie sich dein Vater auf dich bezogen hat und du auf ihn. Es ist der Vater, von dem wir die Fähigkeit erhalten oder auch nicht, instinktiv die Antwort auf die Frage: »Was braucht diese andere Person wirklich von mir?« zu kennen. Es ist der Vater, von dem wir zuerst die Kunst des Gebens und Nehmens, zu geben und zu empfangen, den hohen Austausch der Freundschaft lernen. Der Vater hat die Rolle, den väterlichen Instinkt, die instinktive Fähigkeit, sich mit anderen auf angemessene Weise in Beziehung zu setzen, weiterzugeben, und dazu gehört das Lehren von Kameradschaftlichkeit, Anteilnahme und Fairneß.

Dein Vater lehrt dich, Grenzen zu ziehen, dein eigenes Autoritätsgefühl zu empfinden, dein selbstnährendes Gefühl der grenzenlosen Zulassung in ein Gleichgewicht zu bringen. »Das Kind ist der Vater des Menschen«, wie Wordsworth es ausdrückt (A. d. Ü. vom Dichter von dem Sprichwort ›Der Wunsch ist der Vater des Gedanken‹ abgeleitet). In diesem ganzen Verlauf lernst du mehr oder weniger dein eigener Vater, dein eigener Freund zu werden.

Durch deine Beziehung zu deinem Vater wird festgelegt, ob du in der Lage bist, du selbst zu sein und dein Herz auszudrücken, oder ob du etwas leisten, darstellen, bezaubern, verführen, konkurrieren, schmeicheln, fordern, verneinen oder zerstören mußt, um dich anerkannt zu fühlen. Diese Muster werden früh geschaffen. In all unseren Zweierbeziehungen neigen wir dazu, genau das zu tun, was wir auch tun mußten, als wir klein waren, um die Aufmerksamkeit und Zustimmung von Papa zu erhalten. Oder wie Robert Frost es bezeichnet: »Die Liebe deiner Mutter mußt du dir nicht verdienen. Du mußt die Liebe deines Vaters verdienen. Er ist wählerischer.«[8]

Alle Freunde sind versteckte Väter. Wenn dein Vater für dich da war, dir gegeben hat, was du im Moment gebraucht hast, von seinem Herzen zu deinem Herzen reagiert hat, dich aufgemuntert und gelenkt hat, dich bestätigt und getröstet hat, dich gewarnt und ermutigt hat, dann trägt die Welt ein willkommenes Gesicht und du kannst ein Freund sein. Wenn er für dich präsent war, wirst du es instinktiv wissen, für andere präsent zu sein. Ich erinnere mich, meinen Vater beobachtet zu haben, wir er sich um seinen sterbenden Bruder kümmerte. Mein Onkel hatte einen Gehirntumor, und jeden Tag hörte ein anderer Teil seines Körpers auf zu funktionieren. Schließlich konnte er nur noch sein Gesicht bewegen, und mein Vater war bei ihm, erzählte ihm Geschichten, massierte seine Füße, zündete ihm seine verdammten Zigaretten an, gab ihm alles, was er brauchte. Mir wurde klar, daß dies die Qualität der Aufmerksamkeit war, die ich gewöhnt war.

In dem gleichen Maß, wie dein Vater nicht wußte oder nicht weiß, wie er sich mit dir in Beziehung setzen soll(te), kann er auch nicht wissen, wie er sich mit anderen in Beziehungen setzen soll. Der distanzierte, abwesende Vater ist in anderen Beziehungen gleichermaßen distanziert und abwesend. Er verhält sich eher oberflächlich und spielt, verbirgt seine Gefühle, denkt und plant, urteilt und vergleicht. Er muß seine Beziehungen analysieren, weil er mit ihnen instinktiv nicht umgehen kann. Er muß *entscheiden*, wie und was er fühlen soll, über die guten und schlechten Eigenschaften der anderen Listen erstellen, um bestimmen zu können, ob er eine Beziehung mit ihnen eingeht oder nicht. Er wagt keine Spontaneität, weil er sich nicht zutrauen kann, angemessen zu reagieren. So entwickelt er vorgeplante und erprobte Wege im Umgang mit anderen. Verwundete Väter leiden. Und sie bringen Kinder mit Wunden hervor.

Menschen mit eingeschränktem väterlichen Instinkt entwickeln ›Bewältigungsmuster‹. Sie spielen, schmeicheln, wägen ab. Sie verstecken sich hinter ihrer Arbeit oder ihren Kindern. Sie machen sich viele Gedanken um Titel, Referenzen, Status, Reichtum, Prestige, wer ›in‹ und ›out‹ ist, weil sie kein Vertrauen zu sich haben, um in der Lage zu sein, auf eine andere Person anzusprechen und angesprochen zu werden auf das, wer der einzelne ist. Sie verwenden Geld, um Kontrolle, Liebe und Einfluß zu gewinnen. Sie machen sich eine Haltung zu eigen, eine Strategie, mit der sie zurechtkommen, ohne wirklich in Beziehungen und Verpflichtungen mit Herz und Seele, im Hier und Jetzt einzutreten. Ich kenne einen Mann, dessen Vater ihm als Kind zum Geburtstag wertvolle Geschenke schickte, aber niemals aufkreuzte. Als er älter wurde, machte er seinem Vater alle möglichen Geschenke – eine Eigentumswohnung in Florida, einen Flügel, eine Reise nach Paris – aber auch er kreuzte niemals auf. Menschen ohne Beziehungsinstinkt fühlen sich bei Begegnungen mit anderen Menschen oder in gesellschaftlichen oder Gruppensituationen in ihrer Haut nicht wohl, sie leiden, täuschen etwas vor und sind insgeheim verzweifelt. Es verwundert nicht, daß sie so oft unangemessen handeln.

Kinder mit Vaterwunden sind überall zu finden – sicherlich sind es viele von uns. Sie sind mühelos zu erkennen. Ihr Leben ist düster, wenn das Herz im Alltag, die Lebendigkeit der Gefühle fehlt. Auch wenn sie auf allen richtigen Partys in der richtigen Kleidung erscheinen, werden sie dennoch keine gute Zeit haben. Ihr Leben ist durchdrungen von einem Mangel an Schwung, und eine Melodie der Melancholie – Bedauern, sogar Verzweiflung – ist in ihren offenbar erfolgreichen Lebensgeschichten unterschwellig vorhanden. Der Funke fehlt.

Die Zahl der Kinder, die ohne oder mit einem nur teilweise vorhandenen Vater – wegen Scheidung oder weil viele Männer mehr Zeit für ihre Arbeit oder andere Tätigkeiten als für ihre Vaterpflichten aufwenden – aufwachsen, geht heutzutage ins Astronomische und nimmt täglich zu. Natürlich können alleinstehende und ganztägig vorhandene Mütter und andere väterliche Personen einen Teil der väterlichen Rolle ausfüllen, und einige Frauen verfügen über stark ausgeprägte väterliche Instinkte. Und bekanntermaßen haben einige Väter starke mütterliche Instinkte und geben das, was Mütter mit ungenügend ausgebildeten nährenden Instinkten nicht geben können. Aber es gibt eine elementare und natürliche Kraft, die viel älter ist als all unsere gesellschaftlichen Ordnungen und unsere Neigung, Strukturen zu schaffen, die unseren weltlichen Zielen entsprechen, und diese Kraft bezieht sich auf den Mann, die väterliche Rolle zu spielen, und auf die Frau, die mütterliche Rolle zu spielen.

Das Ideal wäre eine biologische Mutter, die uns lehrt, in einem Körper zu sein und uns selbst zu vertrauen, und ein biologischer Vater, der uns lehrt, unsere Herzen auszudrükken. Einfach nur Eltern zu haben, garantiert keinen Erfolg. Natürliche Eltern können bei ihren natürlichen Kindern versagen – und Adoptiveltern, Alleinerziehende oder Pflegeeltern können ihre Kinder mit intakten Instinkten großziehen, und auch Eltern sind dazu in der Lage, die zwar selbst verwundet wurden, aber durch Bewußtheit und Hingabe den Quantensprung in eine bewußte Elternschaft gemacht haben. Zu diesen Menschen zählt auch mein Vater.

Ich habe mit vielen Menschen mit Vaterwunden gearbeitet. Unter ihnen war ein Arzt, der mit allen eine Doktor-Patient-Beziehung einging. Es war, als ob er nicht einmal bei einer Geliebten seinen weißen Kittel abstreifen konnte. Er steht nicht allein da. Denke an den Gastgeber einer Talkshow, der nur mit jemandem reden kann, wenn sich ein Mikrophon zwischen ihnen befindet. Schauspieler, die niemals wirklich die Bühne zu verlassen scheinen. Leitende Angestellte, die ihre Familien wie eine Firma führen. Anwälte, die in sämtlichen Beziehungen Strategien ersinnen, als ob sie vor einer Gerichtsverhandlung stünden. Die Bewußtheit über dieses ›Handeln‹ bildet den Anfang im Heilprozeß dieser Wunde.

Es scheint, daß fast jeder ohne ausreichende Väterlichkeit aufgewachsen ist. Wenn die Mütterlichkeit in unserer Gesellschaft schon so wenig geschätzt ist, wie steht es dann mit der Väterlichkeit? Die Aufgabe des Vaters, die als minderwertige Nebenbeschäftigung angesehen wird, beschränkt sich auf die des Kassenführers und Aufsehers. Eine Frau in einem meiner Workshops schrieb dieses Gedicht, das die Erfahrung so vieler Kinder einfängt:

Papa lebt
hinter einer Zeitung,
zigarettenrauchend,
immer lesend,
keine Stimme,
keine Worte,
keine Berührung;
einfach dort, hinter
der Zeitungsmauer.

Und hier ist ein Ausschnitt aus einem Theaterdialog, den ich für zwei Freunde geschrieben habe; ich nenne es ›Väter im Stakkato‹:

Mein Vater ist Rechtsanwalt.

Mein Vater ist Arzt.

Ich wurde Rechtsanwalt.
Ich wurde Arzt.
Ich habe in der gleichen Stadt gelebt.
Ich bin umgezogen.
Mein Vater hat mich nie berührt.
Ich habe meinen Vater nie berührt.
Mein Vater hat mich nicht gekannt.
Ich habe meinen Vater nicht gekannt.
Mein Vater hat mich wirklich geliebt.
Ich habe meinen Vater wirklich geliebt.
Mein Vater war mein Held.
Mein Vater war mein Herz.
Ich dachte, ich wäre wie er.
Ich wuchs auf, um seine Rolle zu spielen.
Tatsächlich bin ich nicht wie er.
Er zerbricht niemals.
Mein Vater war ausgeglichen.
Er war immer kontrolliert.
Nicht ausgeglichen bei mir.
Mein Vater konnte mich nicht sehen.
Mein Vater kann jetzt nicht sehen.
Er konnte mir nicht in die Augen sehen.
Ich glaube, er hat Angst zu sehen.
Er war in einer Lüge verloren.
Zerbrochene Träume auf seiner Bühne.
Mit dieser Heuchelei kommst du durch.
Er gab alles, was er hatte.
Mein Vater war nicht schlecht.
Er war einfach nicht da.
Niemand lehrte ihn, Sorge zu tragen.
Und ich liebe ihn wirklich.
Und er liebt mich wirklich.
Und ich liebe ihn wirklich.
Und er liebt mich wirklich.
Und ich liebe ihn wirklich.

Die Väterlichkeit scheint glücklicherweise ein Comeback zu erleben, aber damit ist das Problem nicht gelöst für die unzähligen Verwundeten, die, ohne angemessene väterliche Aufmerksamkeit zu erhalten, bei Vätern aufgewachsen sind, denen es selbst an starken Beziehungsinstinkten mangelt.

Diese Vaterwunde hat, wie auch die Mutterwunde, epidemische Ausmaße angenommen. Sie ist überall vorhanden und erzeugt Einsamkeit, Entfremdung, Mißtrauen, Täuschung. Wir lügen uns gegenseitig an in dem, was wir denken und fühlen und tun, und haben vergessen, die Wahrheit zu sagen. Und wir haben es dringend nötig, die Wahrheit zu sagen und zu hören. Wir durchschauen allzuschnell die Bemühungen anderer, ihren Schmerz, ihre Scham, ihre Mißachtung zu verbergen. Dabei vergessen wir, daß auch sie uns durchschauen. Sie sehen die Angst, den Zorn, die Trauer – die echte Energie, die wir uns zu maskieren bemühen. Wir geben vor, uns um den anderen zu kümmern, aber enden damit, das Schlechteste von uns zu teilen: Lügen, die nicht funktionieren. Wir sind so voraussagbar wie die Schlagzeilen in der Zeitung, so lebhaft wie eine Puppe.

Vaterwunden fordern ihren Tribut von unseren intimen Beziehungen. Wenn wir nicht wissen, wie wir mit anderen reden sollen oder mit jemandem zusammensein können, ohne zu reden, wenn wir nicht zu geben und zu empfangen wissen, wie können wir uns dann lieben? Wie können wir uns gegenseitig bewegen? Wie können wir Anteil nehmen? Wie können wir echt sein? Wir alle erwarten wundervolle intime Beziehungen, aber wie können wir wirkliche Liebende sein, wenn wir nicht wissen, wie man ein echter Freund ist.

Kannst du dich an deine letzte Unterhaltung erinnern, die wirklich von Herz zu Herz erfolgte, bei der du wirklich mit dem anderen verbunden warst, jeder Bewegung, jeder Geste, jeder Welle der Emotion gefolgt bist, bei der ihr gemeinsam und vereint auf den Wellen geritten seid? Wann hast du das letzte Mal an einer solchen heiligen Kommunion teilgenommen?

Diese Kommunion heilt die Vaterwunde. Kommunion mit Freunden, Liebenden, Eltern, Fremden, sogar Feinden. Aber meistens mit Freunden. Durch hartes Ausprobieren und durch die Arbeit mit Tausenden von Menschen habe ich herausgefunden, daß das Herz so weit wie möglich geöffnet werden muß. Es ist Zeitverschwendung, Unverwundbarkeit vorzugeben.

Wenn wir wirklich völlig lebendig sein wollen, müssen wir bereit sein, verletzt zu werden und auch andere zu verletzen. Denn sonst sind wir tot. Oder bewegungslos in einem Schutzpanzer.

In der Verwundbarkeit kann man die Kunst der Freundschaft, die Kunst des Herzens üben. Es ist eine essentielle spirituelle Übung.

Wenn du es nicht instinktiv kannst, mußt du bewußt darangehen. Halte inne und konzentriere dich auf deine Beziehungen und laß dich von jeder einzelnen darin unterweisen, was du wissen mußt. Je mehr du in deinen Beziehungen gibst, um so mehr wirst du auch zurückerhalten. Je mehr Aufmerksamkeit du schenkst, um so natürlicher wird das Sich-Beziehen empfunden, bis der Impuls, für deine Beziehungen besondere Sorgfalt aufzubringen, verinnerlicht wird und instinktiv erfolgt.

Interessant ist auch, eine Liste über deine Freunde zu erstellen und dann darüber nachzudenken, was dich jeder einzelne lehren soll. Meditiere über jedem Namen und frage dich: »Was braucht diese Person wirklich von mir?« – »Was brauche ich wirklich von ihm oder von ihr?« Stelle diese Fragen so lange, bis die Antworten kommen.

Wer nährt dich? Wie? Warum? Wer saugt dich aus? Wie? Warum? Wem gehst du aus dem Weg? Wie? Warum? Auf wen gehst du zu? Wie? Warum?

Bringe deine Beziehungen einschließlich die mit deinem Vater in das Jetzt. Lösche die Vergangenheit aus, halte die Zukunft mit all ihren Erwartungen heraus. Laß dich einfach überraschen. Übe dich in: »Liebe denjenigen, mit dem du zusammen bist.« Jeder, den du kennst, sehnt sich nach echter Aufmerksamkeit, nach jemandem, der wirklich zuhört, seine Visionen sieht, ihn in allen Höhen und Tiefen aufmuntert, die auftreten, wenn man wirklich lebt.

Wir brauchen Beziehungen, die lebendig, vital, voller Wandel, beweglich sind – Beziehungen, die sich durch alle Rhythmen bewegen. Manchmal fließen sie, manchmal pulsieren sie, manchmal explodieren sie, manchmal gehen sie mit federnden Schritten, und manchmal sind sie sehr ruhig. Besonders wichtig ist, eine bewegliche Beziehung mit dem Vater zu haben, da diese Beziehung der Schlüssel für alle anderen Beziehungen darstellt.

Es folgen nun einige Übungen, die dir helfen, deinen Vater zu erforschen und dich mit ihm zu versöhnen. Mit Mut und kreativem Nachdenken sind wir oft imstande, ein besonderes Freundschaftsband ungeachtet der Zeit und Entfernung aufs neue zu schmieden. Oder wir können zumindest die Wahrheit unserer Kindheit greifbar erfahren und bestimmen, welche Aspekte der Väterlichkeit wir zur Vervollständigung unserer Kindheitsphase brauchen.

1. Eine einfache Möglichkeit für den Anfang, um etwas über unsere Kindheitsphase zu erfahren, ist der spiegelverkehrte Weg der Vater/Kind-Beziehung, bei der du zu kurz gekommen bist. Freunde dich mit einem fünf, sechs oder sieben Jahre alten Kind an. In diesem Alter sind Kinder gewöhnlich spontan, herzlich, begeisterungsfähig und sie dulden keine Scheiße. Sie leben im Hier und Jetzt, sind emotional direkt, verlangen Flexibilität und Geduld und belohnen deine Aufmerksamkeit mit einer Lebensfreude, die unvergleichlich ist.

2. Schreibe deine Erinnerungen an deinen Vater auf, bevor du fünf Jahre alt warst, und das, was man dir über ihn erzählt hat. Wie war er? Wo war er? Ruf dir seine verschiedenen Aufmachungen, Gerüche, Angewohnheiten, die Art wie er redete, sang, weinte (oder nicht) ins Gedächtnis.

3. Lehn dich zurück, entspanne dich und spüre, wie du dich in die Zeit zurückversetzt wie bei einem Film, der zurückgespult wird. Halt an, als du fünf Jahre alt warst. Stell dir dein fünfjähriges Selbst in einem vertrauten Zimmer mit deinem Vater vor. Wie fühlst du dich? Stellst du einen Kontakt her? Auf welche Art? Berührst du ihn, sprichst du, lachst du, duckst du dich, fühlst du dich unbehaglich, unsicher? Spule weiter nach vorne, als du ungefähr zehn Jahre alt warst und sieh dich im gleichen Zimmer: Wie stellst du eine Verbindung zu deinem Vater her, wie stellt er sie zu dir her?

4. Schreibe einen Dialog zwischen deinem Vater und dir im Alter von zehn Jahren. Wenn du dazu nicht in der Lage bist, wird dir das etwas sagen.

5. Wer ist er? Fang ihn ein in ein Bildnis, eine Metapher, ein typisches Foto, eine charakteristische Aussage, eine aufschlußreiche Geschichte.

6. Visualisiere in deinem Tagebuch deine Beziehung zu deinem Vater in einer ›Energiezeichnung‹, die deutlich die Unterströmung und die Wellen auf der Oberfläche aufzeigt, die zwischen dir und deinem Vater fließen.

7. Schreibe einen Kurzbericht über die Lebensgeschichte deines Vaters, verfolge die Bewegung seines Lebens zurück vom Säuglingsalter über Kindheit und Adoleszenz bis zum Erwachsenensein, mittleres Alter und die letzten Jahre. Ist er zufrieden, erfüllt, gelassen gestorben, beziehungsweise wird das bei ihm wahrscheinlich der Fall sein?

8. Wie würde deine Mutter seine Geschichte erzählen? Wie würde er sie erzählen?

9. Wie würdest du mit deinem Vater reden, wenn du sein Freund und nicht sein Kind wärst? Was würdest du ihm als sein bester Freund sagen? Einer muß die Mauer des Schweigens durchbrechen: heb den Telefonhörer ab, nimm ein Flugzeug, sprich wirkliche Dinge von Herz zu Herz aus. Er ist wahrscheinlich genauso einsam wie du. Hast du Angst vor deinem Vater? Angst um ihn? Bist du wütend auf ihn? Wie bringt er dich zur Freude? Was ist das Mitfühlendste, was du für ihn tun könntest? Laß nun alles heraus. Die Heilung wird für euch beide wundervoll sein.

10. Da dein Vater dein erster Freund war, wirst du wahrscheinlich mit deinen Freunden genauso umgehen, wie er mit dir umgegangen ist. Schreibe Porträts über drei verschiedene Freunde und schildere deine Beziehung zu ihnen. Lies sie immer wieder und such dabei nach wiederkehrenden, positiven wie auch negativen Mustern. Bist du in jeder Beziehung führend, oder wirst du herumgestoßen? Mußt du dich sehr bemühen, um sie zu bekommen? Bist du flirtend, arrogant, schüchtern? Wie bringst du dich in Beziehung? Bringst du dich überhaupt in Beziehung, oder spielst, planst, verführst etc. du?

Vielleicht ist es für dich selbstverständlich, dich mit ganzem Herzen zu bewegen und leicht zu erkennen, was der andere braucht; vielleicht bist du die meiste Zeit mit deinem Herzen dabei. Wenn dem so ist, mußt du deinem Vater danken. Wenn nicht, dann vergib ihm: er leidet an dem gleichen Schmerz. Ihr habt etwas gemeinsam.

Das Leben ist das Rohmaterial, das danach schreit, in Kunst verwandelt zu werden – Überlebenskunst, die in der Wahrheit verwurzelt ist, direkt aus dem Herz kommend eingemeißelt in Gedichten, in Liedern, in Alben, im Gedankenaustausch.

Du kannst deine Beziehung zu deinem Vater in Kunst verwandeln. Denk darüber nach, schreib darüber, nimm deine Kindheit, dein Herz an.

Lohnenswert kann auch eine Meditation über deinen Vater sein: Lehn dich zurück, hol tief Luft, mach es dir bequem.

Vatermeditation: Stell dir vor, dein Vater sitzt dir gegenüber. Welche Stellung nimmt er ein, wie sieht er aus, welchen grundlegenden Eindruck macht er auf dich – ist er voll Müdigkeit, Wut, Ungeduld, Überschwenglichkeit, Gelassenheit?

Denke an drei Dinge, die du an ihm magst, drei Eigenschaften, die du liebenswert findest. Denke an drei Dinge, die dich an deinem Vater abstoßen, dich ihm entfremden. Denke darüber nach, inwieweit all diese Eigenschaften auch in dir selbst vorhanden sind, wie ähnlich ihr euch seid, wie eng ihr miteinander verbunden seid.

Schau deinem Vater in die Augen. Laß deine Gefühle für ihn an die Oberfläche steigen und stell dir vor, daß du ihm diese Gefühle mitteilst. Entleere dein Herz von allen Dingen, die du vielleicht jahrelang zurückgehalten hast, sag ihm alles, bis nichts mehr übriggeblieben ist. Stell dir vor, was er dir antworten würde und laß ihn sagen, was er auf dem Herzen hat. Dann atme ruhig in den leeren Raum hinein, der zurückgeblieben ist.

Stell dir auch vor, daß du einen körperlichen Kontakt zu deinem Vater herstellst, berühre ihn, halte seine Hand, umarme ihn, wiege ihn. Laß die blockierte Zuneigung zu ihm fließen und erhalte dafür seine.

Dann laß ihn zu seinem Platz zurückkehren. Schau wieder in seine Augen und suche in deinem Herzen nach dem Mut, ihm zu danken und zu vergeben, dir selbst zu vergeben und zu danken. Vergib ihm seine Schwächen und Fehler;

danke ihm, daß er dich so gemacht hat, wie du bist und danke dafür, wenn er für dich da war.

Bei meiner Meditation über meinen Vater habe ich seine Großzügigkeit, seine Treue und seine Gelassenheit gewürdigt. Ich habe seinen dickköpfigen Stolz, seine Vorurteile und seine Schüchternheit anerkannt – die auch alle Teil von mir sind. Ich habe ihn in meine Arme genommen, ihn eng an mich gedrückt und ihn wie ein Baby gewiegt, die Tränen aus seinem Gesicht gewischt und sein Ohr an mein Herz gepreßt.

Jeder hat einen Vater. Einige sind aktiv und zur Stelle, andere sind nicht in Aktion getreten. Einige halten nicht mit dem Schlag ihres eigenen Herzens Schritt. Einige sind zu beschäftigt, um sich mit den wichtigsten Aufgaben in ihrem Leben in Beziehung zu setzen. Wenn wir unseren äußeren Vater nicht gefunden haben, müssen wir ihn in uns finden und uns mit unserem Vater aufs neue verbinden, falls und wenn wir können. Es ist eine heilige Aufgabe, ein wichtiges Unternehmen.

Sowie wir uns selbst heilen, lassen wir unsere Eltern auf eine wunderschöne Weise frei, sich selbst zu heilen. Dieses Muster habe ich bei vielen sich wiederholen sehen. Es hat mich inspiriert und mir Hoffnung gegeben. Indem wir uns verändern, können wir Veränderung bewirken. Und was für ein Geschenk, in der Lage zu sein, deine Eltern zu heilen, indem du dich heilst. Wir haben die Kraft, ihnen die Freiheit zurückzugeben, zu sein, wer sie wirklich sind – verwundet, menschlich, verletzlich, weder Riesen in einem Märchen noch die Polizei der Gesellschaft. Sondern wirkliche Leute – deine Leute.

Wenn wir unsere eigenen Eltern werden, ganz werden, wird von den Schultern unserer Eltern eine seelische Bürde genommen; sie brauchen sich nicht länger zu sorgen, was sie für dich getan haben und was nicht, und sie sind frei, sie selber zu werden.

Die Pubertätsphase

Die meisten assoziieren mit der Pubertät unsere frühen Teenagerjahre. Aber diese Phase der Auslese und der Klärung kann vom Aufruhr der frühen Adoleszenz bis zur entschlossenen Suche, wenn wir Ende Zwanzig sind, anhalten.

Wir Menschen fallen nicht einfach reif aus dem Nest. Es nimmt viel Zeit und Arbeit in Anspruch, um erwachsen zu werden. Und um unser Zentrum zu finden, müssen wir unsere äußeren Kanten erforschen. Die Natur programmiert unser Sein nicht betriebsfertig; wir müssen aufdecken und Verantwortung übernehmen dafür, wer wir in unserer Einzigartigkeit sind in bezug auf uns, andere und die Gesellschaft.

Die Pubertät ist die Zeit, in der die psychischen Samen erblühen, die in der Geburts- und Kindheitsphase gesät wurden. Es wird Zeit für uns, unsere eigene Quelle der Erlaubnis und der Autorität zu werden, unsere eigenen Träume zu träumen, unseren eigenen Visionen zu folgen, unsere eigenen Schritte auf dem Weg des Tanzes auszuarbeiten. In dieser Zeit katalysieren wir unseren inneren Instinkt, unseren Sinn der eigenen inneren Führung über unser Handeln. Für die Psyche ist es eine chaotische Zeit: wir zertrümmern alle Ketten der Autorität außer unseren eigenen und lernen uns blitzschnell zu verändern – es geht auf, ab, ein, aus – aber alles in Übereinstimmung mit unserem inneren Antrieb. Die Pubertät ist unsere Unabhängigkeitserklärung.

Mit der Entwicklung des inneren Instinktes lernen wir, auf der Schneide zwischen allen Linien zu gehen. Wir improvisieren den Tanz der Gegensätze Kontrolle/Hingabe, Führer/Anhänger, männlich/weiblich, offen/geschlossen. Wir stehen unendlichen Gelegenheiten, Möglichkeiten, Zwangslagen gegenüber, dessen zugrunde liegende Triebkräfte Risiko und Experimentieren sind. Nur wenn wir uns vom Ufer abstoßen, die scheinbare Sicherheit des Bekannten hinter uns lassen, können wir unseren eigenen Kurs bestimmen. Schließlich werden wir in unergründeten Gewässern hin- und hergeschleudert. Und wir reisen überwiegend im Dunkeln. Wir müssen testen, erforschen, treiben.

Was sind meine Grenzen? Was gefällt mir? Was soll ich machen und wie soll ich es anfangen? Nur, wenn man sich ins Unbekannte wagt, erhält man die Antworten. Demzufolge benötigen wir Raum, um Gelegenheiten zu ergreifen und zu versagen, um für unsere Entscheidungen verantwortlich zu sein und die Folgen zu tragen. Nur mit dieser persönlichen Freiheit können wir lernen, uns zu vertrauen und Verantwortung für die Qualität unseres Lebens zu übernehmen.

Aber weil in unserer Kultur die Tendenz besteht, eine diffuse und launenhafte Einstellung zur Mutterschaft und Vaterschaft einzunehmen, erreichen wir die Pubertät ohne die starken nährenden und relationalen Instinkte, die uns erlauben, auf dem Weg der individuellen Selbstfindung kühn und sicher voranzuschreiten. Und normalerweise kompensieren Eltern und meinen, etwas nachholen zu müssen, da sie sich nicht ausreichend in den ersten zehn Jahren auf ihre Mutter- und Vaterrolle konzentriert haben. Sie verlassen sich auf Lehrer, gleichaltrige Kinder, Erziehungsberater, Gruppenleiter und sogar auf die Polizei, um durchzusetzen, was nicht verinnerlicht wurde – ein Gespür für sich und andere.

Das traurige, widersinnige Ergebnis ist, daß gerade dann, wenn wir zum Ausprobieren unserer eigenen Schritte sehr viel Raum benötigen, unsere Eltern und verschiedene gesellschaftliche Institutionen beginnen, uns mit Vorschriften und Zeitplänen, Leistungszielen und Bestrafungen bei Versagen einzuengen. Und weil wir ja in der Tat benachteiligt sind, für uns zu sorgen und uns angemessen anderen gegenüber zu verhalten, scheinen all die Einengungen und Einschränkungen zu unserem eigenen Wohl und dem der Gesellschaft gerechtfertigt zu sein.

Der Drang zur Individuation wird durch die Sexualenergie geschürt, die sich seit unserer Geburt aufgebaut hat und nun plötzlich unser ganzes Fühlen und Denken elektrisiert. Auf unserer ursprünglichsten Stufe sind wir sexuelle Wesen. Die Sexualenergie schürt unseren Lebensantrieb und schmiedet unsere tiefsten Verbindungen mit uns und anderen. Wir wurden geboren, um eingeschaltet zu werden, vom Strom der ursprünglichen Lebensenergie durchglüht zu werden, durch den zellularen Tanz des Orgasmus belebt und ganz gemacht zu werden. Wir wurden in Körpern geboren, um die Sexualenergie voll und ganz zu erfahren – allein und in einer Beziehung, in der Jugend und im hohen Alter, in ihren männlichen und weiblichen Formen, auf ihrer Oberfläche und in ihren Tiefen.

Ein Großteil unserer gesellschaftlichen Konditionierung und viele Institutionen sind gegenüber der Sinnlichkeit und der Sexualität feindlich eingestellt: die allgemeine Annahme lautet, daß Sinnlichkeit und Sexualität zur Unterbrechung, wenn nicht gar zur allmählichen Zersetzung von Plänen, der Schaffung von Weltreichen und wichtigen Tagesordnungen führen. Die traditionellen Religionen haben dem Sex den Krieg erklärt. Die meisten Regierungen mißbilligen seine vollen Ausdrucksformen. Schulen unterrichten Sex nur widerstrebend. Für alle, die an der Aufrechterhaltung von Kontrolle interessiert sind, ist Sex der Feind. Denk nur daran, wie zerrüttend die Pubertät im gegenwärtigen Kontext von Kontrollen und Erwartungen ist. Aber das muß nicht der Fall sein. In anderen Kulturen, zum Beispiel bei traditionellen afrikanischen und indianischen Stämmen, wird das Einsetzen der Pubertät gefeiert und in Einklang gebracht. Tanz- und Gesangsrituale bringen die körperliche Ausdrucksweise und emotionale Skala der jungen Menschen zur Geltung; die Initiation in das Sexualleben geschieht schrittweise und ohne Schuldgefühle. Es würde wirklich viel weniger voreiligen und problematischen Teenagersex geben, wenn den Kindern bei dem Erforschen der ganzen Bandbreite ihrer Sinnlichkeit auf nichtsexuellen Wegen umfangreiche Gelegenheiten und Führung geboten würde. Ich würde es begrüßen, wenn allen Kindern Joga, Aikido, Massage, afrikanische und asiatische Tänze beigebracht würden als wundervolle Möglichkeiten, als sinnliche Wesen voll in ihren Körpern zu sein. Aber die Einweihung in die Sinnlichkeit wird in unserer immer noch puritanischen und intellektuell ausgerichteten Kultur nicht geschätzt, und wir lernen normalerweise sehr viel später in unserem Leben, wenn überhaupt, in unseren sexuellen Körpern zu Hause zu sein.

Dennoch geht es in der Jugend um mehr als nur Sex. Es geht darum, unsere eigene Person, einschließlich natürlich unseres sexuellen Selbst, zu werden. Körperlich gesehen bilden wir eine einzigartige Verschmelzung von unserer Mutter und unserem Vater, und psychisch gesehen müssen wir die mütterlichen und väterlichen Instinkte unserer früheren Phasen zu einem eigenen Instinkt verbinden, der uns mit unserer eigenen Sichtweise, unserem eigenen Stil und unserer eigenen Energie verwurzelt. Wir müssen unseren eigenen Weg finden, wie wir uns einkleiden, uns bewegen, sprechen und handeln. Die einfache Lösung bei der Suche nach einem eigenen Stil ist, das aufzugreifen, was um uns ist, dem Druck der Gleichaltrigen nachzugeben; aber der eigentliche Grund, beispielsweise die Pop-Sängerin Madonna zu bewundern, lag nicht darin, sich so zu kleiden und so sein zu wollen wie sie, sondern ihrem Mut zu folgen, einen eigenen, typischen Stil zu schaffen. Wir müssen nach einem Weg mit Herz suchen, einem Weg des Seins und des Arbeitens, der auf einzigartige Weise zu uns paßt; zum Beispiel die Konzentration auf eine Laufbahn, nicht einfach, um irgendwie durchzukommen oder um den Erwartungen und Plänen eines anderen zu entsprechen, sondern weil es der Beruf ist, den wir gerne ausüben.

Das Suchen und Experimentieren erfordert Freiraum von den Eltern (die idealerweise ihre Aufgaben erfüllt haben und jetzt zurücktreten können), und es erfordert die Mitarbeit von Schule und Gesellschaft. Es wurde angeregt, daß wirklich intensives Unterrichten von Sprachen, Mathematik usw. im frühen Alter ungefähr von zwei oder drei bis elf oder zwölf Jahren erfolgen sollte, wenn wir für das Spiel des Lernens sehr offen sind und daß in den Teenagerjahren mehr Gewicht auf eher unstrukturierte Erforschungen in Kunst, Musik, Tanz, Reisen, Schreiben etc. gelegt werden sollte, alles mit dem Ziel, unseren eigenen unabhängigen Geist sich entfalten zu lassen. In diesen Jahren entwickelt sich unser innerer Instinkt.

Menschen, die nicht lernen, für sich zu denken, zu fühlen und zu handeln, fehlt die spontane Fähigkeit, in allen Situationen des Lebens ihr wahres natürliches Selbst zu sein. Sie imitieren ständig, handeln aus Angst oder Zwang heraus, leben den Traum oder die Erwartung eines anderen. Denn in der Adoleszenz sollst du dein eigener heiliger Lehrer sein, und das Ausspielen deiner Ahnungen und das Austesten von Stilen und Wegen ist unerläßlich, um deine eigene Person zu werden. Eltern und andere müssen die wachsende Unabhängigkeit ihrer Kinder bejahen und achten und sie in fruchtbare Richtungen ermutigen und kanalisieren.

Wenn es uns nicht gelang, in der Pubertätsphase unseren inneren Instinkt, d. h. echte Unabhängigkeit zu entwickeln, müssen wir ihn jetzt nähren. Unser innerer Instinkt läßt uns wissen, was vor sich geht und wie wir uns in den verschiedensten Situationen verhalten sollen. Ohne den inneren Instinkt wissen wir niemals genau, was zu tun ist; unser Leben ist voller Unschlüssigkeit und von äußeren Entscheidungsfaktoren abhängig. Um diesen Mangel zu beheben, muß jetzt getan werden, was in der Adoleszenz hätte geschehen sollen: das Risiko des Experimentierens auf sich nehmen, herausfinden, was du wirklich willst und wonach du wirklich strebst, auch wenn es womöglich entgegengesetzt aller herkömmlichen Weisheit ist. Wage dich, etwa zu verändern, fang etwas Neues an, wechsle deinen Job, reise. Übe dich darin, entschieden, bewußt und unabhängig ›ja‹ und ›nein‹ zu sagen, auch wenn dein Kopf immer noch voller Zweifel und Ängste ist. Entwickle deine Fähigkeit zum kritischen Denken, nimm nichts als selbstverständlich hin, stelle alles in Frage. Denn die Sicherheit der Abhängigkeit ist im Grunde die Unsicherheit, daß du dein eigenes Leben nicht kontrollierst, beziehungsweise nicht deine eigene Person bist. In der Pubertät setzen wir die Kraft unserer Psyche frei – um Denk- und Handlungsweisen einzurichten, die uns im Leben dienen werden.

Die Kraft deiner Psyche kann jede psychische Wunde heilen. Benutze sie zur Konfrontation mit deiner Konditionierung; wenn du einen Teil in der Pubertätsphase versäumt hast, ist es jetzt an der Zeit, ihn nachzuholen. Das Ideal ist eine innere Vermählung des Mütterlichen und Väterlichen, des Männlichen und Weiblichen, in der die Weisheit vermischt wird, wer du bist und was du brauchst, um für dich einzutreten und dich mit den wahren Bedürfnissen anderer zu verbinden. Es ist ein gewagter Balanceakt, ein Tanz der freien Form, bei dem du herausgefordert wirst, deine eigenen Schritte zu schaffen. Finde deine eigene Stimme; übernimm die Kontrolle über deine eigene Geschichte. Denn sonst singst du Lieder aus zweiter Hand, wirst du Teil in der Handlung eines anderen.

Es folgen einige Übungen, die zur Vollendung der adoleszenten Phase anregen sollen:

1. Schreibe deiner Mutter einen aufrichtigen Brief. Teile ihr deine ganze Angst, Wut, Traurigkeit mit, die du in der Beziehung zu ihr empfindest. Jede Freude. Jegliches Mitgefühl. Sag alles, was du als Teenager nicht sagen konntest. Benutze jede geäußerte Emotion als Sprungbrett zu deinem

Bewußtseinsstrom. Was mußt *du* sagen, wie willst *du* es sagen? Finde deinen eigenen Stil. Sag alles. Halte nichts zurück. Keine Zensur. Keine Kontrolle. Laß Bilder, Erinnerungen, Reflektionen, Träume, Wunden, Segnungen auf das Blatt fließen.

2. Schreibe deinem Vater einen aufrichtigen Brief. Beginne mit den Ängsten in deiner Beziehung zu ihm, gehe zum Zorn über, dann Traurigkeit, Freude, Mitgefühl. Mach dich mit diesen Gefühlen und den Einstellungen vertraut, die sie hervorrufen. Laß sie alle aufs Papier. Höre nicht eher auf, bis du leer bist.

3. Wenn du außer Mitgefühl für deine Eltern nichts übriggelassen hast, bist du gereinigt. Du kannst die Briefe verbrennen und die Asche in den Wind streuen.

(Für mich war das Erkennen meiner Eltern eine furchteinflößende Aufgabe. Ich dachte immer, meine Eltern wären vollkommen und ich sei wertlos. Beim Schreiben dieser Briefe war ich in der Lage, meine Gefühle zu ordnen, ihre Skelette mit Fleisch zu füllen, alle möglichen nichtgeäußerten Emotionen in bezug auf sie zu äußern. Ich war in der Lage, nicht nur meine Wunden, sondern insbesondere auch meine Segnungen zu sehen. Indem ich ihre heiligen Rollen in meinem Leben und ihre mutigen Anstrengungen, sie auszuführen, erkannte, erfuhr meine ganze Lebenseinstellung eine Erhellung und Auffrischung.)

4. Schreibe ein Selbstporträt, eine Autobiographie in deinem Stil. Richte die Geschichte auf deine Lebensphasen und heiligen Lehrer aus.

5. Umreiße deine Sexualgeschichte. Schenke allen Einzelheiten, allen Menschen Aufmerksamkeit. Erstelle eine Liste über wirklich alle Liebhaber. Studiere sie. Was sagt dir das?

Über deinen Körper? Über dein Herz? Über deine Psyche? Über deine sexuelle Entwicklung? Stell sie dir alle im gleichen Zimmer vor, nur mit dir.

6. Beschreibe ausführlich deine weiblichen Aspekte, die nährende, empfangende Nacht-Mond-Seite von dir. Gib ihr einen Namen. Nimm sie an.

7. Beschreibe deine männlichen Aspekte, die analytische, extravertierte, aggressive Tag-Seite. Gib ihr einen Namen. Nimm sie an.

8. Stell dir eine Liebesgeschichte zwischen beiden vor und schreibe darüber, wie sie sich ergänzen, miteinander verzahnen, Konflikte austragen, sich inspirieren. Laß die Liebesbeziehung eine Ehe, eine lebenslange Verpflichtung eingehen.

9. Schreibe Porträts über drei Freunde unter dem Aspekt der Wechselwirkung ihrer weiblichen und männlichen Seite. Erkenne, inwieweit sie Mutter/Vater, Schwester/Bruder, Tochter/Sohn sind und erfreue dich an dieser Entdeckung.

Du kannst auch über dich meditieren. Schließ deine Augen und stell dir vor, daß du auf einem Kissen dir gegenüber sitzt. Schau aufrichtig, mitfühlend auf das ganze Bild, die Form deines Bewußtseins, das du projizierst. Was sagt es dir über dich? Wo hältst du Anspannung fest? Wie tief fließt dein Atem? Welches Tier würdest du gerne sein, wenn du die Wahl hättest? Wenn du ein Ort in der Natur, eine Farbe, ein Musikinstrument, ein Gewässer, ein Klang, ein Geschmack, ein Edelstein wärst, was würdest du gerne sein?

Denk an dein Innenleben und an dein Außenleben. Was geht in deinem Inneren vor – deine Träume, Phantasien, Anliegen, Gefühle? Gibt es Erinnerungen, die dich nicht in Ruhe lassen? Behindern oder inspirieren dich deine Einstellungen? Was sind deine tiefsten Wünsche? Was geschieht auf der Außenseite? Stimmt deine äußere Realität mit deiner inneren überein? Wie bringst du dich in der Welt zum Ausdruck? Handelst und sprichst du gemäß deiner inneren Wahrheit? Oder hast du eine Trennung geschaffen zwischen dem, wer du wirklich bist, und dem, wie du dich darstellst? Frag dich: »Was sind meine Gaben? Für welche Taten wurde ich geboren? Führe ich diese Taten aus? Wenn nicht, warum?« Warte auf Antworten. Nimm keine Ausflüchte hin. Vergiß nicht, daß alle diese lebenswichtigen Fragen und Antworten in dir liegen.

Die größte Herausforderung: Die Reifephase

Der Übergang zur Reifephase sollte in unserer Kultur mit ungefähr dreißig stattfinden. Aber häufig wird der Übergang niemals vollzogen: in vielen Lebensbereichen bleiben wir Säuglinge, Kinder, Adoleszenten. In der Phase der Reife stehen wir der größten Herausforderung gegenüber, die Freud als die wichtigste menschliche Aufgabe eingeordnet hat: das Finden von Liebe und Arbeit. Aber häufig erreichen wir diese Stufe, in der wir uns einer verbindlichen lebenslangen Beziehung und unserer Berufung hingeben sollen, ohne die Herausforderungen der vorangegangenen Stufen gelöst zu haben. Eine Ehe endet also eher als Therapie denn als eine reife Beziehung; die Arbeit wird als Mittel aufgefaßt, den Lebensunterhalt zu verdienen und nicht als die umfassende Lösung der Herausforderung, etwas Besonderes zu leisten, einen Beitrag zu liefern.

Bei meiner Arbeit treffe ich auf viele Menschen, die sich auf der Suche nach Erleuchtung befinden. Viele glauben, es liefe darauf hinaus, irgendeinem tollen neuen Guru zu folgen, einer Gruppe beizutreten oder sich eine esoterische Technik zu eigen zu machen. Vielleicht. Aber eine andere

Möglichkeit ist, eine Familie zu haben. Die Herausforderung, in einer verbindlichen Liebesbeziehung fürs Leben zu sein und Kinder aufzuziehen, wirft alle wesentlichen Herausforderungen auf, die notwendig sind, um das Beste in dir hervorzuholen. Ein anderer Weg zur Erleuchtung ist die Festlegung auf eine Arbeit, die für dich bedeutungsvoll ist. Diese Wege zur Weisheit, die Heirat und Familie, Arbeit, eine spirituelle Gruppe beinhalten, sind Landkarten der Erleuchtung, denen man entweder einzeln oder gemeinsam folgen kann.

In den späten sechziger und frühen siebziger Jahren schien meine ganze Kultur auf die Pubertät fixiert zu sein, und ich war entschieden ein Teil meiner Kultur. Ich und alle um mich herum flohen so schnell wir konnten vor Verantwortung und Gesellschaft. Da das Erwachsensein ein nicht erstrebenswertes Durcheinander aus Langeweile und Gewalt zu sein schien, entschieden wir uns, das Ganze einfach zu vermeiden und uns aus seinen Reichweiten in die früheren Lebensstadien zurückzuziehen. Und dann flippten eine Menge Leute über dreißig aus, die die Herausforderungen der Pubertät in ihrer Eile zur Reife verdrängt hatten, und schlossen sich dem Zurückstürmen in die Adoleszenz an. Die Flucht vor Verantwortung ist in unserer Kultur immer noch weitverbreitet, da Reife mit einem stumpfsinnigen, chauvinistischen, bürgerlichen Leben gleichgestellt wird.

Aber Reife bedeutet viel mehr als eine Garage für drei Autos, eine Handvoll Kreditkarten, der richtige Gatte und die angemessene Kinderzahl. Während die Pubertät die Zeit ist, herauszufinden, was du zu geben hast, ist die Reife die Zeit, es zu geben. Es ist die Zeit, deinen besonderen Beitrag zu liefern. Die Gesellschaft in ihren sich ausdehnenden konzentrischen Kreisen der Familie, der Gemeinde, des Landes, der Welt ist der heilige Lehrer in der Reifephase. In der Reife sind wir aufgefordert, in ständiger und verantwortlicher Beziehung mit anderen zu leben: Lebensgefährte, Kinder, Eltern, Großfamilie, Freunde und Mitarbeiter und die Gesellschaft im weiteren Sinne. Die Reife bedeutet, seine Rolle in den zusammenhängenden und voneinander abhängigen Facetten unseres Lebens in der Welt zu kennen und dafür die Verantwortung zu übernehmen.

Dieser brüderliche Instinkt, dieses Gemeinschaftsgefühl findet seinen Ausdruck in unserer körperlichen, emotionalen und intellektuellen Interaktion mit anderen. Die heilige Aufgabe in dieser Phase besteht darin, der Gesellschaft und gleichzeitig uns selbst zu dienen. Zum echten Erwachsensein gehört das ständige schöpferische Wechselspiel zwischen unserer gemeinsamen Sache mit anderen und unseren eigenen besonderen Bedürfnissen und Gaben. Die Herausforderung liegt darin, den anderen das zu geben, was nur du einzig und allein geben kannst, während du deine Individualität beibehältst und dich um deine eigenen Bedürfnisse kümmerst.

Die Dialektik zwischen dem einzelnen und der Gruppe wird in den einzelnen Gesellschaften unterschiedlich gelöst. Vergleiche die Persönlichkeitsrechte und die sozialen Systeme in der Sowjetunion, den Vereinigten Staaten, Indien, China, Schweden, der Schweiz und Israel! Die Gesellschaft mit ihren Konventionen, Strukturen und Regeln kann dich wie auch die anderen heiligen Lehrer auf deiner Reise auf dem Weg des Tanzes verwunden oder auch erziehen, sabotieren oder auch unterstützen.

Wenn die Gesellschaft eine Seele hat – wenn ihre mütterlichen, väterlichen und inneren Instinkte mit ihren gemeinsamen Bedeutungen, Werten, Strukturen verkörpert sind –, dann kann sie das gereifte Gleichgewicht zwischen Individualität und gesellschaftlicher Verantwortung unterstützen. Solch ein Gleichgewicht ist am einfachsten in kleinen traditionellen Gesellschaften wie beispielsweise in den Gebirgsdörfern Kretas ober bei den Pygmäenstämmen in Afrika zu beobachten.

Wenn die Gesellschaft zersplittert, innen und außen seelenlos ist – eine Gruppe von einzelnen, die, wenn auch unwissentlich, den Teufelskreis immer wieder erzeugt: den Teufelskreis von Eltern, die ihren Kindern Verwundungen zufügen, die aufwachsen, um ihren Kindern wiederum Verwundungen zuzufügen – dann wird das Erreichen der Reife zu einer heldenhaften Aufgabe. Es erfordert beachtliche individuelle Anstrengungen und Einsichten, besondere Hilfe und Eingliederung in zumindest kleine Inseln sozialer Gesundheit inmitten einer ungesunden Welt. In einer seelenlosen Gesellschaft wird die Notwendigkeit, in der Liebe und der Arbeit Reife zu erlangen, noch wichtiger und dringlicher. Denn eine seelenlose Gesellschaft kann nur von gesunden einzelnen geheilt werden.

Die Reife bedeutet die Synthese all dessen, was du gelernt hast. Es ist die Zeit der Seele, der Essenz all dessen, was du bist. So wie in der Adoleszenz die Psyche, in der Kindheit das Herz und in der Geburtsphase der Körper freigesetzt wurden, so wird in der Reife die Seele hervorgebracht. Die Schlüssel zur Reife sind Verbindlichkeit und Verantwortung. Das Experimentieren und den provisorischen Charakter der Adoleszenz läßt du hinter dir und du legst dich auf jemanden, auf etwas fest. Es ist an der Zeit, mit dem Studieren aufzuhören, mit dem Vorbereiten aufzuhören, mit dem Suchen aufzuhören und mit dem Lehren, dem Handeln, dem Sich-Erklären, dem Produzieren anzufangen. Die Ausbildungszeit ist jetzt vorüber, nun ist die Zeit gekommen, für den Unterhalt zu spielen. Die Proben sind vorbei, die Show läuft.

Die Reife erfordert den Gleichmut und das Selbstvertrauen, um sich auf etwas völlig einzulassen, aber dennoch genügend Abstand zur richtigen Einschätzung der Situation zu haben. Gleichzeitig Schauspieler und Zuschauer sein, nicht länger in der Achterbahn der Höhen und Tiefen des Lebens und wechselnden Bindungen eingeschlossen zu sein, sondern nun die Verantwortung zu übernehmen, damit sich die Dinge nach deinen Vorstellungen entwickeln.

Auch im Rahmen unserer sexuellen Entwicklung ist die Reife die Zeit der Festlegung, wirklich den ganzen Weg zu gehen. Es ist die Zeit der Intimität. Die Sexualenergie ist nicht mehr diffus, sondern auf eine Person, einen Lebensgefährten, einen Seelenpartner konzentriert. Wenn wir bereit sind, d. h. wenn wir die vorangegangenen Phasen vollendet haben, können wir nun unsere Masken und Posen fallenlassen und eine auf Vertrauen und Treue begründete Beziehung eingehen. Unser Seelenpartner ist unser Freund und Geliebter, Schüler und Lehrer, unser Partner Tag für Tag, der mit uns immer tiefer in unseren Kern tanzt. Unser Seelenpartner ist unser Spiegel und unser wichtigster Handelspartner im Austausch von Lebensenergien. Intimität bewegt sich von Seele zu Seele. Wenn man sich ihr völlig hingibt, enthüllt sich die Seele. Denn unser Ego kann nicht intim sein; es muß immer Dinge kontrollieren. Wahre Intimität schneidet sich durch alle Schichten unseres Ego, so wie jeder Partner sich durch den anderen verwirklicht.

Wir können in der Reife sexuelle Intimität nicht wahrhaftig erfahren noch den Anforderungen einer verbindlichen Liebe nachkommen, wenn die vorangegangenen Phasen nicht hinreichend abgeschlossen wurden. Durch Unerfahrenheit und Nichtwissen, Unterdrückung und Verstimmung im Körper, im Herz oder in der Psyche werden so viele, selbst langlebige Beziehungen zugrunde gerichtet. Jede Lücke in unserer Entwicklung kann sich auf unsere wichtigsten, auch die stabilsten Beziehungen tiefgreifend auswirken. In einer festen Beziehung können wir uns nicht mehr hinter wechselnden Partnern verstecken; unsere Schwächen und Stärken werden schnell sichtbar.

Sexuelle Unreife und Verdrängung verurteilen, häufiger als man sich vorstellt, zu einem hoffnungslos einsamen Leben. Menschen, die unerfahren und verängstigt sind, enden in Isolation und Einsamkeit; sie sind lediglich in der Lage, schlechten oder oberflächlichen Umgang zu haben, und ihre Sexualenergie setzen sie in ihrer Arbeit ein, unterdrücken sie mit Alkohol und Drogen oder leugnen sie im Namen einer göttlichen Bestimmung.

Auf der anderen Seite können verdrängte frühere Phasen in die scheinbare Ruhe des reifen Lebens mit der Gewalt eines Tornados stürmen. Zum Beispiel kann die in der Kindheit geleugnete Notwendigkeit von Freundschaft in homosexuellen oder heterosexuellen Affären hervorbrechen mit Leuten, die dem Versprechen standhalten, verständnisvolle gute Freunde zu sein. Oder eine unerfüllte Adoleszenz kann Familie, Karriere und sozialen Status zerstören, indem man sich in der Lebensmitte in Promiskuität stürzt. Eine verspätete Pubertät bringt das Playboy-Muster hervor, Oben-ohne-Nachtlokale, ›offene‹ Ehen, Scheidungsgerichte und Kinder, die mit ihren Eltern im Wettstreit um das Entdekken ihrer sexuellen Identität liegen.

Im Verlauf einer natürlichen und vollendeten Entwicklung sind demgegenüber Festlegung und Intimität keine Aufbürdung von außen, sondern bilden sich aus dem Inneren heraus.

Die Herausforderung einer bedeutungsvollen Arbeit, mit Geist und Seele zu arbeiten, ist eine gleichermaßen wichtige Aufgabe in der Reifephase. Wir müssen unser Potential erfüllen und unseren Beitrag liefern. Aber aufgrund der nichtvollendeten früheren Phasen neigen wir dazu, kein solides Vertrauen, keine relationalen Fähigkeiten und Unabhängigkeit zu haben, was zum Schmieden einer bedeutungsvollen und befriedigenden Laufbahn notwendig ist. Vielmehr ist es der Fall, daß die Arbeit zu einem der wichtigsten Bereiche wird, in denen die eigene Unsicherheit, Entfremdung und Abhängigkeit unaufhörlich gepflegt wird.

Wie auch in der Liebe erfordert das Finden der richtigen Arbeit Mut, Verbindlichkeit und eine geheilte Vergangenheit. Sorgfalt, Offenheit und Einsicht sind vonnöten, um unsere wahren Interessen und Begabungen zu entdecken. Im Kern unseres Herzens wissen wir häufig genau, was wir gut können und was wir gerne tun, und andere können uns auch dabei helfen, es näher zu bestimmen. Der Schlüssel ist, uns von den Erwartungen anderer, bzw. unserer eigenen Indoktrination zu befreien. Wir müssen den Mut zur Kursänderung aufbringen. Gauguin gab seine Stellung in einer Bank auf und reiste in die Südsee; wir können zumindest das Risiko auf uns nehmen, die Stellung zu wechseln.

Auf deinem Weg wirst du erkennen, daß erst durch ein Festgelegtsein eine Berufung zur Wirklichkeit wird. Verschaff dir schnell einen Überblick über ein Dutzend erfolgreicher kreativer Leute, die du bewunderst, und sicherlich wirst du herausfinden, daß der wesentliche Grund ihres Erfolges eine außergewöhnliche Hingabe an ihre Arbeit ist. Sie entschuldigen nicht ihre Schwächen oder verweilen bei Nachteilen; sie erledigen ihren Job einfach mit einem besonderen Maß an Ernsthaftigkeit. Sie nehmen ihr Leben und ihre Arbeit ernst. Und das Wunder ist, daß dann die Arbeit keine Bürde oder Verpflichtung zu sein scheint, sondern ein Spiel, ein Spaß.

Das andere entscheidende Element zur Erreichung der Reife liegt im Heilen der Vergangenheit. Und die Reifephase ist die Zeit, in der wir mit dem Heilen unserer Wunden aus der Geburtsphase, der Kindheit und der Adoleszenz weiterkommen müssen.

Hier sind einige Übungen, die die in diesem Abschnitt aufgeworfenen Punkte verdeutlichen:

1. Schreibe ausführlich über deine wichtigsten intimen Beziehungen bis jetzt. Was war gut an ihnen? Was nicht? Wie steht es mit der sexuellen Dimension dieser Beziehungen? Hat sie sich verändert oder blieb sie gleich? Traten gleiche Muster auf?

2. Beschreibe die ideale intime Beziehung, die du gerne hättest. Was wären die wesentlichen Elemente? Was müßtest du tun, um sie in die Wirklichkeit umzusetzen?

3. Gehst du der richtigen Arbeit nach? Ist sie interessant, erfüllend, herausfordernd, passend? Überdenke deine berufliche Geschichte von den Phantasien und Erwartungen in der Kindheit und der Adoleszenz, über Schule und/oder andere Ausbildungsstätten und über deine verschiedenen Jobs. Wie stellen sich die Muster dar? Die unerfüllten Träume?

4. Skizziere kurz, wie du idealerweise deinen Lebensunterhalt verdienen würdest, so daß du deine Begabungen und Neigungen ausschöpfen kannst. Was sind die Schlüsselelemente? Wie könntest du dieses Ideal in die Wirklichkeit umsetzen?

5. Schreibe darüber, wie sich dein Leben und deine Arbeit in die Gesellschaft einfügt. Welche Beiträge lieferst du? Änderst du etwas zum Besseren oder zum Schlechteren oder änderst du gar nichts? Was wärst du in der Lage zu tun?

Die letzte Phase

Ich befinde mich noch mitten in der Reifephase und noch nicht in der letzten Phase. Aber in jeder Phase hat der Tod einen Teil meiner Erfahrung ausgemacht, und die Aussicht auf Gelassenheit, Einsamkeit, Frieden, die Allgemeingültigkeit und Zentriertheit in der letzten Phase locken mich bereits jetzt. Ich kann die vielen Menschen gut verstehen, die sich heutzutage frühzeitig zur Ruhe setzen, wenn dieser Ruhestand nicht die Einstellung der Arbeit bedeutet, sondern das Zurückziehen in das, was am meisten zählt – das Eintreten in die reichste, vollste Phase des Lebens.

Die letzte Phase beginnt mit der Ankündigung der männlichen und weiblichen Menopause um die sechzig herum und endet dann, wenn dein Körper versagt. In dieser letzten Lektion auf dem Lebensweg werden wir mit unserer Sterblichkeit konfrontiert, der zentralen menschlichen Wahrheit, daß wir geboren werden, um zu sterben. Diese letzte Lehre wird uns vom Leben selbst erteilt – der heilige Lehrer ist das Universum, die letzte Stufe zur Erleuchtung. Es ist keine überglückselige, abgehobene Erleuchtung, sondern Erleuchtung im Alltag, im Hier und Jetzt: Weisheit über das Leben, im Hier und Jetzt zu sein. Die letzte Bestimmung ist, in der Schwerelosigkeit, im Augenblick und nicht in der Vergangenheit noch in der Zukunft zu leben. Leben, ohne verhaftet zu sein – Menschen, Plätzen, Besitztümern, Philosophien, dem Leben, zu leben. Loslassen. In Ruhe lassen. Einfach sein. Nur sein. Und das bedeutet alles.

Der Tod ist das endgültige Loslassen der materiellen Ebene der Realität. Die Erleuchtung ist das endgültige Loslassen auf der psychischen Ebene der Realität. Der Tod befreit uns vom Leben. Die Erleuchtung begreift uns innerhalb ihrer selbst.

Wenn die Aufgaben der vorangegangenen Phasen erfüllt wurden, ist man in der letzten Lebensphase auf natürliche Weise auf die Erleuchtung vorbereitet. Wir alle wurden geboren, um mit fortschreitendem Alter weise zu werden. Ältere Leute tragen in sich die Weisheit des Lebens, wenn sie die Vergangenheit heilsam hinter sich lassen konnten. Wenn wir die Aufgaben der Individualität gelöst haben, sind wir in der letzten Phase frei, um Universalbürger zu werden, wobei wir unsere Verbindung mit jedem und mit allem erkennen und über die Wahrheiten des Universums meditieren. Indem wir unsere Verbindung mit allem schmieden, entwickeln wir unseren Instinkt für das Ewige, den Geist in uns, der alle Dinge des Lebens, einschließlich unsere Individualität, transzendiert.

Es ist so wichtig, in die letzte Lebensphase unschuldig, zwar erfahren, aber doch unverdorben und nicht etwa abgestumpft einzutreten. Offen für das letzte Abenteuer, das auch unser erstes war, mit dem alles begann. Darum wird es in traditionellen Gesellschaften als sinnvoll erachtet, daß Ältere und Kinder viel Zeit miteinander verbringen, wobei die Weisheit und konzentrierte Anteilnahme des Alters mit der frischen Unschuld und Offenheit der Kindheit vermischt wird. Beide befinden sich am Rande der Ewigkeit, ganz dicht an der Quelle.

Tragischerweise sind die Älteren zum Großteil in unserer Gesellschaft zu einer Randgruppe abgestempelt, und es wird ihnen das Gefühl vermittelt, unerwünscht und nutzlos zu sein. Für sie ist das Alter grausam und die Sterbensphase düster und beängstigend, während es doch eigentlich ein freudvoller Weg zum Licht sein sollte.

In der letzten Phase ist es an der Zeit, die Zügel der Kontrolle und des Ehrgeizes abzugeben. Es ist an der Zeit, sich frei zu machen, um den Impulsen des Seins, des Fühlens und des Denkens zu folgen. Es ist die Freiheit von Konventionen, die Freiheit von den Sorgen, was nett, günstig oder einschmeichelnd ist.

Im Idealfall begibt man sich immer tiefer in ein ruhiges Zentrum. Von der fließenden Energie der Geburtsphase, durch das stakkatische Tempo der Kindheit und das Chaos der Adoleszenz, jenseits des lyrischen Rhythmus der Reife bewegen wir uns in die dynamische Ruhe des Lebens im geistigen Bereich.

In der letzten Phase, in der der Tod Teil des Lebens wird und nicht sein Ende, richtet sich unsere sexuelle Energie allmählich nach innen. Das bedeutet nicht, daß ältere Menschen den Sex aufgeben, denn bekanntlich können sie ein reiches Sexualleben haben. In der letzten Phase können die früheren sexuellen Phasen vollendet werden. Dennoch ändert sich die Richtung unserer Energie. Zur Erledigung unserer grundlegenden Lebensaufgaben ist ein erhöhtes Anzapfen unserer Energiequellen erforderlich, und allmählich müssen wir mehr Zeit und Energie aufbringen, um auf uns aufzupassen und uns zu lieben. Wenn wir das Glück haben, unsere letzten Tage mit unserem Lebensgefährten zu verbringen, werden wir eher in angenehmen Erinnerungen und der Ruhe der körperlichen Liebe als in ihrer Ausübung verweilen, und unsere Fürsorge wird tausend andere Formen ihres grundlegenden Ausdrucks annehmen. Im Idealfall werden wir eine Verlagerung auf eine erfüllte Enthaltsamkeit erfahren, die Vermählung der männlichen und weiblichen Energien in uns. Lebenssprühende Enthaltsamkeit im Alter ist ein Zelebrieren der Ganzheit und keine Absage an die Sexualität, wenn wir einer tiefen inneren Sinnlichkeit, einer Liebesaffäre mit dem Leben, einer tantrischen Vereinigung mit allen lebenden Dingen näherkommen. Wir enthalten uns nicht, sondern halten uns zurück. Es besteht ein natürliches Nachlassen des Interesses an genitaler Sexualität, und unsere Sexualenergie verteilt sich auf unser ganzes Leben – Händehalten, zusammen sein, gemeinsam essen, schlafen und spazierengehen. Zum Ende unseres Lebens schließt sich der Kreis unserer Sexualität, und wie bei den Kindern wird sie in unser tägliches Leben, in unsere reine Existenz einbezogen.

Wenn wir die letzte Phase ohne die Intimität der Reife erreichen, werden wir unseren Lebensabend vielleicht in Schmerz, Einsamkeit und Verwirrung verbringen. Aber wenn wir Intimität erfahren haben, empfinden wir tiefe Befriedigung im Körper, im Herz und in der Psyche, daß wir ganz gelebt haben, um uns nach innen zu wenden, auch wenn unser Lebenspartner vor uns stirbt. Aber wie viele Menschen lassen sich im mittleren Alter auf Grund von Versagen und Enttäuschungen scheiden und verbringen dann ihre letzten Jahre von Bedürfnissen bedrängt, die Freunde und Kinder nicht erfüllen können?

Gleichermaßen treten viele Menschen in die letzte Lebensstufe mit dem Gefühl der Wertlosigkeit und des Verlustes, weil sie nicht mehr die Identität mit ihrer Arbeit und das Gefühl des Gebrauchtwerdens haben. Aber wenn man einen Weg der Arbeit, des richtigen Lebensunterhaltes findet, der *mehr* ist als nur ein Einkommen, eine Statusangelegenheit oder eine Möglichkeit des Zeitvertreibs, dann wird eine solche Berufung mit dem Alter eher natürlich wachsen und sich verändern, und die bleibende Befriedigung, einen unverwechselbaren eigenen Beitrag geliefert und seine Begabungen entwickelt und gefördert zu haben, wird immer vorhanden sein.

Wenn wir die letzte Phase erreichen, ohne unsere vielen psychischen Wunden geheilt zu haben, wird das Alter nicht den Frieden und die innere Einkehr bringen, wie es eigentlich sein sollte. Welche neurotischen Muster du auch immer im Laufe der Jahre entwickelt hast, sie werden in Stein gemeißelt, sie werden zu einem Gefängnis, das deinen Geist in einen Körper einsperrt, der nicht die Elastizität hat, um sich durch die heilenden Rhythmen zu bewegen, sie verstopfen die emotionalen Arterien deines Herzens und sie lassen deine Psyche gegen Bewegung und Wandel verschlossen sein.

Wie traurig sind jene, die ›tretend und schreiend‹, schimpfend und immer weiter Vergeltung suchend, die Wahrheit ihres Lebens bis zum bitteren Ende leugnend, auf den Tod zugehen. Das braucht nicht so zu sein.

Der ewige Instinkt treibt uns bewußt, mit offenen Augen und mit ausgeglichenem Konto auf den Tod zu. Wie wunderbar inspirierend sind alte Menschen, in ihrem reinsten Selbst erblühend, mit Humor und Mitgefühl durchdrungen, wenn sie die vergängliche Tragikomödie des persönlichen und weltweiten Geschehens betrachten.

Vor einigen Jahren hatte ich eine enge Begegnung mit dem Tod. Ich verbrachte sechs Monate bei meinem sterbenden Vater und versuchte, seinen Tanz zum Tod zu choreographieren. Als sich herausstellte, daß er Lungenkrebs im Endstadium und nur noch einige Monate zu leben hatte, wandte er sich an mich, ihn in den Tod zu führen, so wie er mich in das Leben geführt hatte. Ich sollte ihm die Mysterien, den göttlichen Plan entschlüsseln, und ich fühlte mich so schwach und unzulänglich. Alles, was ich ihm geben konnte, war meine Aufmerksamkeit und meine Liebe und das wenige Wissen, das ich mir auf meinem Weg angeeignet hatte. Der echte Wert all dessen, was ich gelernt hatte, befand sich nun auf dem Prüfstand. Was hast du deinem sterbenden Vater zu geben?

Es war angebracht, daß der heilige Lehrer meiner Kindheit und meines Herzens, mein erster Freund, mich in seinem Sterben zu neuen und tieferen Ebenen des schamanischen Heilens führte. Sein Tod war meine Wiedergeburt.

Das Sterben ist gewöhnlich sowohl ein aktiver als auch ein passiver Vorgang. Es ist gleichermaßen ein Handeln und ein Erdulden. Es beinhaltet aktive Entscheidungen und Einstellungen ebenso wie auch ein Loslassen. Es ist wie ein letzter Tanz mit komplizierten Schritten, und gewöhnlich müssen wir improvisieren. Selbstverständlich sterben Menschen ganz plötzlich, ohne jemals zu erfahren, was sie zu Fall gebracht hat, aber andere, wie mein Vater, bereiten sich auf den Tod vor, sind sich des Sterbens als Vorgang bewußt.

In sechs Monaten erwiderte er die unerschütterliche Aufopferung, Liebe und Hingabe meiner Mutter mit zahlreichen Lehren, was sie wissen mußte, um allein weiterzumachen. Es war die Zeit des Abschiednehmens von jenen, die ihm teuer waren. Zeit, sich zu bedanken. Eine bittersüße Zeit.

Ich gab ihm alles, was ich geben konnte: Werkzeuge, um seine Psyche zu heilen, um sein zersplittertes Selbst für die letzte Reise in die Ewigkeit zu kitten, um die Einheit seines Körper, seines Herzens, seiner Psyche, seiner Seele und seines Geistes zu fördern. Wir sollten uns endlich klarmachen, daß das Sterben eine tiefreligiöse Erfahrung ist, eine Tür zur Erleuchtung, um ganz und im Frieden zu sein.

Alle heilenden Reisen beginnen und enden im Körper. Um den ihn aufzehrenden Krebs abzuschwächen, entschied er sich für eine Ernährung aus rohem Obst und Gemüse. Zur Vervollständigung dieses Gesundheitsplanes begann ich alle möglichen Entspannungsmeditationen mit ihm zu machen. Seine Angst vor dem Tod hielt seinen Körper in Anspannung fest. Ich setzte mich zu ihm und begann ihn mit langsamer, tiefer, entspannter Stimme zu beruhigen, seinen Geist in seinen Körper zu rufen.

Ich zündete Kerzen und Räucherstäbchen an, um den heiligen Charakter dieses letzten Übergangsritus zu erhöhen. Oft spielte ich sanfte, entspannende Musik, manchmal mit einem oder zwei Freunden, die mich auf der Flöte, mit Trommeln oder Synthesizer begleiteten. Heilen ist eine Kunst. Und ich reagierte auf die Energie des Tages oder der Stunde, manchmal glitt ich in eine meditative Trance, in der ich ihn tief in seinem Körper mitnahm, und die Worte kamen: »Fühle deinen Körper schwer und entspannt im Bett versinken. Stell dir eine warme Energiewelle vor, die sanft um deine Füße wirbelt und in deine Zehen eintritt und all die winzigen kleinen Muskeln und Sehnen entspannt. Deine Füße fühlen sich warm und schwer an, wenn sie in das Bett sinken, und die Energie wandert in deine Knöchel, massiert sie, löst die ganze Spannung in deinen Füßen. Du fühlst, wie sich deine Waden öffnen und die warme, heilende Energie aufnehmen, goldene Sonnenstrahlen im Ozean ...« Und so ging es weiter durch seinen ganzen Körper.

Zwei- bis dreimal täglich massierte ich ihn, um ihn entspannt und in direktem Kontakt mit meiner Pflege zu halten. Und ich stellte sicher, daß er jeden Tag in der frischen Luft spazierenging. Ich mußte ihn in Bewegung halten. Bewegung weckt Energie, Vertrauen, ein Gefühl des Wertes und des vitalen Seins; Unbeweglichkeit erzeugt Passivität, Schüchternheit, ein Gefühl der Nutzlosigkeit und der Ohnmacht. Beobachte einfach den Unterschied zwischen älteren Menschen, die sich energisch bewegen und solchen, die es nicht tun; die Energischen sind gesünder, nicht nur in körperlicher, sondern in jeder Hinsicht.

Viel schwieriger war, mit den Emotionen meines Vaters umzugehen. Seit seiner Kindheit hatte er Gefühle in sich vergraben: versteckte Ängste, Unsicherheiten, Wut, Trauer. Er brüstete sich mit seiner Fähigkeit, seine Gefühle zurückzuhalten. Und plötzlich konfrontiert sein verwundbarer Zustand ihn mit rohen, übermächtigen Emotionen, ohne jegliches Ventil oder eine Möglichkeit sie auszudrücken.

Ich lehrte ihn, mit Würde zu zerbrechen. Gemeinsam standen wir seinen Ängsten gegenüber: wir schrieben über sie, wir sprachen über sie, und da er nicht konnte, tanzte ich sie für ihn. Wir malten seine Ängste und schrieben zornige Gedichte. Und wir weinten. Eine Menge. Ohne Scham.

Er behielt eine positive Einstellung bei. Vielleicht war die Oberlippe ein wenig zu steif. Er ängstigte sich vor seinen ›negativen‹ Emotionen zu sehr, um sie völlig loszulassen: das Vermächtnis lebenslanger Beherrschung. Aber es gab emotionale Bewegung, und ich war über jedes Öffnen glücklich, zu dem er in der Lage war. Wir führten Visualisationen durch, aber seine Zeichnungen waren schwach. Er konnte oder wollte seinen Krebs nicht als ein wahnsinniges, mächtiges Monster visualisieren noch sich selbst als einen gleichermaßen furchterregenden Krieger gegen den Krebs. Er war in dem Versuch gefangen, all die Stücke seines netten, normalen Selbst zusammenzuhalten, während sie durch den Sturm seines letzten Übergangs aus seinen Fingern gerissen wurden.

Ständig wiederholte er im Stillen positive Gedanken. »Von jetzt an bin ich nicht mehr krank.« – »Von jetzt an sind alle meine Symptome und Empfindungen Manifestationen der Genesung.« – »Egal, was ich auch machen werde, der Heilvorgang schreitet jede Minute tagtäglich voran.« Er versah das ganze Haus mit Bändern, auf denen positive Sprüche geschrieben waren.

Als sein Körper schwächer wurde und sein persönliches Wohlbefinden sich besserte, konzentrierten wir uns mehr auf das Heilen von Geist und Seele. Es war Zeit für das letzte Treffen mit seinen heiligen Lehrern und für das Anerkennen der Segnungen und Wunden, die er in seinem Leben erhalten hatte. Es war Zeit, die Kunst der inneren Distanz zu üben.

Wir begannen mit der Quelle seines Lebens, mit seiner Mutter. Hatte sie ihn geliebt? Ihn berührt? Ihn gekannt? Ihn inspiriert? Hatte sie Zeit für ihn gehabt? Hatte sie sich um ihn gekümmert? Ihn mit Respekt und Liebe behandelt? Für meinen Vater lauteten alle Antworten: »Nein.« Er war das jüngste von sechs Kindern, ein Baby in den Wechseljahren, ein Zufall. Er mußte sich der Welt beweisen, daß er hierhin gehörte, daß er kein Unfall war.

Ich ließ ihn einen Brief an seine Mutter schreiben, in dem er alle Gefühle äußerte, die er in den ganzen Jahren zurückgehalten hatte. Beim Schreiben liefen die Tränen über sein Gesicht, während ich ihn in meinen Armen wiegte, seinen geschwollenen Rücken massierte. Er weinte um eine Mutter, die er niemals hatte. An einem anderen Tag schrieb er ein Portrait von ihr, in dem er sich von ihrem Bild distanzierte. Noch wichtiger war eine gemeinsame Meditation, bei der er ihre besten und schlimmsten Eigenschaften in sich selbst entdeckte und einen imaginären Kontakt zu ihr herstellte, sie schließlich freiließ und ihr vergeben konnte. Von diesem Tag an wurde sein Verantwortungsgefühl gegenüber seinem Körper und das Vertrauen in ihn, seine Bedürfnisse und Wünsche zu erfüllen, sichtbar stärker.

Es war sehr traurig für mich, als wir uns seinem Vater zuwandten. Darüber gab es kaum etwas zu sagen. Sein Vater hatte ihn nicht gekannt, ihn nicht berührt, nicht mit ihm gesprochen, ihn nicht zu lieben gewußt. Mein Vater hatte niemals einen Vater gehabt, nur eine dunkle Wolke, die einen Schatten über all seine Träume warf, ein nörglerischer Greis, der hundert Jahre alt wurde. Mein Vater schrieb seinem Vater einen zornigen Brief, der mit Mitgefühl für den alten Knaben endete. Als er dann ein Porträt seines Vaters schrieb, hatte er sich wirklich von ihm gelöst, und in der Meditation konnte er seinen Vater umarmen, freilassen und ihm vergeben.

Als wir uns mit seiner Beziehung zu sich selbst beschäftigten, schrieb er eine kurze, aber zauberhafte Autobiographie. Die Geschichte eines Landjungen, der in die Großstadt zog, einen Job bekam, seine wahre Liebe heiratete und drei Kinder hatte, als er noch keine fünfundzwanzig war. Der mit dreiunddreißig fast an Krebs gestorben war. Der eine Gemeinde geführt hatte, ein kleiner Journalist wurde, der Grundstücke verkaufte, der sich dann für einen sicheren Job bei der Regierung entschied. Ein einfacher Mann, ein einfaches Leben.

Aber sein Leben war reich an Freunden und Erinnerungen. Angesichts seiner Kindheit war es bemerkenswert, daß er zu lieben lernte und in seinen letzten Monaten wurde sein Leben von seinen Freunden erwidert. Denn er hatte die Freunde seiner Grundschulzeit, seiner Hochzeit, seinem ersten Job behalten. Es erfüllte mich mit Sehnsucht, und ich entschied mich, diese Art von beständiger Freundschaft zu schaffen, die in meiner entwurzelten, zersplitterten, mobilen Generation kaum bekannt ist. Er schrieb über Schlüsselmomente, beispielsweise als sein Schäferhund Shep und dann sein bester Freund überfahren wurden und er nicht weinen konnte – jetzt konnte er.

Wir überschauten gemeinsam sein Leben, um herauszufinden, auf welch elterliche Weise er mit sich umgegangen war. Hatte er sich erlaubt, die Person zu sein, die er sein wollte? War er seine eigene Autorität gewesen? Was bedauerte er? Woran hielt er fest? Wir überschauten seine Entscheidungen – seine Lebensgefährtin, seine Arbeit, die Orte, die er zum Leben ausgesucht hatte und wie er sich selbst in seine Welt eingefügt hatte. Welche Meinung hatte er über sich als Ehemann, als Vater? Wie war er als Angestellter, als Vorgesetzter gewesen? Wir sprachen über all diese Dinge. Wir ließen alles los.

Und wir versorgten seinen Geist mit Ritualen, Meditationen, Kassetten mit geistlicher Musik und spirituellen Lehrern wie Krischnamurti. Er hatte sich im frühen Alter von der formalen Religion distanziert und war nun erfreut, religiöse Lehrer zu finden, deren Gedanken er respektieren und mit denen er sich identifizieren konnte. Er sang gerne und hörte gerne seine Lieben singen. Manchmal schlug mein Mann Rob unsere alte zuverlässige Trommel und ich begleitete ihn mit meiner Rassel, und gemeinsam sangen wir sein Lieblingslied: »I circle around/I circle around/The boundaries of this earth/Wearing my long-winged feathers/As I fly/Wearing ...« (Ich kreise umher/Ich kreise umher/nahe den Grenzen dieser Erde/und trage meine langflügeligen Federn/beim Fliegen/und trage ...) Mein Vater schlug dabei mit seinen knochigen Fingern den Takt auf meinem Knie.

Eines Tages brauchte er über fünfzehn Minuten, um sich aus seinem Lieblingsstuhl zu erheben. »Ich weiß, was ich tun soll. Ich weiß, daß ich es kann. Aber ich kann die Verbindung zwischen den beiden nicht finden.« Da erkannte ich, daß wir uns dem Ende näherten. Mein Bruder und ich saßen bei ihm und teilten ihm wertvolle Erinnerungen mit. Mein Bruder sagte ihm: »Als ich als Kind Basketball spielte, sah ich zur Zuschauertribüne, und du warst da, Papa, selbst an den kältesten Tagen. Das war so wichtig für mich.« Jeden Tag holte meine Mutter ihn aus dem Bett und kleidete ihn an, damit er sich dann bewegen konnte. Einmal verbrachten wir unsere Lesestunde im Freien, umgeben von summenden

Bienen und dem Duft reifer Pfirsiche, um seine Überzeugung zu feiern, daß er es schaffen würde. Während ich ihm vorlas, nickte er ein, und ich blickte erstaunt auf seine Gesichtszüge, die in meinem Gesicht weiterleben. Ich liebte seine Art zu schauen, und auf diese Weise liebte ich mich in ihm, und mir fielen John Donnes elegische Zeilen ein: »No spring, nor summer beauty hath such grace, / As I have seen in one autumnal face.« (Weder des Frühlings noch des Sommers Schönheit hat solch Anmut, / wie ich in einem herbstlichen Gesicht gesehen habe.)

Am nächsten Tag war er nicht in der Lage aufzustehen. Ich erinnere mich an den Morgen, als wäre es erst gestern gewesen: Das Zimmer war von der Morgensonne durchflutet, aber ich zündete trotzdem die Kerzen an, um das innere Licht zu verstärken.

Ich forderte ihn auf, seinen Geist in mir zu spüren – in meiner Stimme, meinen Rhythmen, meinen Gesten, meinem Handeln. »Sieh dein Lächeln in meinem Gesicht, deine Fältchen an meinen Augen, deine langen schlanken Finger an meinen Händen. Sieh, wie sich dein Geist durch mich bewegt, durch deine dich liebende Frau, deine Kinder, deine Enkel, deine Familie, deine Freunde, Mitarbeiter, Mitbürger in diesem Staat, diesem Land, dieser Welt.« Ich führte seinen Geist durch das gesamte Tierreich, einschließlich seines alten Hundes Shep, dann durch das Pflanzenreich, die Mineralien, in den Weltraum, bis wir hoch oben auf der Spitze eines Berges standen und auf das Universum schauten und seinen Geist in allen lebenden Dingen sahen.

Dann rief ich ihn zurück in das Hier und Jetzt, konzentrierte mich auf seinen Atem, sein Bett, das Zimmer, die Musik, die Geräusche von draußen. Plötzlich setzte er sich auf und versuchte zu rufen: »Hey, ihr alle, ich bin gerade durch einen Stein gegangen!« Er schloß seine Augen und fiel in sein Schweigen zurück. Ich beobachtete seinen Atem, der sich langsam von seinem Bauch in seinen Kopf bewegte und ich rief jedes Familienmitglied herbei, um einige Minuten allein mit ihm zu verbringen, damit sie aus ihren Herzen sprechen, ihm Geschichten erzählen und ihre Wahrheit sagen konnten, alles, was sie vielleicht noch zu sagen hatten. Meine Mutter bat ich als letzte hinein, und sie blieb lange, lange Zeit. Dann ging ich wieder ins Zimmer, um ihm vorzulesen und seine Arme, Beine und sein Gesicht zu massieren.

An jenem Abend fragte ich ihn beim Vorlesen, ob er sich an unsere Meditation erinnern könnte und wie er durch den Stein gegangen sei. Er drückte meine Hand. Ich blieb bei ihm sitzen und hielt einfach seine Hand fest. Nach einer Weile fing er laut an zu lachen und kicherte und brüllte vor Lachen ungefähr zehn Minuten lang. Dieses Lachen war für mich ein wunderschönes Geschenk. Dann verfiel er in Schweigen. Vielleicht ist das Sterben gar nicht so schlimm.

Ungefähr um ein Uhr morgens küßte ich ihn und sagte ihm, daß ich ins Bett gehen würde. Als ich das Zimmer verließ, hob er seinen langen sommersprossigen Arm und winkte mir ein letztes Lebwohl zu. Ich hielt in der Tür inne und sah mit unendlicher Liebe zu diesem wunderbaren Menschen, der mir so sehr geholfen hatte.

Meine Mutter ging wie gewöhnlich zu ihm ins Bett, und ich schloß die Tür hinter mir. Um fünf Uhr morgens weckte mich meine Mutter: »Gabrielle, er ist tot.« Er war gegen zwei Uhr morgens zur Wintersonnenwende gestorben. Sie hatte die ganze Nacht seinen leblosen Körper in ihren liebevollen Armen gehalten. Niemand hatte ihr jemals gesagt, daß der Geist erst einige Stunden später den Körper verläßt. Aber ihre Instinkte und ihre Liebe hatten es sie gelehrt.

Ich habe diese Monate nicht verbracht, um etwas zu beweisen, sondern weil ich mußte. Sie waren so wichtig für mich wie für meinen Vater und für meine Familie. Ich erzähle diese Geschichte in der Hoffnung, daß sie sich für dich als lehrreich erweisen wird.

Hier sind einige Übungen, die dir helfen können, dich mit der letzten Lebensphase vertraut zu machen.

1. Schreibe deine Gedanken darüber auf, wie du dich gegenüber Menschen, die dir etwas bedeuten, verhältst, beispielsweise deine Eltern und dein Lebensgefährte, wenn sie älter werden und sich dem Tod nähern.

2. Wie möchtest du die letzte Phase *deines* Lebens verbringen? Wie möchtest du sterben? Was kannst du dafür tun, damit dies so eintritt?

3. Schreib dein Totengedicht. Schreib deine eigene Nachschrift. Schreib dein moralisches Testament – dein Vermächtnis der Weisheit an deine Nachkommen.

Das Leben ist so eingerichtet, daß Erleuchtung auf natürliche Weise und unvermeidlich eintritt, wenn es voll gelebt wird – wenn die Phasen erfüllt werden. Die Dynamik des Geistes treibt diesen ganzen Vorgang voran, und im folgenden werden wir uns dem Erwecken der Seele und der Befreiung des Geistes zuwenden.

Viertes Kapitel

Die Seele erwecken
Die Kraft des Sehens

Die ganze Welt ist Bühne
Und alle Fraun und Männer bloße Spieler.
Sie treten auf und gehen wieder ab,
Sein Leben lang spielt einer manche Rollen.

Shakespeare, *Wie es euch gefällt.* (2. Akt, 7. Szene)

Die vierte schamanische Aufgabe besteht darin, die Seele zu erwecken, um die Kraft des Sehens zu erfahren. Den Unterschied zwischen dem Wirklichen und dem Unwirklichen in uns und den anderen zu sehen. Aus der Seele heraus leben und nicht aus dem Ego. Die Seele befreien bedeutet das Ausleben der authentischen Rollen des Selbst, der Bedingungen unseres menschlichen Seins, unseres Mandates: die Rolle des Tänzers, des Sängers, des Dichters, des Schauspielers, des Heilers. Die reduzierenden, unmenschlichen Rollen, die wir über die Jahre hinweg aus verdrängter Angst, Wut und Traurigkeit anzunehmen gelernt haben, sind die Verkleidungen des Ego. Man lehrte uns, uns selbst mit kleinen, winzigen Rollen zu besetzen, uns mit miserablen Rollen zu begnügen, die nur den geringsten Teil unseres Potentials und unserer Seele zum Ausdruck bringen. Natürlich lassen uns diese Ego-Rollen unbefriedigt, aber aufgrund unserer Erziehung und der tagtäglichen gesellschaftlichen Konditionierung werden wir in dem Glauben gelassen, daß es sich dabei um unser wirkliches Selbst handelt. Wir sind Schauspieler auf der Bühne des Lebens. Unsere Herausforderung liegt darin, das echte Spiel und unsere *wahren* Rollen zu finden.

Die Seele und die Kraft des Sehens

Ich weiß schon, du wärst in Ordnung, Becky,
wenn du ein Selbst hättest. Ich auch. Etwas,
worauf man zurückgreifen kann in einem Moment
des Zweifels oder der Angst oder sogar der
Überraschung.

Aus *The Tooth of the Crime*, ein Theaterstück von Sam Shepard[9]

Unsere Seele, unser wahres Selbst, stellt die geheimnisvollste, wesentlichste und magischste Dimension unseres Seins dar. In der Tat handelt es sich um keine andere Wirklichkeit, wie es in der herkömmlichen abendländischen Denkweise betrachtet wird, sondern um die Bindekraft, die Körper, Herz und Geist vereint. Es ist kein Gespenst, das irgendwie in der Maschinerie unseres Körpers gefangen ist, sondern die reine Essenz unseres Sein.

Jede Seele ist einzigartig, und wir sind aufgerufen, aus dem Sicherheitstrakt der Anpassung und Mittelmäßigkeit auszubrechen, um die wahre Magie und Kraft unserer Seele zu erfahren. Unsere Seele ist von Natur aus schamanisch, die Quelle unserer Heilenergie. Aber wie eine Pflanze muß sie gehegt und gepflegt werden, um zu wachsen und zu blühen und von dem um sich greifenden und verdunkelnden Unkraut, das leicht überhand nimmt, befreit werden. Die Seele ist ein Künstler. Ihre Veranlagung ist, etwas zu erschaffen, und ihre natürliche Ausdrucksform ist in den heiligen archetypischen Rollen des Tänzers, des Sängers, des Dichters, des Schauspielers und des Heilers zu finden. Das Leben *ist* ein Kabarett, und unsere Herausforderung ist, unser reines Selbst auf der Bühne der Welt zu spielen.

Die Seele ist zwar nicht gegenständlich, aber dennoch macht sie unser Sein aus, das, was uns mit Sein erfüllt. Ihre Gegenwart und ihr Fehlen sind also sichtbar. Ihre Gegenwart zeigt sich im Wachsein, im Aufmerksamsein, in der Tatkraft, im Lebendigsein. Sie ist der Lebensfunke. Wenn es uns an Vitalität, Elan, Energie mangelt, dann ist sie nicht da oder nur abgeschwächt vorhanden. Sie ist das wahre Selbst, das wir bei all unseren Erkundungen suchen, und dennoch befindet sie sich nicht irgendwo ›da draußen‹, sondern unmittelbar hier und jetzt, unterhalb der falschen Rollen, hinter denen wir uns ständig verbergen.

Die Seele befreien, uns selbst befreien, um seelenvoll zu werden, heißt, uns zu befähigen, wirklich das zu *sehen*, was in uns, in anderen, in unserem Leben vor sich geht. Mit diesem Sehen ist nicht das gewöhnliche Schauen gemeint, das wir alle kennen. Das Schauen bezieht sich auf die Oberfläche; das Sehen dringt zum Kern, zur Bewegung, zur Energie vor. Das Schauen ist lediglich das Betrachten von Dingen gemäß unseren vorgefaßten, statischen Ideen. Aber wie in der modernen Physik und Biologie eindeutig dargelegt wird, entgeht unserem oberflächlichen Eindruck des statischen Wesens der Wirklichkeit die Wahrheit der ständigen Bewegung und des unendlichen Raumes, die wahrhaftig die Wirklichkeit ausmacht.

Carlos Castaneda gibt in *Eine andere Wirklichkeit* ein eindrucksvolles Beispiel für den Unterschied zwischen Sehen und Schauen. Don Juan beschreibt den Tod seines Sohnes, der bei den Bauarbeiten an einer Highway von Gestein zerschmettert wurde. »Die Leute von der Straßenbaugruppe ... standen dort um meinen Sohn herum und schauten auf seinen verstümmelten Körper herab. Auch ich stand dort, aber ich schaute nicht hin. Ich veränderte meine Augen, um zu *sehen*, wie sein persönliches Leben sich auflöste und sich unkontrollierbar über seine Grenzen hinaus ausdehnte, wie ein Kristallnebel; denn so ist es, wenn Leben und Tod sich verbinden und ausdehnen … Hätte ich ihn angeschaut, dann hätte ich beobachtet, wie er allmählich erstarrte, und ich hätte in meinem Innern einen Schrei gespürt, weil ich nie wieder seine schöne Gestalt über die Erde würde schreiten sehen. Statt dessen *sah* ich seinen Tod, und da war keine Trauer, kein Gefühl. Sein Tod war allem anderen gleich.« Später sagt er Carlos, daß Sehen ›sehr schwierig‹ ist.[10]

Sehen impliziert Losgelöstsein. Schauen impliziert Verhaftetsein. Schauen wird mit den Augen vollzogen. Sehen wird mit dem ganzen Sein vollzogen. Wenn ich mich im Spiegel anschaue, denke ich, daß meine Nase krumm und zu groß ist, meine Augen zu klein sind, mein Haar zu fein ist, meine Hüften zu breit sind. Ich urteile. Ich bewerte mich anhand einiger äußerlicher Kriterien, die mittlerweile ein fester Bestandteil geworden sind, wie ich Menschen anschaue. Aber wenn ich im Spiegel in mein linkes Auge starre, dann sehe ich nur eine stille, vollkommene, kleine puppenähnliche Gestalt inmitten eines tiefen Teiches, in dem ihre subtilen Veränderungen reflektiert werden, ein Bild, das wahrscheinlich der Wahrheit viel näher kommt. Wenn ich mich ohne jegliche Interpretationen sehen kann, dann enthüllt sich die Magie des Seins, das reine Wunder der Existenz.

In meinen Workshops lasse ich oft die Gruppe einen Kreis bilden und fordere die Teilnehmer auf, jeden einzelnen anzuschauen. Ich ersuche sie zu beachten, daß jeder von uns in einem Körper ist und wir uns folglich alle sehr sehr ähnlich sind. Jeder Körper wurde geboren, wird sterben und auf dem Lebensweg wird er sich auf vielen ähnlichen Bühnen und durch viele ähnliche Umstände bewegen. Wir teilen viele Emotionen und Bedürfnisse.

Aber dann fordere ich die Teilnehmer auf, noch einmal in den Kreis zu schauen und jede Person als ein Individuum mit eigenen Gesichtszügen, Formen, Haltungen, Energien, Einstellungen wirklich zu sehen. Es gilt herauszufinden, daß jeder Mensch völlig einzigartig ist. Es gibt keinen anderen Menschen, noch hat es ihn gegeben, noch wird es ihn geben, der genauso ist wie wir oder wie jemand, den wir sehen.

In bezug auf unsere Gleichheit bleibt uns nichts anderes übrig, als sie anzuerkennen. Natürlich ist dieses Anerkennen für viele von uns schon immer schwierig gewesen; die ganze Geschichte illustriert das ständige Leugnen der simplen Wahrheit unserer wesentlichen Gleichheit anhand unseres kriegerischen, rassistischen, sexistischen und intoleranten Verhaltens.

Unser Anderssein ist jedoch faszinierend. Es muß zelebriert, erforscht und ausgedrückt werden. Jeder einzelne ist dafür verantwortlich, sich seine Unterschiedlichkeit anzueignen und seine Besonderheiten ans Tageslicht zu bringen. Kein anderer hat genau das, was wir zu geben haben. Wie Hermann Hesse es ausdrückt, ist es »die Pflicht eines jeden, seinen Weg zu sich zu finden«. Zu seinem wahren Selbst, der Seele.

Die Aneignung der Kraft des Sehens ist die schwierigste der bisher behandelten schamanischen Aufgaben. Um sich auf diese Phase des Weges des Tanzes einzulassen, müssen wir bereit sein, alles loszulassen, einschließlich unserer Bilder, Ideen und Überzeugungen darüber, wer wir sind. Wir müssen bereit sein zu sterben – der Tod unseres Ego, dem wir Widerstand leisten und den wir genauso schmerzvoll empfinden wie den körperlichen Tod, den wir so sehr fürchten. Die meisten von uns sind wandelnde Leichen, auch wenn wir von der Angst vor dem Sterben und dem Aufgeben all dessen, woran wir hängen, besessen sind. Wir vermeiden so gut wir können jede Veränderung. Wir leben mit der Angst, so zu sein, wie wir wirklich sind, voll im Vierdimensionalen zu leben, die Wahrheit zu sagen, unseren eigenen Tanz zu tanzen, für unser Leben Verantwortung zu übernehmen und es in lebendige Kunst zu verwandeln. Wir finden alle möglichen halbtoten Beschäftigungen und Zerstreuungen, um die Herausforderung, das Leben als heiliges Theater zu leben, zu vermeiden.

Das Leben *ist* heilig. Das Leben *ist* Kunst. Das Leben ist heilige Kunst. Die Kunst des heiligen Lebens bedeutet, ein heiliger Schauspieler zu sein, der aus der Seele heraus spielt und nicht aus dem Ego. Die Seele ist außerhalb von Raum und Zeit und dennoch stets zugänglich, ein ständig gegenwärtiges Potential unseres Seins. Es liegt an jedem einzelnen von uns, unser Sein zu zelebrieren und zu verwirklichen, und jede Mahlzeit, jede Unterhaltung, jede Kleidung, jeden Brief und so weiter in Kunst zu verwandeln. Jede noch so banale Tätigkeit bietet Gelegenheit für ein volles, authentisches Ausdrücken des Selbst. Die Seele ist unser künstlerisches Selbst, unsere Fähigkeit zur Umformung jeder Dimension unseres Lebens in Kunst und Theater.

Das Selbst und das Ego

Die Menschen sind unfähig, sich selbst gegenüber aufrichtig zu sein.
Egoismus ist eine Sünde, die der Mensch von Geburt an mit sich trägt; sie ist am schwierigsten abzubüßen. Rashomon *(versucht) die pathetischen Selbsttäuschungen des Ego (aufzuzeigen).*

Der Regisseur Kurosawa[11]

Unser Ego hält uns davon ab, unsere Seele in kunstvolles Leben und unsere Lebensgeschichte in ein expressives Schauspiel zu verwandeln und uns so, wie wir sind, mit einer tagtäglichen Begeisterung für unseren eigenen Stil zu zelebrieren. Das Ego hat sich häufig darauf festgelegt, unsere Fähigkeit zu sein, zu lieben, zu wissen und zu sehen zu verneinen. Anstatt uns zu heilen, teilt es uns in ein Bündel von Nebenrollen auf. Wir neigen dazu, die Rollen, die wir im Alltagsleben spielen müssen, als die Summe und Substanz dessen, wer wir sind, zu begreifen und nicht als verfügbare Charakterrollen, die wir als heilige Schauspieler den jeweiligen Umständen entsprechend auswählen.

Erst wenn wir einen Zustand tiefster Enttäuschung erreichen, sind wir bereit, die Ursache unseres Leidens zu untersuchen. Mein seelischer Schmerz führte mich nach New York, um bei Oscar Ichazo zu lernen. In jener Zeit hatte ich offensichtlich den Amerikanischen Traum verwirklicht: eine hervorragende Erziehung und Ausbildung, Reisen um die Welt, die Ehe mit einem wundervollen Mann und Erfolg und Anerkennung in jungen Jahren. Trotzdem war ich tief unglücklich. Egal, wieviel Sex, Geld und Kraft ich hatte, ich fühlte mich unbefriedigt und unsicher. Ich litt chronisch und ohne ersichtlichen Grund.

Durch Oscars Lehre, Führung und Anspornung entdeckte ich mein Ego, seine verschiedenen Verkleidungen und die Möglichkeit, aus dem wahren Selbst, das sich hinter dieser Ego-Front verbirgt, seelenvoll zu leben. Sich auf uralte Sufi-Lehren stützend, befaßte sich Oscar in seiner Arbeit mit der Struktur und Wirkungsweise des Ego, betrachtete es als einen psychischen Panzer, ein gut funktionierendes Verteidigungssystem, in dem sich ein hervorragender, verwundbarer Kern befindet.

Das Ego ist eine kopflastige Angelegenheit, wie Wortgruppen, die ewig gleichbleibende Muster bilden und wie Grillen pausenlos in unserer Psyche schwätzen. Oscar lehrte mich, diese Muster kartographisch zu erfassen, um sie in meinem Inneren und bei anderen zu sehen. Und hinter sie zu sehen.

Ich begriff, daß die erste Stufe zur Selbstbeherrschung bedeutet, zu bestimmen, wer wir nicht sind. Denn nur dann können wir sein, wer wir sind. Derjenige, der du nicht bist, ist wahrscheinlich gegenwärtig derjenige, der du glaubst zu sein. Das jedenfalls traf bei mir zu. Bei mir war alles verkehrt herum: Ich dachte, mein Ego wäre mein wahres Ich. »Oh, so bin ich nun mal«, war meine ständige Entschuldigung. Als ich mir dauernd sagte: »Ich bin einfach nicht gut genug«, war das ein Signal dafür, wie tief ich in diesen Konkurrenzkampf verstrickt war, als ob ich mir ständig beweisen müßte, daß ich besser sei als ich dachte.

Im College lernte ich, daß ich mein Ego verherrlichen kann. Anschließend lernte ich im Leben, wie das Ego das Leben direkt aus mir heraussaugt. Früher dachte ich, das Ego wäre nur eine Sache der Eitelkeit, etwas Positives über mich zu sagen, als ob das Ego beseitigt werden könnte, indem man einfach bescheiden mit seinen Leistungen umgeht.

Jedoch ist das Wirken des Ego tatsächlich viel komplizierter. Das Ego lebt in einem Zustand der Widersprüchlichkeit und der Aufspaltung. Es spaltet uns selbst auf. Es ist die Wirkungsweise des Ego, die uns in Trizophrenie leben läßt – eine Sache denken, eine andere fühlen, eine dritte ausführen. Wie ich anfangs bereits erwähnte, dachte ich mechanisch ›ja‹, fühlte ›nein‹ und sagte: »Ich komme zu dir zurück.« Oder ich war stinkwütend, dachte: »Es ist mein Fehler« und war höflich. Oder ich dachte: »Ich bin gut drauf«, fühlte mich unsicher und war aggressiv. Und die ganze Zeit ging es so mit diesem ›Eigendünkel‹, der im Grunde ›ein aufgeblähtes Ego‹ ist. Wie Castanedas Don Juan es ausdrückt: »Der Eigendünkel ist keine einfache oder unschuldige Angelegenheit ... Zum einen ist er der Kern all dessen, was gut ist an uns, aber zum anderen ist er der Kern all dessen, was faul ist. Um den faulen Teil des Eigendünkels loszuwerden, braucht es ein Meisterstück der Strategie. Und wem dies gelungen ist, dem haben die Seher zu allen Zeiten höchstes Lob gespendet.«[12]

Die Darsteller im Ego-Theater

Die einzig wahre Kraft, über die wir letzten Endes verfügen, ist die Kraft, uns zum Vorteil zu verändern. Diese Veränderung kann für andere eine Inspiration sein und das größte Geschenk, das wir uns gegenseitig machen können. Diese große Aufgabe können wir alle vollbringen: das Selbst von der Identifizierung mit den Verkleidungen des Ego zu befreien.

Oscar lehrte mich, den Unterschied zwischen meinem wirklichen und meinem falschen Selbst zu erkennen. Ich begann zu sehen, was wirklich vor sich ging und den Kampf um meine Seele mit meinen Ausdrucksformen auszufechten. Mein Leben war eine Serie von Zeichentrickszenen, die vom Ego erdacht wurden und mit meinen eigentlichen Bedürfnissen und Gefühlen wenig zu tun hatten. Die Darsteller und Handlungen des Ego hatten ein eigenständiges Leben angenommen.

Der Schlüsseldurchbruch für mich war die Erkenntnis, daß mein Ego aus einem Bündel verzweifelter Darsteller bestand, die ich benennen, beobachten und von meinem wahren Selbst getrennt sehen konnte. Als ich begann mich zu beobachten, erkannte ich allmählich, daß ich kein spontanes, flexibles Wesen war, fähig, im Hier und Jetzt aufrichtig auf die Launen des Lebens zu reagieren. Statt dessen stellte ich fest, daß ich aus einer Ansammlung festgelegter, sich wiederholender, voraussagbarer Verhaltensmuster bestand – psychische Bandschlaufen, ›Nummern‹, die ich hervorholte und ständig wiederholte, um dem Leben, egal wie es sich mir bot, entgegenzutreten, ob die Schablone nun paßte oder nicht.

Ich lebte von Stichwort-Karten und konnte in der banalsten Situation ohne sie nicht reagieren; häufig waren die Stichworte unangemessen, und ich blieb verwirrt, kraftlos und depressiv zurück.

Die Schablonen wurden verschiedenartig dargestellt. Es gab einfache körperliche Angewohnheiten: Ich rauchte, wenn ich traurig war, rauchte, wenn ich aufgeregt war, rauchte, wenn ich glücklich war. Es gab Muster emotionaler Verdrängung: Ich erlaubte mir niemals, meine Wut rauszulassen, auch wenn ich mich noch so verletzt fühlte. Und es gab wiederkehrende psychische Einstellungen: beispielsweise gab ich mir immer die Schuld für alles, was schieflief, gleichgültig, wie komplex die Umstände waren.

Indem ich den täglichen Aufführungen meiner Ego-Schauspiele Aufmerksamkeit schenkte, konnte ich mein Ego sehen, wie es bei jedem Spiel die Regie führte, dieselben alten psychischen Einstellungen hervorkramte, die gleichen schablonenmäßigen Angewohnheiten in Übereinstimmung mit den gleichen Gefühlen und gleichen Gedanken vorschrieb. Das Ego ist ein mieser Regisseur, der nur Klischees, abgedroschene Routinen und vorausschaubare Gesten kennt. Jede Produktion hat die ganze Frische einer Seifenoper-Wiederholung.

Je mehr ich beobachtete, um so besser erkannte ich, daß alle meine Gedanken, Gefühle und Handlungen – gleichgültig wie unterschiedlich sie auch erscheinen konnten – in drei Grundmuster verschmolzen. Die meiste Zeit meines Lebens hatte ich damit verbracht, mich hochzupumpen, mich schlechtzumachen und mich zu hassen. Je besser ich diese Grundmuster erkannte und sie in stereotypen Darstellern personifizierte, desto mehr Distanz gewann ich zu ihnen. Sie waren dort auf der Ego-Bühne, und ich war hier und beobachtete sie bei ihren abgedroschenen Phrasen. Mit der Distanz stellte sich Unabhängigkeit ein, und sie begannen ihre Gewalt über mich zu verlieren. Ich identifizierte mich nicht mehr mit ihnen und handelte nicht mehr in Schablonen, wozu die Darsteller mich normalerweise veranlaßt hätten. Ich begann mich darin zu üben, Entscheidungen zu treffen, ob ich einen Darsteller auftreten lassen wollte oder nicht.

Ich fragte mich: »Will ich denn diese alte Nummer wirklich wieder haben? Ist dieser Darsteller nicht langweilig oder ungeeignet?«

Ich nannte die drei Grundmuster des aufgeblähten Selbst, der Selbstmißbilligung und der Verurteilung Peter Plan, Nikola Niemand und Rita Richter. Diese drei Darsteller erscheinen immer in der gleichen Reihenfolge im Theater meines Kopfes. Peter tritt immer als erster mit seinen großen Plänen für meine Zukunft auf; dann erscheint Nikola und drückt ihre Verzweiflung aus, überhaupt nicht in der Lage zu sein, diese großartigen Pläne auszuführen und bricht in hoffnungsloser Trägheit zusammen und schließlich erfolgt Rita Richters zorniger Auftritt, bei dem sie Nikola für ihre Schwächlichkeit und Wertlosigkeit in Stücke zerreißt. Dadurch wird Peter angespornt, mit einem noch größeren und besseren Plan aufzuwarten, und der Teufelskreis dreht sich immer weiter. Nicht nur bringt das Muster einen Darsteller hervor, sondern die Darsteller selber folgen einem Muster.

Die Darsteller meines Ego sind klar und deutlich zu unterscheiden:

Peter Plan ist nichtssagend, abstrakt und allgemein. Er ist ehrgeizig, arrogant und tritt großspurig auf, bis er umgeschmissen wird und sich in einen schüchternen, unsicheren, bedürftigen Schatten seines verherrlichten Selbst verwandelt. Er ist ein Scharlatan, ein Schwindler, ein Betrüger, und wenn er ertappt wird, stellt er sich als wimmernder, wichtigtuerischer Dummkopf heraus. Peter ist wie ein Luftballon: Er bläht sich völlig auf und wenn er platzt, dann bleibt nur noch ein Fetzen schlaffes Gummi zurück.

Nikola ist niemals zufrieden mit sich: nicht hübsch genug, nicht klug genug, nicht gut genug drauf. Sie ist wie ein schwarzes Loch ohne Bedeutung und Wert, das das Leben aus allen anderen aussaugt. Ständig macht sie sich über sich lustig, um ihr fehlendes Selbstwertgefühl zu bestätigen. Nikola füllt sich mit allen anderen. Sie ist ein Nachahmer. Sie identifiziert sich mit jedem, weil sie selbst ein Niemand ist. Sie geht, spricht, kleidet sich, denkt wie ein anderer. Sie liest die Regenbogenpresse, um etwas über die echten Menschen zu erfahren. Nikola bewegt sich zwischen Glauben und Zweifel. Sie ist der vollendete Sucher: Sie hat kein Selbstgefühl, darum braucht sie andere, die ihr sagen, wer sie ist. Sie jammert sich ihren Weg in hoffnungslose Verzweiflung und suhlt sich darin. Nikola ist ein Faultier.

Rita Richter ist verkrampft, selbstkritisch und für alles verantwortlich. Darum entschuldigt sie sich dauernd: wenn etwas schiefgeht, dann muß es ihre Schuld sein; sie hat es nicht vermeiden können. Sie schwankt zwischen Puritanismus und Hedonismus. Sie ist eine Sünderin voller Reue, kritisiert sich ständig und ist völlig mit ihrem Verhalten beschäftigt. Darum bestraft sie sich selbst, schlägt sich zusammen. Sie lehnt sich solange ab, bis sie es nicht mehr ertragen kann, und dann gibt sie sich irgendeiner Laune hin, erfüllt sich exzessiv jedes Vergnügen, das sie finden kann. Sie bricht die Regeln, jede Regel, und dann bestraft sie sich für ihre Zügellosigkeit.

Peter will Ruhm. Nikola will Liebe. Rita will Freiheit. Doch alle aus den falschen Gründen.

Diese Darsteller treten nicht alleine auf. Jeder Hauptdarsteller verfügt über ein Ensemble von unterstützenden Figuren zur Manipulation meiner Wirklichkeit. Aber sie alle haben etwas gemeinsam. Sie sind alle unecht, lediglich Erfindungen, die zwischen mir und der Welt stehen. Freud beurteilte Normalität danach, wie gut man diese äußere Schale zusammenhalten kann. Ich bin jedoch zu dem Schluß gekommen, psychische Gesundheit danach einzuschätzen, wie gut wir die Schale der Normalität aufbrechen können.

Jeder hat ein Ego. Jeder hat eine Seele. Der Kampf zwischen diesen beiden Kräften um die Kontrolle über unser Leben macht unsere persönliche Geschichte aus, die Geschichte, die sonst niemand kennen kann. Die Darsteller spielen in unserem eigenen persönlichen Melodrama die Hauptrolle.

Das Identifizieren des Ego und die Loslösung von ihm ist eine Bühnenaufgabe. Das Ego kann es nicht ertragen, preisgegeben oder ausgelacht zu werden. Darum müssen wir ihm zur Erfassung seiner Masken – die Standardtexte, Angewohnheiten, Kostüme, Körpersprache – viel Aufmerksamkeit schenken und sie dann in unterschiedlichen Darstellern aufbauschen.

Wir müssen den Schauspieler in uns aufrufen, der eine der fünf authentischen Ausdrucksformen der Seele darstellt, um diese schamanische Aufgabe ausführen zu können. Der erste Schritt des Schauspielers liegt in der Untersuchung der Figur. In diesem Fall handelt es sich um eine sorgfältige Überprüfung des Selbst; je größer die Distanz, um so genauer die Beobachtung. Wir müssen uns auf unsere inneren Monologe einstimmen: sie bilden den Untertext unserer kleinen Melodramen. Und wir müssen auf unsere äußere Stimme achten, um das Drehbuch zu erfassen. Wenn wir unsere Aufmerksamkeit intensiv darauf lenken, was wir in der Vergangenheit getan haben und was wir jetzt tun, was wir gesagt haben und was wir jetzt sagen, was wir gefühlt haben und was wir jetzt fühlen, dann beginnen wir die Muster zu erkennen: das sich wiederholende Kanalisieren unserer Energien, unsere Verhaltensweisen und unsere gleichbleibenden Drehbuchtexte.

Hier sind einige der tief verwurzelten Muster, die Schüler von mir herausgefunden haben, mit Anregungen zur Identifizierung deiner eigenen:

Ich komme in Gruppen nicht gut zurecht. Entweder manipuliere ich, um im Mittelpunkt der Aufmerksamkeit zu stehen, oder ich steige aus und nehme eine Beobachterrolle ein. Es ist schwer für mich, zwischen beiden Extremen ein Mittelmaß zu finden.

Wer hat gesagt, daß Verantwortung so eine gute Sache ist? Mir gefällt das nicht. Es nimmt zuviel Energie in Anspruch, um meine eigene Realität zu schaffen. Die Tatsache ist, daß ich mich gerne gequält fühle. Und wenn die Welt mich enttäuscht, weil sie mir nicht das gibt, was ich brauche, um meine Schultern hängenzulassen und einen resignierten Blick zu haben, dann komme ich mit eigenen Vorwänden an. Ich greife einen zufällig auftauchenden Gedanken auf – eine Phantasie, in der ich gequält werde, beispielsweise daß mein Freund mich betrügt – und anstatt diesen Gedanken verstreichen zu lassen, greife ich ihn auf und schlage mich damit selbst zu Brei. Ich male mir jedes gräßliche Detail aus: wie er aussieht, was für ein guter Tänzer er ist, was sie trägt (oder nicht trägt), was ich fühle, wenn ich es herausfinde. Ich verdiene es, bemitleidet zu werden.

Wenn ich angegriffen werde, verteidige ich mich so heftig, daß ich einen Angriff verursache, so daß ich mich noch heftiger verteidigen kann, um einen noch massiveren Angriff heraufzubeschwören, so daß ich mich noch heftiger verteidigen kann ...

Ich ziehe mich zurück, bis ich so einsam bin, daß ich so lange eine Freundschaft eingehe, bis ich die Nase voll habe und mich zurückziehe, bis ich einsam genug bin, daß ich eine Freundschaft eingehe ...

Ich sträube mich so lange, bis ich so wütend mit mir bin, daß ich kapituliere, bis ich soviel Angst habe, um mich zu sträuben, bis ich so wütend bin, um zu kapitulieren ...

Und diese Gedanken können wir wie endlose Schleifen in Eschers Zeichnungen ständig weiterspinnen.

Bei dem Erkennen der wesentlichen Dynamik, die einem Muster zugrunde liegt, wirst du gewöhnlich herausfinden, daß dieses Muster auf eine einzige Gestalt hinausläuft, die du mit ein oder zwei Worten bestimmen kannst: Opfer, Lügner, Vorgesetzter, Träumer. Dieses Muster kannst du dann in eine Person mit passendem Namen verwandeln.

Nachdem du deine Muster beobachtet hast, unterzieh dich selbst einem Kreuzverhör. Existiert in deinem Leben einer der folgenden Darsteller?

Ego-Darsteller

(in keiner besonderen Reihenfolge des Auftretens)[13]

Anna Analyse	Einhard Einsam
Trine Träumer	Effi Eifersucht
Stephan Star	Tilli Tüchtig
Willi Wichtig	Marta Märtyrer
Rita Richter	Aurelia Ausgeschlossen
Bruder Erhaben	Gisa Gierig
Schwacher Samuel	Elfriede Ekel
Oskar Opfer	Klara Klebrig
Thea Tücke	Sebastian Schuldig
Gregor Groll	Emanuela Erotika
Panja Panik	Franziska Fußabstreifer
Abraham Abwehr	Maria Tumirweh
Käpt'n Kontrolle	Samuel Softie
Hortensia Hoffnungslos	Gerlinde Geheimnisvoll
Hilde Hilflos	Bettina Bedürftig
Albert Abgestumpft	Zita Zukunft
Stefanie Sträuber	Suse Süchtig
Nikola Niemand	Paula Punk
Tanja Tausendundeinenacht	Anton Angsthase
Vera Verzweifelt	Detlef Depressiv
Minna Müllplatz	Undine Ungeliebt
Olga Ohnemakel	Minnie Maus
Patrizia Prinzess	Nora Neid
Schmiri Schmeichler	Trine Trübsal
Isolde Isolation	Klemens Klammer

Kommt dir eine dieser Rollen vertraut vor?

»Ich bin zuerst dran.«
»Du irrst dich.«
»Miststück!«
»Kann mir jemand helfen?«
»Ich weiß nichts von dir, aber ich fühle mich großartig.«
»Ich bin nicht unsicher, oder doch?«
»Warum passiert immer mir so etwas?«
»Ich werde Künstler. Nein, ein richtiger Beruf wäre besser für mich. Nein, ich bleibe zu Hause und koche und nähe und habe einen Haufen Kinder. Mir ist nicht danach, überhaupt etwas zu tun.«
»Bei Kopf heirate ich, bei Adler lasse ich die Puppen tanzen.«
»Ich bin ein Stück Scheiße.«
»Beachte mich! Beachte mich!«
»Mir ist nicht danach.«
»Nicht jetzt.«
»Es ist alles meine Schuld.«
»Wenn ich nur ...«
»Niemand mag mich.«
»Es spielt keine Rolle. Es macht keinen Unterschied.«
»Wie auch immer.«

In jeder Rolle hält sich ein Darsteller versteckt, und jeder Darsteller hat ein Standardmuster. Wenn du dich mit einem Darsteller identifizieren kannst, untersuche ihn ehrlich und objektiv. Beobachte, wie sich der Darsteller bewegt. Höre auf seinen Gesang, lausche seinen Zeilen. Wie lautet das Stichwort für seinen Auftritt, was bringt diesen Darsteller auf die Bühne? Erscheint er, wenn du allein, bei einem Freund oder in einer Menschenmenge bist?

Auf diesen drei Beziehungsebenen – die Beziehung zu uns, zu anderen und zur Welt – haben wir Darsteller, die ausschließlich auf einer Ebene funktionieren und andere, die auf allen wirken. Einige treten nur auf, wenn wir mit jemandem intim zusammen sind, und andere wiederum erscheinen, wenn wir allein in einem Zimmer sind. Andere schalten sich ein, sobald wir zur Arbeit gehen. Einige tauchen nur in Menschenmengen auf. Einige Darsteller ziehen in den Krieg, andere gehen in die Kirche.

Wenn du einen Darsteller identifiziert hast, stell ihn erschöpfend dar, damit du ihn deutlich sehen kannst. Stell ihn übertrieben dar. Stell ihn zur Schau. Das ist ein Versteck-Spiel – das Ego versteckt sich, die Seele sucht. Stell die Haltung, Bewegungen, Rollen, Lieder des Darstellers dar. Bausche ihn auf. Mach dich über ihn lustig.

Tanz die Figuren und achte darauf, wann sie sich wohl fühlen, wann sie Widerstand leisten, wohin sie sich bewegen und wohin nicht, wann sie fließend sind und wann sie nicht weiterkommen. Welche Teile deines Körpers benutzt jede Figur und welche Teile nicht?

Hier sind einige Darsteller, die ich in Menschen verkörpert gesehen habe:

Hektor Heckenschütze: Füße sind niemals weit vom Boden entfernt; Wirbelsäule ist steif; Beine fließend, Kopf stakkatisch; er gleitet und greift hastig um sich, die Kiefer sind angespannt, der Radar eingeschaltet, jede Bewegung ist genau kalkuliert.

Nikola Niemand: Schultern eingesackt; Kopf und Hände nach vorne gezogen; Gesicht teilnahmslos, Brust eingefallen; sie bewegt sich schwerfällig und langsam.

Norbert Nuckel: ganz Mund; Zunge, Zähne und Kiefer in ständiger Bewegung; Stakkato-Aktivität von der Hand zum Mund; er läßt sein Kaugummi platzen, schlürft den Kaffee.

Bettina Bedürftig: saugt mit ihren bettelnden Augen und begierigen Worten Energie ein; schlaffe, demütig bittende Körpersprache.

Olga Ohnemakel: zusammengepreßter Hintern und geschürzte Lippen.

Käpt'n Kontrolle: Schultern hochgezogen; Knie angespannt; Becken verkrampft; Kiefer verschlossen; Ellbogen eingezogen; unterhalb des Halses keine Atmung.

Deine Darsteller haben auch ihre Lieder und ihre Musik. Das Singen ist eine wunderbare Möglichkeit, um einen identifizierten Darsteller zu erforschen und auszudrücken. Sie haben ihre eigenen unverwechselbaren Liedertexte und Richtungen (Country, Blues, Oper, Punk Rock etc.) Bist du Odilia Opfer begegnet? Wenn sie mir in den Weg gerät, singe ich ihr Lied:

Das Schuld-Spiel
(Musik: Baßstimme im Laufen; schnalzende Finger)
Mein Haar ist zu dünn,
Meine Nase zu lang,
Gott hat mich versaut,
Er hat Fehler bei mir gemacht.
Ich habe Ärger, seitdem ich erwachsen bin;
Das ist nicht meine Schuld, meine Eltern haben es vermasselt.

Chor:

Das ist alles deine Schuld;
Das ist alles ihre Schuld;
Das ist alles seine Schuld;
Das ist alles ihre Schuld;
Wenn ich meinen Job verliere,
Oder meine Miete erhöht wird,
Verfluche ich laut
Den Präsident,
Mein Liebhaber sagt, ich bin zu verklemmt,
Aber das Bett ist zu hart, und das Licht ist nicht in Ordnung.

Chor:

Der Schlagzeuger von der Gruppe hat heute abend frei;
Ich könnte wirklich gut tanzen, wenn die Musik in Ordnung wäre.
Ich wäre glücklich von dem Tag an, als ich geboren wurde,
Wenn der Mars nicht im Steinbock gestanden hätte.

Folgendes Lied schrieb ich im Western-und-Country-Stil, um Nikola Niemands anhaltende Pubertät einzufangen. Versuch es mit einer einfachen Melodie und stark näselnd:

Ich habe diesen Körper Leuten gegeben,
Denen ich nicht einmal meinen Wagen leihen würde;
Ich hatte jede Infektion, einschließlich Rejektion,
Jede Droge von Säure bis Alkohol,
Ich habe es bei Musik gemacht
In Autos, auf dem Boden
Lieber Gott,
Es muß noch mehr geben …

Warum nicht noch weitere Verse für sie ausdenken?

Du kannst eine ganze Reihe von Darstellern auftreten lassen, wie beispielsweise im ›Darsteller-Plausch‹ von Florian Feigling:

Chor:

Und der Kreis dreht sich und der Kreis wirbelt herum
Diese winzig kleinen Muster, in denen wir leben.

Stephan der Star im Rampenlicht,
Er hat es nötig, so toll gesehen zu werden.
Er glaubt, das Universum schulde ihm etwas Besonderes
Und wenn das nicht eintritt, dann verschlechtern sich die Dinge,
Denn Martin Mißhandelt, der Opfer-Mann

Schleicht so schnell er kann auf die Bühne.
Er stöhnt und ächzt und jammert herum
Bis er schließlich sauer ist, daß er so schlecht behandelt wird.
Und wenn er sauer ist, weiß Hektor Heckenschütze, was Sache ist;
Er frißt keine Scheiße, er teilt Hiebe aus.

Chor:

Käpt'n Kontrolle ist ein zorniger Bursche;
Er stolziert herum mit einer Haltung.
Er bellt und schreit, um alles in Ordnung zu halten.
Und Gott bewahre, er sollte jemals zu spät sein,
Weil dann Anton Angsthase die Herrschaft verliert,
Oder Simon Schmollmund eine Schnute zieht.
Eine Schnute zieht, eine Schnute zieht.
Und dann würde Nikola Niemand ihre Distanz aufgeben
Um Simons Hand zu halten oder sein Gesicht zu streicheln;
Süße Nikola ist eine Maske für Gregor Groll
Der sich immer darüber ausläßt, was sie ausgeben soll
Anstatt es rauszulassen, schluckt sie immer mehr
So wie Gisa Gierig auf einem Freßtrip ist,
Bis Olga Ohnemakel dem Freßgelage ein Ende bereitet
Mit ihrem kleinen zusammengekniffenen Arsch und ihren zusammengepreßten schmalen Lippen.

Chor:

Da ist Tanja Tausendundeinenacht, sie will einfach nur tanzen
Voller Hoffnungen und Träume und einer Menge Phantasie
So daß Patrizia Prinzess abgeschoben werden kann
Ohne etwas dagegen unternehmen zu können.
Aber wer kämpft am härtesten, um den Messingring an sich zu reißen –
Eine eklige, schmierige Dame, Klara Klebrig genannt,
Klara Klebrig genannt, Klara Klebrig genannt.

Chor:

Erhaben ist ein spiritueller Bursche,
Seine Hosen haben Bänder, aber seine Schuhe haben keine Senkel.
Ihm gefällt die Welt nicht; er glaubt nicht, daß er hineinpaßt.
Darum versteckt er sich vor allem hinter Udo Unverbindlich,
Der keine Entscheidungen trifft über dieses oder jenes.
Für ihn ist der Status quo immer gleich.
Aber wenn er sich endlich entschließt, einen Standpunkt einzunehmen,
Zieht er die Kleidung von Peter Plan über.
Peter hat die Zukunft direkt in seinen Händen,
Aber jeder Plan führt nur zu einem anderen Plan,
zu einem anderen Plan, zu einem anderen Plan.

Chor:

Da kommt Paula Punk mit finsterem Blick und geballten Fäusten,
Aber sie ist immer nur auf sich stinksauer.
Sie haßt sich; sie hält sich für Scheiße.
Darum macht sie Hortensia Hoffnungslos immer als erste fertig.
Hortensia versagt immer und Hortensia zieht sich immer zurück.
Ihre Psyche sackt zusammen wie die Titten einer alten Frau.
Hortensia ist eine Frau, die nur an Niederlage denkt,
Nicht wie Trine Träumer, deren Psyche du gar nicht finden kannst.
Trine denkt, daß das Leben eine Zeitschrift ist,
Bis Rita Richter ihren Traum unterbricht.
Rita beurteilt das Leben als richtig oder falsch;
Um die Wahrheit zu sagen, haßt sie wahrscheinlich dieses Lied.

Und der Kreis dreht sich und der Kreis wirbelt herum
Diese winzig kleinen Muster, in denen wir leben.

Wenn du dich auf diese Weise mit deinen Darstellern auseinandersetzt, erstellst du über dein Ego eine Landkarte. Zuerst zeichnest du die Darsteller ein: wer sie sind, wie sie sich bewegen, fühlen, handeln. Noch wichtiger ist, wie sie denken, was sie sagen. Die Darsteller in den Stücken unseres Ego besitzen selbst sehr viel Material für Poesie, Prosa, Monologe, so wie Paula Punk mit ihrem Punk-Gedicht:

Ich hab' früher Speed genommen;
Ich hatte es mit dem Sterben eilig;
Ich kann mich nicht erinnern, warum.
Sich auf der Überholspur bewegen,
Versuchen, den Schmerz zu übertreffen
Mit kleinen runden Pillen,
Aufgedonnert gekleidet
In aquamarinblauer Farbe,
Sie machten mich high,
Sie machten mich high.
Ich hab' früher Speed genommen;
Ich hatte es mit dem Sterben eilig;
Ich kann mich nicht erinnern, warum.

Oder Knut Knete:

Ich sage es dir klipp und klar. Geld verdienen ist nur ein Spiel. Und ich liebe dieses Spiel, weil es das Beste aus mir herausholt. Geld ist das beste Spiel in der Stadt. Ich beherrsche meine Frau damit. Durch das Geld stehe ich in Verbindung mit meinen Kindern und verwalte ihr Leben. Ich beweise damit meine Männlichkeit. Ich häufe Macht mit Geld an. Es stimmt schon, ich mach' mich selbst völlig fertig, weil ich nicht genug davon habe, und ich sorge mich und denke und analysiere darüber mehr als über mich selbst. Aber, Junge, wenn ich Knete kassiere, bin ich im Himmel, und dann ist mir alles andere scheißegal.

Oder Emanuela Erotika (Klara Klebrigs eineiiger Zwilling):

Erlöse mich!
Nimm mich!
Kauf mich!
Zeig mich vor!
Fütter mich!
Brauch mich!
Lieb mich!
Fick mich!
Beschütz mich!
Heirate mich!

Oder Steffi Sträuber:

Ich trage meinen Widerstand überall mit mir herum. Ich vergrabe meine Schätze und verliere die Karte. Ich verknote meine Frustrationen und binde meine Gefühle zu süßen kleinen Schleifen. Ich sitze meine Zeit ab in einem Gefängnis aus antiken Spitzen, sitze meine Strafe ab in einer zerknitterten Samtzelle. Ich bin eine Gefangene und webe mein eigenes Netz der einsamen Beengtheit.

Wir müssen immer tiefer und tiefer eindringen. Wo sitzen wir fest? Was sind unsere psychischen Schablonen? Wir müssen unsere Antennen auf die Erscheinungen des Ego abstimmen, neue Darsteller aufspüren, ihre Stimmen hören:

Berta Bulimia (und ihre Zwillingsschwester Anna Rexia):

Ich stopfe. Ich verhungere. Ich blähe auf. Ich erbreche. Ich kenne den genauen Standort jedes Supermarktes im Umkreis von zehn Meilen, der 24 Stunden am Tag geöffnet hat. Lebensmittel interessieren mich nicht; ich bin nur versessen darauf. Ich verstecke Äpfel in meinem Schrank und verschlinge Nachspeisen mitten in der Nacht. Ich kenne die Kalorien von allen Speisen, angefangen von Eis bis zu Gurken. Ich faste. Ich verhungere. Ich lebe von flüssigem Eiweiß und werde in Flughäfen ohnmächtig. Ich bin eine Frau, die verhungert.

Hektor Heckenschütze:

Der Zorn ist meine Munition. Ich speichere ihn seit Jahren, habe ihn niemals in einem Moment verschwendet, sondern ihn aufbewahrt und gelagert, bis es Zeit wird, den Schlag zu versetzen. Mir gefällt es, meinen Feind überraschend anzugreifen. Meine Waffen sind meine Worte – große, kleine. Worte, die wirklich verletzen können oder lediglich einen Stich versetzen. Ich kann sie fallenlassen wie Bomben oder mit haarfeiner Genauigkeit scharfschießen. Manchmal feuere ich ab, bevor ich angegriffen werde: ein Präventivschlag, eine aggressive Schutzmaßnahme, um die Leute auf Abstand zu halten, damit sie mich nicht verletzen können.

Käpt'n Kontrolle:

Ich habe gelernt, daß der einzige Weg im Umgang mit Leuten der ist, nicht mit ihnen zu sein. Die Kontrolle zu haben. Etwas Besonderes zu sein, der Beste zu sein. Leistung, das ist es, was ich brauche. Darum konkurriere und vergleiche ich mit Eitelkeit und Eleganz. Ich konkurriere und vergleiche mit Hinterlist und Verzweiflung. Ich bin nicht mit dir, wenn ich nicht konkurriere – das ist meine Hinterlist. Ich sehe dich nicht, wenn ich nicht vergleiche – das ist meine Verzweiflung. Ich ende immer damit, womit ich angefangen habe, mit unaufhörlichen Leistungen, die niemals befriedigen.

Einige Darsteller funktionieren in der Vergangenheit, andere in der Zukunft, wiederum andere mehr oder weniger in der Gegenwart. Aber sie alle funktionieren, um uns davon abzuhalten, im Jetzt zu sein, um uns vorzuenthalten, was wirklich vor sich geht. In welcher Zeitform läuft dein innerer Monolog ab, was sagst du dir immer? Im allgemeinen lebt mein Ego in der Vergangenheit – es wärmt alte Drehbücher auf, bearbeitet sie zuweilen, gräbt alte Erinnerungen hervor, um mir mein mangelndes Selbstwertgefühl zu beweisen, bestärkt mein tiefsitzendes Gefühl der Schuld und des Versagens. Die Darsteller meines Ego bestrafen mich immer, verhöhnen mich, demütigen mich auf die eine oder andere Weise, überhäufen mein Selbst mit Schmach und Schande.

Andere Egos leben in der Zukunft, sich selbst immer zwei Schritte voraus. Sie sind auf das Kommende eingestellt und nicht in der Lage, das Gegenwärtige zu erleben. Sie fahren rückwärts in Parkplätze, weil sie schon bei der Ankunft an das Wegfahren denken. Oder sie bereiten sich auf das Schlimmste vor, so daß die Enttäuschungen des Lebens nicht allzu schmerzhaft sind.

Und dann gibt es Darsteller, die die Gegenwart mit Hemmungen und Unsicherheiten besetzt halten, indem sie sich ausschließlich damit beschäftigen, sich um ihr Aussehen, was sie sagen, wie sie sind, wer sie sind (oder nicht sind) zu sorgen.

Achte darauf, womit dein inneres Geplapper die meiste Zeit beim Aufwärmen, Wiederaufwärmen, Formen und Umformen deines Lebens verbringt.

Jeder hat ein Ego. Du, ich, deine Mutter, dein Vater, alle, die du kennst. Einige Egos sind mit Sex beschäftigt, andere mit Geld, andere wiederum mit Macht. Einige sind Einzelgänger, andere brauchen ständig jemanden, irgend jemanden, und andere sind Groupies. Einige machen sich etwas vor, belügen sich und andere ständig. Einige sind zu faul und träge, um sich um ihre Bedürfnisse zu kümmern. Einige haben soviel Angst, überhaupt etwas zu tun, daß sie außer ihre Zeit zu verschwenden nichts tun. Einige identifizieren sich mit allem und mit jedem. Andere rechtfertigen jede einzelne Handlung. Und andere analysieren und wägen jeden Schritt ab. Einige sind unersättlich, andere eitel oder geizig oder depressiv oder exzessiv oder feige oder neidisch.

Das Ego reagiert in seinen vielfältigen Verkleidungen: es hat keine wirkliche kreative Kraft, um etwas ins Leben zu rufen. Vielmehr klinkt es sich, einmal in Bewegung gesetzt, in seine Routine ein wie ein Anrufbeantworter, der zu verschiedenen Zeiten seine Ansage abspult.

Bei der Beschäftigung mit dem Ego sind die vorgeschlagenen Übungen aus dem vorangegangenen Kapitel über die Lebenszyklen hilfreich. Du wirst feststellen, daß das Rohmaterial für die Einstellungen, Monologe und Stile deiner Darsteller aus deinen frühen Lebenszyklen herrührt. Das Ego entwickelt sich im zarten Alter in Momenten des Zweifels, der Angst oder der Täuschung. Hier sind die Ursprünge der Muster zu finden. Schon in jungen Jahren hören wir auf, in einer spontanen und offenen Weise auf das Leben zu reagieren und fangen an, unsere Verteidigungsmechanismen aufzubauen. Bei den formbildenden Ereignissen braucht es sich gar nicht um Traumata oder Schlüsselerlebnisse zu handeln, sondern sie können vielmehr als wichtige Wendepunkte ins Gedächtnis zurückgerufen werden. Du tust gut daran, dein Leben nach derartigen Wendepunkten in der Entwicklung deines Ego und seiner Darsteller zu durchsuchen.

Hier sind die Erinnerungen einiger Workshop-Teilnehmer über ihre Ego-Entwicklung:

Am ersten Schultag fragte der Lehrer uns nach den Berufen unserer Väter. Die anderen Kinder antworteten mit Bauarbeiter, Feuerwehrmann, Kellner und so weiter. Als ich an der Reihe war, sagte ich Klempner. Eigentlich war er Arzt. Der Lehrer war überrascht, als er später in meinen Schulunterlagen seinen Beruf las. Als er mich fragte, warum ich gelogen hätte, antwortete ich, ich hätte mich einfach nur einfügen wollen.

Ich erinnere mich, als ich fünf Jahre alt war und im Sandkasten spielte und die schönste Burg baute. »Mama, Papa, kommt und seht euch meine wunderschöne Burg an.« Aber sie sind nie gekommen. An diesem Punkt setzte der Feldzug ein, um ihre Aufmerksamkeit zu gewinnen. »Mama, Papa, kommt und seht mich an, ich bin Klassensprecher; kommt und seht mich an, ich halte die Abschiedsansprache in der High School; kommt und seht mich an, ich habe das Studium in Harvard mit Auszeichnung abgeschlossen; Mama, Papa, kommt und seht mich an, ich bin ein erfolgreicher Arzt; kommt und seht mein wunderschönes Haus; kommt und seht meine wunderschöne blonde Freundin.«

Ich spielte in der Einfahrt Basketball, als mein Vater vorfuhr. Ich war sehr erpicht darauf, ihn zu sehen, weil ich endlich den Korb treffen konnte. Ich sagte: »Hallo, Papa, sieh mal«, und warf mit der Rechten den Ball durch das Netz. Er sagte: »Ja, aber kannst du das auch mit der linken Hand?«

In solchen kleinen Momenten wird das Ego unbewußt geboren und genährt. Die Muster bilden sich, die Kreise drehen sich, und es gibt keinen Weg hinaus, sondern nur noch hindurch. Die Muster werden tief verwurzelt, und sie verschwinden nicht, wenn man sich das wünscht oder sie vernachlässigt. Der Kampf zwischen dem Ego und der Seele währt das ganze Leben hindurch. Es ist harte und schwierige Arbeit, sich zu befreien. Du wirst erstaunt sein, wie beharrlich diese Darsteller ihre Herrschaft über unsere Psychen ausüben. Wenn du ein Muster erkennst und dich von ihm zu lösen beginnst, indem du es in einen Darsteller umformst, findest du dich wieder, die gleichen Dinge tuend und sagend, nur in neuem Kontext und Kostüm.

Ein Workshop-Teilnehmer identifizierte seinen Ego-Hauptdarsteller als Stephan Star:

Ich habe immer gespielt, um Aufmerksamkeit und Liebe zu bekommen. Ich habe immer darum gekämpft, gesehen zu werden. Als Finanzfachmann liebte ich es, als derjenige gesehen zu werden, der die Antworten kennt, der mit jeder Situation fertig wird, der die finanziellen Heldentaten vollbringt. Und als ich das alles aufgab, gefiel es mir, als derjenige gesehen zu werden, der das alles aufgeben konnte. Jetzt fotografiere ich und ich will, daß man sieht, was ich sehe ... der Kampf hört niemals auf; lediglich die Formen ändern sich.

Andere Langzeit-Schüler haben das Karussell identifiziert, das das Ego sich drehen läßt und sich von Darsteller zu Darsteller bewegt. Hier ist ein typisches Beispiel:

Als erster ist Abraham Abwehr da. Wann immer ich auch von außen auftauche, ist er der erste Bursche, der an der Pforte steht, selbst wenn er einen Angriff starten muß, um sein Erscheinen zu rechtfertigen.

Von Abraham Abwehr drehe ich mich gewöhnlich zum Schwachen Samuel. Dieser Typ ist entsetzlich – er hat einen schlimmen Rücken, abgenutzte Muskeln, kriegt nicht genügend Schlaf. Er ernährt sich von Mitleid.

Wenn der Schwache Samuel seinen Weg gemacht hat, wird er zu meinem Opfer-Darsteller Martin Mißhandelt. Das ist mein wichtigster Mann. Ich gebe ihm gerne eine Pause, weil er so viele Überstunden macht.

Martin Mißhandelt steuert auf seiner Fahrt auf Matthias Märtyrer zu; aber Martin macht niemals die ganze Fahrt.

Er nimmt schließlich die negative Energie und formt sie um und wird Hektor Heckenschütze – ein gemeiner, rachsüchtiger, hinterlistiger, verstohlener Darsteller, der auf dich einpeitscht. Und seine Angriffe provozieren häufig Gegenangriffe, die – was glaubst du wohl wen – auf das Karussell bringen? Den guten alten Abraham Abwehr.

Ich beobachte, wie meine gespeicherten Gefühle sich in diese Typen ergießen: meine Traurigkeit in Martin Mißhandelt; meine Angst in den Schwachen Samuel und Einhard Einsam; mein Zorn in Abraham Abwehr und Hektor Heckenschütze.

Und die psychischen Wüsten-Rennmäuse laufen weiter in ihren Käfigen herum.

Es ist erstaunlich, wieviel psychische Energie und verschwendete intellektuelle Kraft für unsere Ego-Darsteller aufgewendet wird. Kein Wunder, daß wir nur einen Bruchteil unserer Kapazitäten ausleben, da ein Großteil unserer Energie und unserer Talente für dieses sinnlose Melodrama aufgebraucht wird.

Selbst wenn wir auf die Tricks des Ego eingestellt sind, müssen wir daran arbeiten, unser Zentrum aufrechtzuerhalten, vom ruhenden Punkt unseres wahren Selbst aus zu handeln. Die Darsteller lauern unentwegt in den Ecken unserer Psychen, bereit, uns zu ihren kleinen Szenen zu verführen. Wir denken beispielsweise einen Moment lang über eine junge, am Anfang stehende Beziehung nach und ganz plötzlich sind wir in unsere eigene Version von *Ein Tag in unserem Leben* verwickelt:

Isolde Isolation: Ich bin einsam.

Nora Neid: Ich wünschte, ich hätte eine total ausgeglichene Beziehung wie Sam und Jessica. Ich frage mich, ob sie wohl eifersüchtig ist.

Effi Eifersucht: Ich kann es nicht ertragen, wenn andere Frauen die Aufmerksamkeit meines Mannes auf sich lenken.

Oda Opfer: Und er schenkt ihnen Aufmerksamkeit, nur um mich zu verletzen, und ich mache nicht einmal etwas falsch.

Konstanze Konkurrenz: Tatsache ist, daß ich immer schöner bin als die anderen. Ich meine, die letzte, mit der er ausging, hatte häßliche, krause Haare und dicke Oberschenkel. Wenn ich nur an ihn denke, wird mir klar ...

Hortense Hochmut (unterbricht): Ich brauche ihn nicht. Ich kann auf eigenen Füßen stehen. Er kann verdammt noch mal tun, was er will.

Thea Tücke: Ich meine, unsere Beziehung interessiert mich wirklich nicht so sehr. Ich bin mit einem ganzen Haufen Liebhabern viel glücklicher.

Anna Lyse: Mir ist alles klar geworden. Wenn er multidimensionaler wäre, dann könnte ich alle Facetten meiner Persönlichkeit ausleben. Ich bin nur an Liebesaffären mit anderen Männern interessiert, weil sie meine Bedürfnisse befriedigen, die er nicht befriedigen kann. Er könnte eine Therapie gebrauchen, da er eindeutig nicht mit seinem Ödipuskomplex klar kommt. Andererseits ...

Tilli Tüchtig: Es wäre für mich wohl das Beste, den Weg in die Unabhängigkeit zu gehen und mein Leben in die Hand zu nehmen. Den Morgen beginne ich damit, Tambourin zu spielen. Das wäre um halb acht. Danach dusche ich, frühstücke und gehe ins Studio. Laß mal sehen. Nachmittags beschäftige ich mich zwei Stunden mit der Flöte, dann eine Stunde Aerobic. Ich bin rechtzeitig zum Abendessen um sechs und für die Nachrichten um sieben Uhr zu Hause. Oh ja, mindestens einen Abend in der Woche sollte ich für Vergnügungen einplanen. Ach ja, und die Donnerstage und Sonntage sind für Sex reserviert.

Zita Zukunft: Und dann, wenn ich ausgeglichen und allein bin, dann wird der richtige Mann meinen Weg kreuzen. Der Mann, der zu mir paßt. Ich werde schon seine Aufmerksamkeit erregen.

Panja Panik: Aber was ist, wenn ich ihn nicht treffe? Was ist, wenn ich bei diesem bleiben muß, und der ganze Druck auf mir lastet, es zum Funktionieren zu bringen?

Miranda Miststück: Dann habe ich diesen Kerl am Hals, und er ist einfach entsetzlich. Er ist unordentlich, plump, heimlichtuerisch, geizig, erbärmlich. Überall auf den Tischen und am Kühlschrankgriff verschüttet er Bier, und niemals hebt er etwas auf, wenn es ihm heruntergefallen ist, er ist laut, er ist ein widerlicher Kerl!

Trude Tutmirleid: Oh, warum bin ich nur so eine dumme Kuh? Warum muß ich dauernd konkurrieren? Ich wünschte mir nur, ich hätte nicht die Beziehung analysiert und ihn verurteilt. Und warum lüge ich ständig mich an? Es ist mir fast egal.

Trine Trübsal: Dieses Leben ist es nicht wert, gelebt zu werden. Das Leben mit ihm ist wie eine Achterbahnfahrt. Eine Minute lang ist er oben und ich bin unten; in der nächsten ist er unten und ich oben. Wir sind niemals am gleichen Ort zur gleichen Zeit. Ist das ein Leben? Ich könnte genauso gut allein leben.

Isolde Isolation: Aber ich bin so einsam ...

Außerdem bewegen sich Darsteller von einem Extrem zum anderen – von puritanisch zu hedonistisch, von Überlegenheit zur Minderwertigkeit, vom wahren Gläubigen zum gequälten Zweifler. In der Tat stellt das Ego eine Karikatur von unserem wahren Selbst dar: es präsentiert uns der Welt entweder als zähen Burschen oder gänzlich stumm und sprachlos, zärtlich wie einen jungen Hund oder reserviert wie einen Koyoten, aufdringlich und aggressiv oder zurückhaltend und gleichgültig. Wir werden zwischen unseren Zeichentrickversionen und zwischen diesem Drama und der Wirklichkeit gewaltsam hin- und hergewirbelt. Es verwundert nicht, daß wir uns so häufig unbehaglich fühlen, da wir durch die Verwandlungen unseres Ego unentwegt verkleinert und falsch dargestellt werden.

Unser wirkliches Bedürfnis und unser wirklicher Wunsch ist natürlich nicht, gelenkt zu werden, sondern unser Leben in einer authentischen und echten befriedigenden Weise selbst zu lenken. Nachdem wir die Freiheit unseres Körpers, das Ausdrücken unseres Herzens und die dynamische Stille in unserer Psyche erfahren haben, werden wir nun durch diese Darsteller-Beschäftigung befähigt, die Umrisse und den Inhalt unseres Ego, die fixierten Formen, die unser Unbewußtes annimmt, zu sehen, wobei die Kraft des Ego ausgewaschen und entschärft wird. Wir müssen uns dem ruhenden Punkt in unserem Zentrum widmen, diesem ständigen Zeugen, dem Kern der Aufmerksamkeit und der Absicht, der sich so sehr von den flüchtigen Erscheinungen und den kleinlichen Verwicklungen des Ego unterscheidet. Jeder von uns ist derjenige, der beobachtet, und als Beobachter haben wir letztendlich die Kraft zu entscheiden, wer wir sein wollen.

Die Seele darstellen

Einem Menschen seinen Schatten entgegenhalten heißt, ihm sein Licht zu zeigen.

C. G. Jung[14]

Die Saat, die dem engen Griff des Ego auf unsere Psyche entspringt, schlägt in unserem Unbewußten Wurzeln, in unserer mangelnden Bewußtheit seiner Routinen. Das Erkennen der Wirkungsweise des Ego gibt uns die Möglichkeit zu entscheiden, ob wir seine Darsteller benutzen oder von ihnen benutzt werden wollen. Das Selbst muß die Regie bei dem Spiel unseres Lebens führen. Unser Potential, unsere Vision, unsere Geschichte ist stärker als die Fernsehshows, in denen das Ego uns eine Rolle zuweist. Es ist höchste Zeit, die schauspielerische Dimension unserer Seele aufzurufen, unsere heilige Fähigkeit, wir selber zu sein und uns gleichzeitig zu beobachten.

Die Seele ist ein heiliger Schauspieler*, ein wahres ganzes Selbst in Aktion. Die Herausforderung eines erleuchteten Lebens liegt nicht darin, in klösterlicher Einsamkeit Gleichmut zu erlangen, sondern unser wahres Selbst in der Alltagswelt in Szene zu setzen. Wir müssen im Theater des Alltagslebens Schauspieler werden, uns über unser Handeln bewußt werden. Schauspieler, die in unserem Atmen, unseren Bewegungen, unseren Beziehungen die Hindernisse erkennen, die unsere instinktiven Reaktionen auf das Leben blokkieren. Das Ziel des schamanischen Schauspielers ist, körperlich, emotional und geistig frei und spontan zu sein, um im Hier und Jetzt völlig angemessen und präsent zu handeln. Diese Art von Schauspieler ist Tänzer, Sänger, Dichter in einem, der sich mit Gestik, Stimme und Ideen mühelos in jedem gegenwärtigen Moment, in jeder sich ändernden Szene bewegt.

Unsere Seele darstellen bedeutet, ein neues Selbst zu schaffen, ein Selbst, das sich ständig verändert und dennoch beständig ist, das jede Rolle spielen und jede Position einnehmen kann – mit voller Bewußtheit und Beherrschung. Darin liegt der Unterschied zwischen Seele und Ego. Die Seele spielt das Selbst, wie ein vollendeter Bühnenschauspieler eine Figur darstellt – distanziert und gleichzeitig total betroffen.

Die Ego-Darsteller sind notwendig, um sich durch die täglichen Rituale des Lebens zu bewegen. Wir müssen verschiedenartige Verkleidungen, verschiedenartige Rollen annehmen. Es geht jedoch darum, sich nicht in den Rollen des Ego zu verlieren, sie mit dem Selbst gleichzusetzen, sondern in sie einzutreten und sie fallenzulassen, wenn es notwendig und angemessen ist, oder wenn es lediglich Spaß und Vergnügen bereitet. Der größte Teil der sozialen Interaktion findet auf der Ebene des Ego statt, und wir müssen die eine

---

* Auf diesen Ausdruck stieß ich zuerst bei Jerzy Grotowski *Das arme Theater*.

oder andere Rolle spielen. Um effektiv zu funktionieren, müssen wir das Spiel spielen, aber um nicht unsere Seele zu verlieren, müssen wir es als bloßes Spiel erkennen und uns entscheiden können, wann und wie wir es spielen wollen.

Der heilige Schauspieler erkennt und verwendet Darsteller im Theater des Lebens. Er ist der Verteidiger im Strafprozeß, der Martin Mißhandelt, Hektor Heckenschütze und Stephan Star bewußt einsetzt, um seinen Fall zu gewinnen. Oder der Liebhaber, der sich mit Tanja Tausendundeinenacht einläßt, ohne in ihrer Sentimentalität und Anhänglichkeit zu ertrinken. Oder der Künstler, der Rita Richter befragt, um seine Arbeit zwar einzuschätzen, aber nicht, um sie zu zerreißen. Ich bin es, die Peter Plan in Anspruch nimmt zur Einplanung meiner Workshops, solange ich ihn nicht mitnehme. Mit Distanz und Übung wirst du die angemessenen Zeiten und Plätze finden, um deinen Ego-Darstellern die Bühne für eine Stunde zu überlassen.

Wenn du richtig in diese Darsteller-Arbeit einsteigst, wirst du anfangen, deine Seele zu sehen. Es ist der Teil von dir, der sich seinen Weg durch dieses Buch getanzt, gesungen und geschrieben hat und dann in diesem Kapitel zu voller Blüte gelangt ist.

Als heiliger Schauspieler brauchst du Inspiration. Es ist ein heilender Vorgang, ein Kräftesammeln, ein Vereinen der Energie zu einer dynamischen Harmonie. Es ist nicht einfach, den Vorgang der normalen Konditionierung umzudrehen und deine Seele freizulassen, um dein Ego zu lenken. Es erfordert einen Krieger. Wie Carlos Castaneda in *Das Feuer von innen* beschreibt, ist »der Krieger (...) selbstbezogen, aber nicht auf eigensüchtige Weise, sondern im Sinn einer umfassenden, dauernden Selbstprüfung.«[15] Ein Krieger ist dem spirituellen Weg verpflichtet, dem Weg, der von großartigen Mythen und religiösen Traditionen gezeichnet worden ist, die Landkarte zum ruhenden Punkt, der die Achse aller authentischer Bewegung ist.

Das Ego reagiert. Die Seele antwortet. Die Seele antwortet in Unschuld, Liebe, Heiterkeit, Demut, Wahrheit, Mut, innerer Freiheit, Gleichmut, Nüchternheit und Integrität. Unsere authentischen Rollen im Leben sind nicht die kleinen Auftritte in den Melodramen des Ego, sondern die Archetypen der Seele: unsere essentielle, uns mit Lebenskraft erfüllende Berufung ist, Tänzer, Sänger, Dichter, Schauspieler und Heiler zu sein. Die Seele stellt diese Fähigkeiten im schöpferischen Wechselspiel mit uns selbst, mit anderen und der Welt dar. Und sie bereitet den Weg zu einem Leben, das im Geist verankert ist.

Fünftes Kapitel

Dem Geist eine konkrete Gestalt verleihen Die Kraft des Heilens

Schamanismus = Technik der Ekstase

Mircea Eliade [16]

Die fünfte schamanische Aufgabe besteht darin, dem Geist eine konkrete Gestalt zu verleihen, um die Kraft des Heilens zu erfahren. Das Selbst und all das, was mit ihm zusammenhängt, nämlich Körper, Herz, Psyche, Seele und Geist heilen, ganz machen.

In dem Maße, in dem unser Geist schlummert und sich überlassen bleibt, in uns als reines Potential vergraben, funktionieren wir auf der Ebene der Trägheit; wenn unser Geist uns über den Rand hinaus erfüllt, befinden wir uns in Ekstase. Den Geist befreien heißt, in der Lage zu sein, sich von der Trägheit zur Inspiration über die Schritte der Imitation, Intuition und Imagination zu bewegen. Der Weg des Tanzes ist im Grunde eine fortwährende, immer wieder neue Reise von der Trägheit zur Ekstase. Und so wie unser Leben immer mehr vom Geist erfüllt wird, erreichen wir die Stufe der Ekstase immer schneller. Die Ekstase wird unser natürlicher Seinszustand: pulsierend, aufmerksam, innerlich still, äußerlich flexibel, glücklich jenseits allen Glücks. So wie die Lebensphasen unsere äußere Reise von der Geburt bis zum Tod kartographisch erfassen, so zeichnen die geistigen Schichten den Weg unserer inneren Reise vom Tod zur Wiedergeburt, von der schlafwandlerischen Existenz zum totalen Wachsein auf.

Unser Körper, unser Herz und unsere Psyche, für sich allein oder als Seele vereinigt, kennzeichnen unsere Einzigartigkeit gegenüber allen anderen Lebewesen. Unser Geist jedoch ist jene Dimension in uns, die uns mit dem Ganzen verbindet. Unser Geist ist unser Anteil an der Energie, die ›die Sonne und die anderen Sterne bewegt‹, die alles mit Bewegung und Kraft auflädt. Wie Gary Zukav in *Die tanzenden Wu-Li-Meister*, Fritjof Capra in *Das Tao der Physik* und verschiedene andere Wissenschaftler aufgezeigt haben, ist alles im Universum bis hin zum ›unbelebtesten‹ Objekt in seinem Kern mit Bewegung und Raum erfüllt.

Die Weltanschauungen der modernen Physik, Chemie und Astronomie finden immer tiefere Entsprechungen in jenen Traditionen wie dem Buddhismus und tatsächlich im esoterischen Kern aller großen Traditionen. Je tiefer wir in die Materie der Schöpfung vorstoßen, um so mehr berühren wir das Geheimnis der Nichtmaterie, der ungeschaffenen Energie, der Unendlichkeit. Mit einem Wort: Geist. Die chassidischen Meister lehrten, daß der Funke der Unendlichkeit, der uns allen Energie verleiht, aus der gleichen elementaren Quelle herrührt. Wir brauchen uns jetzt keinen theistischen Interpretationen hinzugeben, aber man kann sich diese Quelle gut als eine universale Energie vorstellen, an der alles in einem gewissen Maße teilhat. Den Geist befreien bedeutet also, aus diesem Funken der Unendlichkeit ein verzehrendes Feuer zu entfachen, das Elementare in das Jetzt zu kanalisieren, der Unendlichkeit in unserem endlichen Leben eine konkrete Gestalt zu verleihen. Aus diesem Blickwinkel betrachtet ergeben alle ekstatischen Äußerungen der Mystiker plötzlich einen Sinn.

Der Trappistenmönch Thomas Merton verliebte sich in seinem viel zu kurzen Leben heiß und innig in eine Frau, die ihn versorgte, als er im Krankenhaus lag. Diese Liebe sprengte alle mönchischen Konventionen, aber Merton war daraufhin offen für Erfahrungen, Politik, Gedanken, Liebe jenseits aller konventionellen Grenzen. Dennoch hatte er mit sich einen heftigen Kampf zwischen seinen Glaubensgelübden und seinen hochfliegenden Sehnsüchten auszufechten. Als er einen ehemaligen Novizen um Rat bat, antwortete der Mann, der nach Nicaragua zurückgekehrt war und dort ein politisch aktiver Priester und berühmter Dichter wurde: »Folge der Ekstase.«

Die Herausforderung liegt nämlich im Herausfinden, wo echte Ekstase ist und wie man ihr folgt. Denn offensichtlich ist die Ekstase nicht bloße Betörung, ein Kitzel, ein vorübergehendes ›High‹, das durch Drogen, flüchtige Erlebnisse etc. erreicht wird. Solche Dinge sind lediglich Andeutungen, wenn nicht Imitationen der Ekstase. Ekstase bedeutet vielmehr voll und ganz lebendig zu sein.

Der Weg zur Ekstase führt nach oben durch die fünf Schichten des Bewußtseins: die fünf Ebenen, durch die Energie am natürlichsten fließt, von der reinen körperlichen Existenz zum höchsten spirituellen Potential. Die Schichten eröffnen einen enthüllenden Standpunkt, von dem aus wir unser Selbst, unsere Beziehungen, unsere persönliche Geschichte, die Organisationen, mit denen wir zu tun haben, das Auf und Ab unseres täglichen Lebens usw. betrachten können.

Die erste Schicht ist die *Trägheit*, die Schicht der Unbeweglichkeit und des völligen ›Unbewußten‹. Viele Menschen ›leben‹ und sterben und auf ihrem Weg halten sie ihre ganze Energie fest, bringen niemals etwas in Bewegung, erforschen niemals sich und ihr Potential. Es ist der ängstliche, passive, vegetierende Zustand des ewigen Mauerblümchens, des Opfers, des Rädchens im Getriebe.

Jedoch gibt es einen Weg aus diesem statischen Zustand. Früher oder später erregt eine Lebensart, eine Person unsere Aufmerksamkeit und stellt für uns eine reichere, wünschenswertere Möglichkeit dar, und wir gelangen zur Ebene der *Imitation*. Wir treten einem religiösen Orden bei, studieren das Recht, lernen Tanzen, folgen einem Guru, richten uns nach einem Mentor. Indem wir eine andere Person imitieren, einer äußeren Form folgen, werden wir aus der Trägheit in eine belebende Bewegung übergeführt.

Aber die Imitation weist offensichtlich ihre Unzulänglichkeiten auf. Wir können unser volles, wahres Selbst nicht ausdrücken, wenn wir einfach einer anderen Person oder einem Bündel äußerlicher Richtlinien und Ideale folgen. Wenn die Beschränkungen und Abgedroschenheit der Imitation unser Bedürfnis nach unserer eigenen Stimme, unserem eigenen Stil, unserem eigenen Weg einzuschnüren beginnen, dann müssen wir den Sprung in die *Intuition* wagen – uns jenseits der sicheren Muster aus der Kindheit, als wir uns von anderen leiten ließen, trauen und unseren eigenen Weg in das Chaos persönlicher Kreativität vorfühlen.

Die Intuition, wenn sie wirklich Früchte tragen soll, muß schließlich aus dem Chaos der kreativen Anarchie in eine geordnete Kreativität übergehen, die Northrop Frye als ›die anerzogene Imagination‹ bezeichnet. Die nächste Schicht des Bewußtseins, die imaginäre Kreativität, führt uns der expressiven Form zu, aber nun ist es unsere eigene, sich unterscheidende, einzigartige Form. Die *Imagination* verbindet unsere körperlichen, emotionalen und geistigen Energien zu einer dynamischen Harmonie, die eine spontane und angemessene Ausdruckskraft ermöglicht. Imaginatives Leben bedeutet in jeder sich ergebenden Situation kreativ und ohne verhaftet zu sein zu handeln. Es geschieht auf der Ebene der Imagination, daß wir das Leben als Theater und unsere Persönlichkeit, beziehungsweise unser Ego, lediglich als eine Gruppe von Figuren, die wir darstellen, verstehen. Und über diese Figuren führen wir bewußt Regie, so wie wir uns in Freiheit auf die vielfältigen Szenen des Lebens einlassen.

Hinter der Imagination liegt die Ebene der *Inspiration*, auf der wir unsere bewußte Bemühung transzendieren und anfangen, mit spontaner Kreativität aus unserem spirituellen Zentrum heraus zu wirken. Wir leben auf einer inspirierten, ekstatischen Ebene – unsere Bewegung, unser Gesang, unser Schreiben, unser Schauspielern – unser ganzes Training und unsere Entdeckungen kommen mühelos und ungehemmt zum Tragen.

Natürlich können diese fünf Bewußtseinsschichten am besten in künstlerischer Ausdrucksweise betrachtet werden. Stell dir beispielsweise die Entwicklungsstufen eines Geigenvirtuosen vor. Er fängt (gewöhnlich als Kind) lediglich mit seinem Potential bei Null an – seine Hände, sein Herz und seine Psyche sind völlig unfähig, auf einem Instrument zu musizieren. Dann hört er vielleicht einen phantastischen Geiger spielen und ist zum Lernen angespornt. Er findet einen Lehrer, hört großartigen Geigern zu, und nach einer langen Zeit schließlich hat er das klassische Repertoire mit Klangtreue und Präzision zu spielen gelernt. Nun versucht er seinen eigenen Stil, *seinen* einzigartigen Ausdruck zu finden; er mag wohl mit seinem Lehrer brechen, konventionelle Interpretationen verletzen, gegen die Regeln verstoßen oder eher stetig und allmählich seinen eigenen musikalischen Ausdruck entwickeln. Und wenn er diese intuitiven Erforschungen mit den gültigen Anforderungen musikalischer Partituren, der Zusammenarbeit mit Orchestern usw. vereint hat, dann ist er in der Lage, seine eigenen einzigartigen imaginativen Beiträge zu unserem musikalischen Erleben zu leisten. Wenn er gesegnet ist, dann werden immer häufiger Gelegenheiten eintreten, in denen das gesamte kreative Schaffensvorhaben in den Hintergrund tritt – Technik, Partituren, Dirigent, Studio, Zuhörer – und das Spielen das ein und alles wird.

Aber die Reise von der Trägheit zur Ekstase ist nicht nur etwas für künstlerische Genies. Es ist das natürliche Geburtsrecht jedes einzelnen von uns. Tatsächlich hast du bereits mit diesem Buch den Weg des Tanzes von der Trägheit zur Ekstase betreten. Auf der Straße zu deinem vollen, wahren Selbst sind die Rhythmen deine Werkzeuge, die innersten Gefühle deine Verbündeten, die Lebensphasen dein Fahrzeug, die Sexualstufen deine Triebkraft, und die Darstellerarbeit deine Rollen und Drehbücher.

Trägheit

Die erste Bewußtseinsschicht ist also die Trägheit. Es ist die Ebene der Unbeweglichkeit; es ist eine Ebene, in der deine Energie, ob nun auf dem Tanzboden oder in deiner Psyche, einfach blockiert ist.

Jeder kennt die Trägheit. Es ist der benommene, kaum bewußte Zustand, wenn du morgens wach wirst. Oder wenn du aus dem Urlaub zur Arbeit zurückkehrst. Oder wenn du einen Moment lang über etwas unsicher bist. Es ist der Zustand verzweifelten Nichtstuns, wenn du zutiefst enttäuscht wurdest oder der Zustand abgestumpfter Erstarrung des Eingesperrtseins in die tagtäglich gleichen Schablonen. Die betäubende Passivität des Fernsehens. Die versteinernde Unbeweglichkeit des Drogen- und Alkoholkonsums. Die moralische oder intellektuelle Faulheit, nur gerade durchkommen zu wollen.

Die einzige Frage ist, ob du dich entscheidest, in der Trägheit zu leben oder durch sie im Fluß deines Lebens – von einem Tag zum nächsten, von einem Jahr zum nächsten, von einer Lebensphase zur nächsten – hindurchzugehen. Die Trägheit ist verführerisch. Sie hat die Eigenschaften der Ekstase, die wir suchen und im Mutterleib erfahren haben. Sie ist natürlich, mühelos, entgegenkommend. Aber wir wurden geschaffen, um uns zu bewegen, um zu werden, zu wachsen, uns zu verändern, zu schaffen, und das wahre Paradies der Ekstase liegt nicht im Nichtstun, sondern im Tun, das uns dermaßen in Anspruch nimmt und fesselt, daß es überhaupt nicht nach Arbeit aussieht. Nur allzu schnell fordert die falsche Ekstase des trägen Herumliegens, des Frönens und der Passivität in den selbstzerstörerischen Wirkungen implodierter Energie ihren Tribut.

Jeder, der Laufen, Aerobic oder andere Sportarten betreibt, kennt die Erfahrung des Ausbrechens aus der Trägheit. Es findet sich immer ein Grund, nicht zu laufen, nicht zu trainieren. Und selbst wenn du dich überwindest, ist es anfangs beschwerlich, unbehaglich, nicht lohnenswert, eine grundlose Selbstbestrafung. Du vermutest, schon immer richtig gelegen zu haben, daß all diese Jogger und herumhopsenden Leute lediglich geltungsbedürftige Masochisten sind. Aber im Laufe der Zeit wird das Training als immer natürlicher empfunden, wofür der Körper eben auch geschaffen wurde. Schließlich wirst du immer ausdrucksvoller und kreativer bei der Erforschung deines körperlichen Potentials und erlebst immer längere Zeiträume der reinen körperlichen Freude, wenn das Laufen, beziehungsweise das Training, nicht länger eine bewußte Anstrengung ist, sondern eine völlig natürliche dynamische Form des Seins, wie ein Hirsch oder ein Gepard, der täglich meilenweite Strecken mit Anmut und Elan zurücklegt.

Als vorübergehender Widerstand gegen die Anforderungen des Lebens ist die Trägheit einfach ein Ausgangspunkt. So wie du ihre Herrschaft über dich erkennst, kannst du sie mit Bewegung konfrontieren und dein Sein mit der Energie des Wandels beleben. Du kannst den Tänzer in dir aufrufen, den Teil von dir, der instinktiv weiß, wie der volle Umfang der Körperrhythmen zu erforschen ist. Für den Körper ist Bewegung natürlich, und der einfachste Weg, aus der Trägheit herauszukommen, ist, anzufangen ihn zu bewegen.

Streck dich, beuge dich, schlurfe, dreh dich, mit oder ohne Musik, allein oder mit anderen. Laß dich einfach auf die fließenden Bewegungen ein, durch die der Körper allmählich zu den anderen Rhythmen verleitet wird. Tanzen kannst du überall, und es ist ein schnell verfügbarer Katalysator, um deine Energie in Bewegung zu setzen.

Wenn du in der Trägheit – Gurdjieff bezeichnete diesen Zustand als ›Schlaf im Wachzustand‹ – als deiner grundlegenden Energiestufe lebst, so wie es bei den meisten von uns der Fall ist, dann besteht deine Wirklichkeit aus einer Struktur unantastbarer Überzeugungen und eingefrorener Haltungen, die ein Bollwerk gegen den Wandel darstellen. Bewegung und Wandel werden als schmerzhaft und zerrüttend gefürchtet. Der Status quo scheint einen sicheren Hafen zu gewährleisten. In Wirklichkeit jedoch bist du ein Mauerblümchen im Tanz des Lebens, verweigerst jede Aufforderung zur Bewegung, aus Angst vor dem Unbekannten oder davor, einen Narren aus dir zu machen; du gibst dir keine Mühe. Aber dieses Zurückhalten – dieses allumfassende verkrampfte Festklammern, insbesondere deines Körpers, der zum Verwahrungsort deiner unterdrückten Gefühle, Gedanken und Handlungen wird – verbraucht all deine körperliche, emotionale und geistige Energie. Und für diese Art der Energieverwendung gibt es keinen anderen Grund als die gleichbleibenden alten Muster und einen beeinträchtigten Körper und Geist. Weil du dich nicht wagst, das Leben ein- und wieder auszuatmen, lebst du mit einer äußerst eingeschränkten Energiezufuhr.

Im Grunde ist die Trägheit die Stufe des unbewußten Seins, die Heimat des Opfers, der Ort, an dem du zufällig auf das Leben stößt und dir deiner Verantwortung nicht bewußt bist, deine eigene Realität zu kreieren. Die Stufe der schwangeren Frau, die selbstvergessen eine Zigarette nach der anderen raucht, des betont männlichen Arbeiters, der sich jeden Abend mit ein paar Flaschen Bier betäubt, des dynamischen Managers, der mit seiner Arbeit verheiratet ist und alles und jeden, einschließlich sich selbst, nach Firmenmaßstäben beurteilt, oder des Schauspielers, der ohne Drehbuch nichts zu sagen hat.

In der Trägheit wollen wir unser Leben und unsere Freunde im stabilen, voraussehbaren, gleichartigen Zustand halten. Es ist soviel einfacher, alles unter Kontrolle zu haben, wenn sich die Dinge um uns nicht verändern. Jahrelang bleiben wir unglücklich verheiratet, gehen einer leidigen Beschäftigung nach oder verharren in einer anderen unerträglichen Situation, um ja nicht das Ungewisse, das Abenteuer, den Schmerz des Herauswagens zu riskieren. In der Tat ist unser ganzes ›Abenteuer‹ geplant und vorgepackt, fade und letztendlich unbefriedigend – wir glauben dem Reklametrick von Kreuzfahrten, Autos, Bier, Filmen, um unseren frustrierten Wunsch nach dem wahren Neuen und dem authentischen Erleben zu sättigen.

Häufig wenden wir uns um und beobachten sogar unsere Kinder, wie sie sich in Schablonen und Perspektiven einsperren, die sie ersticken, ihr Wachstum und ihre Spontaneität abwürgen, und den Funken auslöschen, den wir in ihnen brennen gesehen haben, als sie in die Welt eintraten. Es schmerzt, sie im Teufelskreis des Betruges, der Verstimmung, der Isolation gefangen zu beobachten. Oder im Teufelskreis der Schmeichelei, der Melancholie und des Eigendünkels. Wir kennen die Tänze nur zu gut. Wir lehrten sie die Schritte. Wir bestärken diese Muster, anstatt das Leiden unserer Kinder anzuerkennen und sie so zu führen, daß sie den Herausforderungen gegenübertreten können, die ihr Wachstum nähren. Weil wir nicht kühn und keine Krieger sind, befähigen und stärken wir unsere Kinder nicht – zu ihrem lebenslangen Schaden. Wenn wir ihre Schwäche, ihre Feigheit und ihre Zugeständnisse sehen, beobachten wir eigentlich unsere eigenen Teile beim Sterben, die Teile, die jung, frisch und vielversprechend sind.

Horch auf die Stimmen der Trägheit: Bring nichts ins Wanken. Du machst einen großen Fehler. Handle nicht impulsiv. Du mußt vorher einen Plan machen. Sei vorsichtig. Sei vorbereitet. Aber denk an deine Familie. Denk an deine Freunde. Aber wenn du das tust ... Brich nicht die Brücken hinter dir ab. Du wirst es bedauern. Es wird dir leid tun.

Imitation

Die Imitation ist zwar nur ein schwaches Loblied, ein zaghaftes Unterfangen, aber sie ist der erste wichtige Schritt, um der Herrschaft der Trägheit zu entgehen. Es ist die Stufe der psychischen Entwicklung, in der du mehr aus deinem Leben machen willst und deinem Wachstum Aufmerksamkeit schenkst. Selbst wenn du nur die Schritte einer anderen Person bewunderst, von einem Buch, einem Vortrag, einem Film angeregt wurdest oder Sehnsucht nach etwas nur andeutungsweise Vorhandenem verspürst, dieses Ausstrecken bringt dich auf die Straße der Erforschung, den Weg des Abenteuers. Du läßt etwas geschehen, du beginnst die Richtung des Lebens einzuschlagen. Das Pantoffelkino-Leben des Konventionellen, des Erwarteten, des Mühelosen ist jetzt Geschichte. Du bist auf deinem Weg.

Die Form kann eine körperliche oder geistige, Aerobic oder Philosophie sein. Es kann eine heilende oder eine vergnügliche Form, Therapie oder Tanzen sein. Sie kann autoritär oder demokratisch, die Armee oder ein Sportklub sein. Sie kann starr oder locker sein, Ballett oder Joggen. Sie kann individuell oder kollektiv sein, Yoga oder Zen. Sie kann künstlerisch, religiös, erzieherisch oder politisch sein. Du kannst in einer Form bleiben oder viele durchlaufen. Du kannst mit einem Alligator am Hemd, mit einer Feder im Haar oder einem kahlgeschorenen Kopf enden. Es spielt keine Rolle. Alle Formen sind zweckmäßig. Sie dienen als

Sprungbretter zur Substanz, eine Möglichkeit, die Hingabe zu lernen. Die Imitation ist ein wichtiger Abschnitt auf deinem Weg, ein Weg des Lernens, ein Katalysator zum Wandel. Sie führt dich aus der Trägheit, indem sie ein genaues Bild vermittelt, was von dir erwartet wird und den genauen Weg aufzeigt, um diese Erwartung zu verwirklichen. Ob du nun ein Sannyasin bist, ein angehender Eiskunstläufer, ein zukünftiger Farmer oder ein betagter Seminarteilnehmer, das Folgen eines Lehrers durch eine bewährte Reihe von Schritten bewegt dich in die Richtung zur geistigen Befreiung.

Von Wichtigkeit jedoch ist, nicht in der Imitation steckenzubleiben, nicht zu glauben, daß das Ziel spirituellen Wachstums darin liegt, den durchgetretenen Pfad einzuschlagen und die Regeln zu befolgen. Oft erfordert das angestrebte spirituelle Ideal absolutes Befolgen der Regeln, totale Hingabe an den Meister, völliges Eintauchen in eine Lebensart. Aber die Imitation ist nur die Kindheitsstufe des spirituellen Wachstums, der erste Schritt aus der Trägheit. So wie du in der Kindheit gelernt hast, dich außerhalb von dir mit einer anderen Person in Beziehung zu setzen, gehst du auf der Stufe der Imitation aus dir und deinem Nichtstun heraus, um Lehrer und neue Wege in Anspruch zu nehmen, die dein Potential wecken und in bestimmte Bahnen lenken.

Die spirituellen Wege sind nicht alle gleich. Die umfassendsten sind jene, die dein ganzes Selbst und nicht nur einen Teil oder eine Dimension von dir einbeziehen und einen Kontext für dein Wachstum und nicht einfach ein Bild von ihm zur Verfügung stellen. Zudem sind nicht alle Wege für alle anwendbar und hilfreich. Das Vermeiden von Fleisch ist eine echte spirituelle Praktik, aber was machst du als Eskimo, der zum Überleben auf Fleisch angewiesen ist? Einige Wege enthalten die Vitalität einer lebendigen, nährenden und unerschöpflichen Quelle, andere sind mit dem Ego, der Vision und dem Charisma ihrer Urheber verknüpft; andere wiederum sind zu ausgedörrten Schalen geworden, von zaghaften, schwächlichen Anhängern gehütet, die aus den frischen, anregenden Lehren des Begründers ein luftdicht verschlossenes System gemacht haben und nicht wagen und oft auch nicht in der Lage sind, die Lehre zu neuem Leben zu erwecken. Für welchen Weg du dich auch entscheidest, er kann nur ein Abschnitt auf deinem Weg des Tanzes werden, wenn du dich nicht mit ihm als dem letztendlichen Ausdruck deiner spirituellen Entwicklung identifizierst.

Das völlige Identifizieren mit einem bestimmten Weg bedeutet keine spirituelle Freiheit, sondern Gefangenschaft. Du kannst über dieses Gefängnis nicht hinaus sehen. Du machst aus dem Lehrer einen Gott, aus der Lehre die absolute Wahrheit und wirst schließlich unfähig sein, den Wert und die Bedeutung anderer Dinge zu erkennen. Es wird, wie Doris Lessing es ausdrückt, »ein Gefängnis, das wir zum Leben auserwählt haben«.[17] Und so viele von uns enden damit, daß sie einfach von einem Gefängnis ins andere überwechseln – wobei jedes wiederum unerträglich wird – ohne zu bemerken, daß wir uns selbst einsperren in der Überzeugung, daß der jeweilige Weg absolut ist. Ein bestimmtes System kann deine Persona übernehmen: du beginnst dich zu kleiden, zu sprechen und zu handeln wie sein charismatischer Führer; du ißt, trinkst und schläfst in diesem System. Anstatt ein Weg zu sein, der irgendwohin führt, wird er das Ende. Anstatt dein einzigartiges Leben zu bereichern, wird er zu einem Lebensweg, dem du dein einzigartiges Selbst unterordnest.

Es ist so einfach, zur Form zu werden, anstatt sie zu benutzen. Wenn dich jemand fragt, wer du bist, und du antwortest: »Ich bin Herausgeber«, »Ich bin Rechtsanwalt«, »Ich bin Läufer«, »Ich bin Fotograf«, dann hast du dein Selbst, dein Sein auf eine gewisse Rolle, eine bestimmte Tätigkeit zweckmäßig eingeschränkt. Indem du sagst: »Ich bin ein Anhänger der Scientology« oder »Ich bin Sannyasin« oder »Ich bin Katholik« oder »Ich bin Vegetarier«, schränkst du dein Potential auf eine begrenzte, wenn auch gültige Perspektive ein.

Auf dem Weg des Tanzes existiert die Ebene der Imitation, um den Wandel zu beschleunigen. Die Imitation führt uns aus der Trägheit. Indem wir zuerst den Schritten einer anderen Person folgen, werden wir aus der Stagnation durch eine Vision, eine Möglichkeit ein Ideal, das unsere tieferen Bestrebungen anspricht, geschmeichelt, gestoßen oder verführt. Die Gefahr liegt darin, daß der Weg – Recht, Yoga, Tanz, Religion usw. – selbst zu einer Art institutionalisierter Trägheit wird, in der du in die Falle gerätst. Du siehst dann vielleicht das System als eines an, das alle Antworten bereithält, all deine Bedürfnisse befriedigt, jede Bedeutung und jeden Wert in deinem Leben definiert oder ein für alle Mal festlegt, wer du bist. Aber jeder Weg, der dich nicht auf der Schneide hält, der dich nicht in Bewegung und im Wachstum und im Wandel hält, ist kein echter Weg, sondern eine Falle. Deine Freiheit aus der Trägheit wird kurzlebig, und dein Wachstum stirbt einen frühen Tod, selbst wenn es den Anschein hat, daß du ein höchst engagiertes Leben führst.

Die Sicherheit ist der heilige Gral des Ego. Ein als Katalysator angelegter Weg des Wachstums kann leicht zum Deckmäntelchen der Trägheit werden. Die idealistische Novizin, eifrig bemüht, sich einer lohnenden Sache und geistigen Entfaltung zu widmen, versinkt in den Rollen der allerstrengsten Befolgerin der Regeln und der kleinen Helferin der Oberin; der enthusiastische Jünger wird zum Klon des Meisters ohne Stil, ohne Ideen und ohne eigene Identität; die angehende Ballerina lernt alle Bewegungen und wie man auszusehen hat und den ästhetischen Anforderungen der herrischen Lehrerin zu entsprechen; der zu Felde ziehende Jurastudent kriecht vor der zynischen Weisheit der Älteren und gewinnt über das Rechtssystem und seine Belohnungen für diejenigen, die das Spiel richtig spielen, eine ›realistische‹ Auffassung. Wenn dein Selbstgefühl nicht stark ausgeprägt ist, kannst du diesen Mangel unbewußt verdecken, indem du dich völlig auf eine Methode oder eine Organisation beziehst.

Wenn du nicht weißt, wie du dich zur Gesellschaft und zum Universum in Beziehung setzen sollst – wenn du deinen Platz nicht finden kannst –, dann kann dir ein System, eine Gruppe oder ein Beruf eine definitive Antwort von der Stange geben.

Organisationen sind eifrig bemüht, unsere Identität, unsere Rolle, unseren Platz im Gesamtschema zu definieren. Aber die psychischen Wunden der nicht entwickelten Instinkte können nicht durch das Eintauchen in Systeme geheilt werden, die dich vor der Konfrontation mit ihnen schützen.

Wenn sich die Stimme meiner Befangenheit einschaltet, die fragt: »Mache ich das richtig? Sehen sie mich an? Warum sehen sie mich an? Sie lachen mich bestimmt aus. Alle wissen es. Wissen was? Wissen, daß ich nicht weiß. Ich komme mir wie ein Trottel vor. Ist meine Frisur in Ordnung? Wie soll ich zu dieser Musik tanzen?«, dann weiß ich, daß ich mich auf der Imitationsebene befinde.

Oder ich denke, daß mich jemand kopiert. Meinen Stil kopiert. Daß jemand meinen Gesichtsausdruck auf sein Gesicht überträgt. Meine Ideen übernimmt. Sich meine Rhythmen zu eigen macht. Sich in meine Worte hüllt. Ich mache mir eigentlich Gedanken darüber, weil ich es selber getan habe.

Als ich mit dem Arica-Unterricht aufhörte, um wieder meinem eigenen Weg zu folgen, hielt ich kurz darauf meinen ersten großen Workshop in Texas. Ich war von Oscar Ichazo und dem Arica-Training so tiefgreifend beeinflußt, daß ich mich ständig sagen hörte: »Und Oscar hat gesagt ...« oder »Der Arica-Ansatz besteht darin ...« Am ersten Tag lief es nicht besonders gut, und der Mann, der mich zu diesem Workshop eingeladen hatte, nahm mich zur Seite und sagte: »Hör mal zu, ich habe dich hier nicht eingeladen, um etwas über die Lehren anderer Leute zu erfahren. Wir wollen hören, was *du* zu lehren hast.« Ironischerweise war ich gezwungen, frei zu werden, um meinen eigenen Weg zu lehren, und die restliche Zeit in den Workshops war zwangsläufig voller Spontaneität und Improvisation und verlief wundervoll. Das war der kritische Ruck, mit dem ich aus der Imitation im Bereich des Unterrichtens herauskatapultiert wurde.

Seitdem mußte ich das, was ich von meinen Lehrern gelernt hatte, in meine Arbeit eingliedern, und einen frischen eigenen Ansatz schaffen, den ich mit völliger Integrität und Authentizität anwenden konnte.

Bhagwan Shree Rajneesh erzählte in einem seiner frühen Vorträge folgende Geschichte:

Gurdjieff pflegte zu sagen, daß du kein Mensch werden kannst, wenn du nicht aufhörst, ein Affe zu sein, und er hatte recht. Jemand fragte ihn: Was ist denn das deutlichste Merkmal eines Affen? Er antwortete: Kopieren, Imitation. Du imitierst, du siehst dich einfach um und du folgst; im Folgen wirst du falsch. Du siehst jemanden auf eine bestimmte Art laufen, du versuchst, auf diese Art zu laufen; jemand trägt einen bestimmten Anzug, du willst diesen Anzug haben. Du achtest niemals auf dein Bedürfnis. Und wenn du auf deine Bedürfnisse achtest, kann das Leben eine glückselige Existenz werden, weil es nicht viele Bedürfnisse gibt. Imitation wird dich auf einen Weg führen, der niemals das Ende erreicht. Wie kannst du dich entfalten, wenn du imitierst? Du siehst einen Musiker und willst Musiker werden; du siehst einen Schauspieler und willst Schauspieler werden. Du willst alles sein außer du selbst, und das ist alles, was du sein kannst, sonst nichts.

Intuition

How does it feel
How does it feel
To be on your own
With no direction home
Like a complete unknown
Like a rolling stone?

Bob Dylan [18]

Die Imitation ist bestenfalls ein eingeschränkter Mechanismus zur Selbstentfaltung, da von anderen festgelegte Muster nicht auf dich zugeschnitten sind, und du dich bewegen und verändern mußt, um zu wachsen. Institutionalisierte Wege haben Regeln, Traditionen und Vorgehensweisen mit der Tendenz, gleichbleibend zu sein und dem Wandel zu widerstehen. Und dann tritt unausweichlich der Zeitpunkt ein, da du auf der Stufe der Imitation soviel wie möglich genommen hast und dich nun weiterbewegen mußt. Es gibt verschiedene Möglichkeiten. Du kannst auf dem eingeschlagenen Weg bleiben, ihn jedoch zu deinem eigenen machen und formen, so daß er sich in die Dynamik deines Lebens einfügt. (Thomas Merton blieb für die letzten fünfundzwanzig Jahre seines Lebens Trappistenmönch, aber seine Schriften und Aktivitäten in jener Zeit zeigen ein immenses Ausmaß an Veränderung und Wachstum.) Du kannst auch den Weg verlassen und einen anderen einschlagen und diesen neuen Weg zu deinem eigenen machen. Oder du kannst desillusioniert zugeben, daß du dich nur im Schatten eines anderen bewegen kannst. An einem Punkt tief in unserem Inneren erkennen wir alle, daß wir nicht das geworden sind, was wir wirklich sein wollen, und beginnen uns danach zu sehnen, was wir nicht haben – eine verwurzelte Verbindung mit einem ursprünglichen, schöpferischen Selbst.

In dieser Sehnsucht nach mehr, in diesem Erschließen unserer vitalen Triebkraft zur Ganzheit hin wird die Seele aktiviert und der schamanische Krieger geboren. Aufgrund von Desillusion – im wortwörtlichen Sinne die Zerstreuung der Illusion – überwinden wir uns zum Weg des Geistes. Du setzt deine Reise vielleicht allein fort, inspiriert von den Führern, die du in der Vergangenheit hattest, und den neuen, denen du auf deinem Weg sicherlich begegnest oder du gerätst vielleicht in die Gesellschaft eines Lehrers, der dich in Bewegung hält ohne die Isolation und die Einschränkungen einer starren Methode.

In dieser Desillusion bist du bereit loszulassen. So wie du dich der Ernüchterung hingibst, löst sich die luftdicht verschlossene Welt, die ›die Wahrheit‹ enthielt oder ›der Weg‹ war und definitiv die Frage ›Wer bin ich?‹ beantwortete, wie eine kindliche Phantasievorstellung auf. Die Erfahrung ist niederschmetternd und gleichzeitig erregend. Deine Welt, deine Wirklichkeit, dein Selbstbildnis, deine Identität löst sich um dich herum auf, und dennoch eröffnet sich eine völlig neue Welt der Möglichkeiten. Du wanderst im Dunkeln, und es ist gleichzeitig beängstigend und belebend, einschüchternd und herrlich. Du erhaschst einen Blick auf die Möglichkeiten, die du bei der Imitation einer anderen Person zurückgehalten oder abgelehnt hast. Du erkennst, daß du dich selbst in ein Prokrustesbett (Schema, in das jemand hineingezwängt wird, Anm.) gelegt hast und jetzt aus ihm herausgewachsen bist oder es dir einfach wünschst. Plötzlich wollen all diese verdrängten Gefühle, Gedanken und Gesten ausbrechen und tanzen. Du befindest dich im gefährlichen Übergang vom Unbewußten und von der Befangenheit, dem Reich der Persönlichkeit zum Gebiet der Seele und des Geistes. Wie Odysseus bist du gefährdet, in einen Strudel des Chaos getrieben zu werden und niemals deinen Weg nach Hause zu deinem wahren Selbst zu finden. Die Gefahr des Entzweifallens ist real. Ich kenne ehemalige Jesuiten, die den Rest ihres Lebens enttäuscht verbringen, weil nichts so total, so sicher, so lohnenswert, so allumfassend und bewundernswert wie das Jesuitenleben ist, an das sie nicht mehr glauben und mit dem sie nicht mehr zufrieden sein konnten.

Aber bei jeder einzelnen schamanischen Aufgabe stößt man an einen Punkt, an dem etwas zu Bruch geht. Bei den Rhythmen weicht das Stakkato dem Chaos – einem Zerstören der Form. Bei den Gefühlen lassen wir im Traurigsein zu, daß unser Verhaftetsein zerstört wird. Die Lebensphasen der Adoleszenz und der Pubertät haben das Zerstören der Bindungen zu unseren Eltern und unserer Erziehung und das Durchbrechen der Grenzen der sicheren Welt der Kindheit zum Inhalt. Bei der Darsteller-Arbeit werden die Illusionen des Ego zerstört.

Und damit befinden wir uns auf der dritten Ebene des Bewußtseins, nämlich der Intuition, die dem Zerstören der schön geordneten Welt der Imitation und des klar definierten Bildes des eigenen Selbst folgt. Wir finden uns von vielen Strukturen, Überzeugungen, Dogmen und Rollen geleert (aber auch befreit) vor. Für einige von uns geschieht dies in der chaotischen Freiheit zum Ende der High-School- und College-Zeit. Oder nach dem College, wenn die Sicherheit der Schule und der Rolle als Schüler wegfällt. Oder wenn man die Kirche, ein Ashram, eine Tanztruppe, eine Firma verläßt. Es geschieht im Krieg (z. B. Vietnam). Bei Scheidungen. In Midlife-Krisen. Wir stoßen auf die Begrenzungen und die Willkür unserer gesamten Konditionierung.

Diese ganze ›Zerstückelung‹ ist für die Art des Auslöschens der persönlichen Geschichte notwendig, um gemäß Castaneda und anderen den inneren Krieger zu erwecken. Alle spirituellen Lehrer, alle Schamanen erleben eine qualvolle Initiation, bei der ihr Leben und sogar ihre Gesundheit zerstört zu werden scheint. Diese Zeit des psychischen Chaos, diese dunkle Nacht der Seele bricht die Herrschaft der konventionellen Wirklichkeit entzwei und befördert den Lehrer, den Schamanen auf eine neue Stufe. Und etwas ähnliches wie diese klassische Zerstückelung, die ein Teil in der Entwicklung aller Schamanen darstellt, muß mit uns allen passieren, wenn wir aus der Stufe der Imitation zur Stufe des Ursprungs des Geistes ausbrechen wollen.

Ein entscheidender Wendepunkt für mich war, als ich von La Chunga inspiriert wurde, den entmutigenden Versuch aufzugeben, die Schritte anderer zu tanzen, und mich statt dessen dem freien und leidenschaftlichen Ausdruck meines eigenen Tanzstils hingab. Ein weiterer entscheidender Wendepunkt für mich war dann, als mein Körper entzwei fiel, so daß ich nicht mehr tanzen konnte. Denn erst da war ich in der Lage, im Bewegungsunterricht die Magie der fünf Rhythmen und die unendlich reiche Vielfalt der Möglichkeiten, in denen sich normale Menschen ausdrucksvoll bewegen können, zu entdecken. Und dieser Bewegungsunterricht führte mich zwangsläufig zur Entdeckung einer neuen Methode des improvisierten und endlos variierenden Tanzens: der Tanz des Augenblicks, im Augenblick, für den Augenblick. Und daraufhin begann ich auf unterschiedlichen Wegen mit Leuten zu arbeiten – welche Wege auch immer dazu führten, sie zu befreien, sie aus der Trägheit zur Ekstase in Bewegung zu bringen. Meine Weiterentwicklung bewegte sich von der Einzelberatung bis hin zum Theater.

Auf der Stufe der Intuition beginnt alles, in das du Werte und Kraft investiert hast, gefährdet zu sein und auseinanderzufallen, bis schließlich nur du mit dir selbst zurückbleibst. Ein Professor sagte mir einst, das Entscheidende in der Erziehung ist das Wissen, das dir bleibt, wenn dir alle Bücher, alle Aufzeichnungen usw. weggenommen wurden. Auf ähnliche Weise bist du gezwungen, herauszufinden, wer und was du bist, da du nicht mehr über all die Überzeugungen, Erwartungen, Ansichten, das Selbstbildnis, das von einem Lehrer oder einem System zur Verfügung gestellt wurde, verfügst, wenn deine Welt auseinanderfällt und du nur mit dir selbst zurückbleibst.

Es ist eine harte, stürmische Zeit. Sie ist nicht nur für dich selbst, sondern auch für jene um dich herum schmerzvoll. Und einige von uns gehen hier verloren, gefangen zwischen den Welten der Form und des Inhalts, dem Ego und dem Kern, der Persönlichkeit und der Seele. Aber wenn du dich dem Chaos auf dieser Stufe des Bewußtseins hingibst und die Energie losläßt, die sich so lange aufgestaut hat, dann kommst du deinem essentiellen Selbst sehr nahe – dem Selbst, das du unter den Schichten der Trägheit und der Imitation begraben hast. Wenn du einmal geleert bist, bist du bereit, deinem wahren Selbst Aufmerksamkeit zu schenken, hinter der Maske dem ›Du‹ zuzuhören und es zu betrachten.

Das ist die Zeit, in der der kalkulierende Geist dem intuitiven Geist weicht. Leer von der Gewißheit suchst du nach dem Verstehen. Der Kraft der Verbindung zu einem System oder Lehrer oder Beruf entledigt, wagst du dich in dein Inneres, um die Quelle deiner eigenen Kraft zu finden. Jetzt bist du empfänglich für die Botschaften, die tief aus deinem Inneren kommen, die Botschaften, die kein anderer auf der Welt erhält. Und du bist frei, dich mit ihnen zu beschäftigen, sie zu erkunden, sie auszudrücken, weil du nicht länger an Überzeugungen, Einstellungen, Gewohnheiten, Dogmen, Theorien und Vorurteile anderer gebunden bist. Es wundert nicht, daß so viele große Schriftsteller (zum Beispiel James Joyce und James Baldwin) im Ausland gelebt haben, ehemalige Insider, die von draußen hineinschauen und erfrischende Visionen schaffen.

Intuition ist wissen ohne zu denken. Sie hat nichts mit Analyse, Vergleich, Beurteilung, Schlußfolgerung oder Logik zu tun. Zwar ist dieses kalkulierende Denken für viele Bereiche unseres Lebens gewiß richtig und notwendig, aber ebenso wichtig ist es, unsere Intuition zu schätzen und zu entwickeln. Die Intuition ist nicht lediglich eine entscheidende Phase in unserer geistigen Entwicklung, sondern ein wesentlicher Bestandteil in unserem Alltagsleben.

Der einfachste Weg zur Entfaltung unserer intuitiven Kräfte ist die Übung. Wenn du das nächste Mal jemanden kennenlernst, achte auf dein intuitives, inneres Gefühl, das du bei dieser Person im Augenblick des Kennenlernens empfindest. Schreib es auf. Dann finde im Verlauf der Beziehung zu dieser Person heraus, wie genau deine Intuition war. Wir wissen häufig instinktiv bei der ersten Begegnung die Wahrheit. Unser kalkulierender Geist kommt immer erst später zum Zuge, wägt das Für und Wider ab, sammelt Beweise usw. Geh auch deinen Ahnungen über Orte, Situationen, Jobs, Einladungen usw. nach. Lerne, deine Instinkte, deine ersten Reaktionen zu achten, und räume der Intuition Platz ein, damit sie in deinem Leben wirken und sich entwickeln kann. Es ist nicht nur bereichernd, sondern letztendlich auch praktisch. Die ärgste Täuschung in meinem Leben wurde von einer Person verursacht, der ich vom ersten Moment an mißtraut hatte. Aber weil ich dachte, daß ich sie brauchte, verdrängte ich meine ursprüngliche intuitive, selbstschützende Einsicht. Wir sollten unsere ersten Instinkte zu Gefühlen und Gedanken entwickeln, anstatt sie in uns mit vorschnellen Beurteilungen, praktischen Erwägungen usw. abzuwürgen.

Intuitiv zu handeln ist mir so in Fleisch und Blut übergegangen, daß es mich oft überrascht, wie ungewöhnlich es für andere zu sein scheint. Vor mehreren Jahren sollte ich auf einer Konferenz vor einigen hundert Geschäftsleuten eine Rede halten, und mein Mann fragte mich, was ich denn in diesem Saal voller brillanter und erfolgreicher Leute sagen wollte. Ich antwortete: »Ich weiß es nicht. Ich habe keine Ahnung.« Er reagierte schockiert. »Du bist verrückt. Wie kannst du dich in so eine Situation bringen?« Ich hatte darüber nicht nachgedacht und wußte wirklich nicht, was ich sagen sollte, aber ich antwortete: »Zwischen Sprung und Landung ist Gott da.«

Und so fühle und bewege ich mich in der Welt. Ich springe! Manchmal ist es beängstigend und aufreibend, aber es hält mich wach, energiegeladen und einfallsreich.

Wenn du dich erst deiner Intuition geöffnet hast, rufen deine intuitiven Blitze Gefühle hervor, die nicht ignoriert werden können. Als ich an der Küste von New Jersey lebte, erwachte ich eines Morgens mit einer überwältigenden Vorahnung, daß an diesem Tage etwas Fürchterliches geschehen würde. Ich bat meinen Mann, nicht zur Arbeit zu gehen und bestand darauf, daß auch mein Sohn zu Hause blieb und nicht zur Schule ging, obgleich beide dachten, ich wäre völlig irrational und unvernünftig. Im Laufe des Tages spritzte der Ozean immer heftiger gegen die Kaimauer, bis eine Flutwelle die Stadt praktisch verschlang. Zuerst mußten wir unser Stadthaus aufgeben und dann unser Auto, wir liefen im alles verhüllenden Schnee und im knietiefen Wasser zur örtlichen Eisbar, während Armee und Feuerwehr die Stadt evakuierten. Diese Art von intuitiver Erfahrung ist mir so häufig widerfahren, daß ich auf meine Instinkte und überwältigenden Gefühle nun immer höre.

Die Intuition ist zum Lebensblut meiner Arbeit geworden. Ich habe sie weder aus Büchern gelernt noch bei anderen Lehrern studiert. In der Tat habe ich meine Arbeit als Reaktion auf alles, was ich gelernt habe, aufgebaut – indem ich gegen einige Lehren anging und den Rest, der für mich einen Sinn ergab, umgestaltete. Anfangs war meine Arbeit völlig spontan und entstand im Jetzt. Ich dachte mir beim Gehen etwas aus. Die einzigen Situationen, in denen ich mich bei dieser Vorgehensweise unbehaglich fühlte, waren, wenn man mich nach meinem Lebensunterhalt fragte. Ich setzte mich selbst herab, weil ich keine Antwort parat hatte. Jedoch durch die enthusiastische Reaktion von Freunden und Schülern ermutigt, dachte ich mir einfach weiterhin auf diese Weise Übungen aus, die für die jeweiligen Leute, mit denen ich arbeitete, und die Situationen, in denen ich mich wiederfand, angemessen waren.

Dieser völlig improvisierte Stil hätte ewig so weitergehen können. Aber eines Tages erklärte mich eine junge Frau zu ihrer Mentorin. Ich sagte: »Ich will nicht Ihre Mentorin sein. Es ist für mich selbst hart genug, Dinge zu verstehen.« Aber sie bestand darauf. Sie wollte, daß ich sie ausbilde, damit sie selbst Unterricht erteilen konnte. Da mir klar war, daß Imitation der erste wichtige Schritt auf der Reise zur geistigen Selbstfindung ist, konnte ich ihren aufrichtigen Wunsch nicht abschlagen.

Anfangs warf ich sie einfach Hals über Kopf in neue, herausfordernde Situationen. Aber dies hatte nur begrenzten Wert. Sie mußte korrekterweise explizit erfahren, was ich intuitiv wußte. Und ihr Bestreben führte mich zur nächsten Stufe meiner eigenen Entwicklung. In diesem Sinn war sie gleichermaßen ein Lehrer für mich, so wie ich für sie. Ihre Bedürfnisse und ihre Fragen stimulierten mich, einen Quantensprung vorwärts zu machen. Sie zwang mich, die zentralen Themen meiner Arbeit, die Muster meines Improvisierens, die Wahrheiten, durch die ich wirkte, die Methode meines schamanischen Wahnsinns zu erkennen.

Ich begann festzustellen, daß ich tatsächlich ein – wenn auch durchlässiges und anpassungsfähiges – System hatte, und daß viele der Übungen, Perspektiven und Experimente, die ich erfunden hatte und so launenhaft wieder fallenließ, von anderen vollendet und angewendet werden konnten. Auf diese Weise konnte ein weiter Teilnehmerkreis an den heilenden Kräften des kreativen Schamanismus teilhaben; der Unterricht war nicht länger an meine Gegenwart und Persönlichkeit gebunden. Ich lernte, daß ich das, was ich über die Jahre hinweg gegeben hatte, ungezwungener weggeben konnte. Diese neue Möglichkeit ließ meine Imagination aufleuchten, und ich verbrachte die vergangenen zwanzig Jahre damit, diese Methode des schamanischen Heilens zu perfektionieren. Sie zu lehren. Sie darzustellen. Und sie in immer neue Bereiche einzubringen, jedoch auf den soliden Grundlagen von Überzeugungen, denen langjährige Erfahrungen vorausgingen. Und jetzt schreibe ich über diese Methode, um die Kraft und das Abenteuer des Weges des Tanzes mit noch mehr Menschen zu teilen.

Imagination

Indem du der sicheren Führung deiner Intuition folgst, findest du den Weg aus den Tiefen des Chaos zur Ebene der Imagination. Nach dem Entzweifallen erfolgt das Zusammenfügen. Du kehrst zurück zur Struktur, zum System, aber jetzt ist die Form deine eigene Schöpfung, eine Reflektion deiner eigenen Identität, Erfahrung, Vision. Das Selbstvertrauen, die Originalität, die Kraft großer kreativer Künstler – ob es sich dabei um Picasso, Brando, Alice Walker oder Robin Williams handelt – rührt von der Tatsache her, daß sie den Mut und das Bedürfnis hatten, das auszudrükken, was sie fühlen, denken und tun, auf eine Weise, die ihr eigenes charakteristisches Selbst reflektiert. Aber wir alle sind aufgerufen, Künstler unseres Lebens zu sein, den uns eigenen Beitrag zu leisten, den nur wir alleine leisten können. So wie wir große Künstler und Darsteller bewundern, sollten wir uns auch von ihnen inspirieren lassen, anstatt – wie es die Tendenz unserer Fernsehgewohnheiten und unserer auf Starrummel versessenen Gesellschaft ist – von ohnmächtiger Ehrfurcht erfüllt zu werden. Mach dir mal klar, wie sehr das heutige Leben damit ausgefüllt ist, die Darstellung anderer anzusehen: unsere Gesellschaft scheint von Zuschauersport, klatschsüchtigen Talkshows und Magazinen, den ›Lebensgewohnheiten der Reichen und Berühmten‹, Lotteriephantasien und jeder anderen Form untätiger

Besessenheiten völlig in Anspruch genommen zu sein. Auf der Ebene der Imagination bist du der Star deines eigenen Stückes, in dem du etwas Besonderes mit *deinem* Leben anstellst.

Die Imagination ist die Kraft, die deine körperlichen, emotionalen und geistigen Energien zu einer dynamischen Harmonie vereint und deiner Seele Flügel verleiht. Wenn dein imaginatives Leben reich und fruchtbar ist, befindest du dich im kraftvollen Kontakt mit den Rhythmen und Botschaften deines Körpers, deines Herzens und deines Geistes. Du sagst nicht mehr ›ja‹, fühlst ›nein‹ und spielst ›vielleicht‹. Du machst aus deinem Leben Kunst, und die Ausstrahlung dieses kreativen Lebens zieht andere an, die ebenfalls im Einklang mit der Seele leben wollen. Wir alle verfügen über die Eigenschaft der kreativen Integrität, ob wir nun Schuhmacher oder Ballerinas sind. Du mußt dich lediglich entscheiden, dich mit nichts weniger zufrieden zu geben als voll und ganz lebendig zu sein – aufzutauchen, der zu sein, der du bist, und deine Gaben zu teilen.

Es ist die Stufe der Imagination, auf der das Selbst des Kriegers reift. In der Imitation empfangen und in der Intuition geboren, übernimmt dein Krieger-Selbst jetzt die Verantwortung über dein Leben, und du wirst ein leidenschaftsloser Zeuge deines eigenen Entwicklungsprozesses, in dem du von den verschiedenen Formen seiner Ausdrucksweise losgelöst bist und Regie über die Darsteller führst, die du im Theater deines Alltagslebens spielst. Die überdrüssigen und voraussagbaren Darsteller entfernst du und investierst mehr von dir in jene, die kraftvoll, belebend und nützlich sind. Du identifizierst dich mit den kreativen Archetypen des Selbst, die deinen dynamischen Kern ausmachen – dem Tänzer, Sänger, Dichter, Schauspieler, Heiler – und stellst sie in den vielen Kontexten und Herausforderungen deines Alltags dar. Aus der Imagination heraus leben bedeutet, daß du dich immer mehr durch Angst, Zorn und Traurigkeit in die

Freude als deiner grundlegenden emotionalen Frequenz bewegst.

Zur Imagination gehört, daß du deinen Intuitionen eine Form verleihst, indem du deine Ahnungen ausspielst, deine Visionen geschehen läßt, deine Welt bereicherst, ihr deinen Stempel aufdrückst. Wie du dich kleidest, wie du kochst und ißt, wie du deine Wohnung einrichtest, wie du sprichst, schreibst, denkst, alles fügt sich zu deinem persönlichen Beitrag zusammen. Und es ist deine heilige Aufgabe, dein wahres Selbst wie mit einem Leuchtfeuer und mit Authentizität auszudrücken, deine Gabe der Welt zu geben. Wenn Schüler mir sagen, daß sie so tanzen wollen wie ich, antworte ich: »Großartig, dann tanz auf deine Art.«

Die Imagination mobilisiert unsere natürlichen Gaben, die Dinge, die wir instinktiv und gut können. Für einige von uns ist es das Geschäftsleben, für andere das Unterrichten, Produzieren, Schauspielern, Malen, Singen, Gartenarbeit, Sport oder Kochen. Es spielt keine Rolle, welche Form unsere imaginative Kreativität annimmt. Eine Rolle spielt, daß du deinen einzigartigen Gaben und deinem kreativen Potential Ausdruck verleihst, indem du sie sich sowohl in deinem Innen- als auch in deinem Außenleben manifestieren läßt. Jeder Tag kann ein besonderer sein; jeder Tag bietet die Möglichkeit, dein Leben und das Leben anderer zu bereichern. Ein Huichol-Indianer wurde einst gefragt, warum er sein heiliges Gewand täglich anziehen würde. Er erwiderte erstaunt: »Warum nicht? Jeden Tag können wir wie Götter sein und heilige Handlungen ausführen.«

Unsere individuelle Bestimmung liegt in der Verwirklichung unserer einzigartigen Gaben. Wonach wir uns aufrichtig zu tun sehnen, ist das, was uns zu tun bestimmt ist. Meine Erfahrung ist, daß bei Menschen, die sich mit ihrer kreativen Kraft verbinden und aus ihr heraus handeln, das Unmögliche möglich wird und Neurosen unwichtig werden. Was für Gaben wir auch haben, so ist es unsere Verantwortung und unser Vorrecht, sie ins Leben zu bringen. Das bedeutet, das zu tun, was immer auch notwendig ist – studieren, sich mit Leuten in Verbindung setzen usw., um deine Kreativität zu entfalten. Laß dich nicht durch Umstände entmutigen. So wie Doris Lessing einst sagte: »Was auch immer dir bestimmt ist zu tun, tu es jetzt. Die Bedingungen sind immer unmöglich.«

Sei großzügig mit deinen Gaben. Wenn du gerne schreibst, brauchst du keine Bestseller-Liste zu erstellen: schreibe Briefe an deine Freunde, Gedichte an deinen Geliebten. Singe deinen Kindern etwas vor. Mach etwas für deine Mutter. Wenn du erst einmal in den kreativen Prozeß eingetreten bist, wirst du entdecken, was es heißt, in deiner Seele zu leben.

Es ist wichtig, deine Kraft zum Visualisieren deiner Herzenswünsche zu bejahen und sie dadurch geschehen zu lassen. Vor vielen Jahren erreichte ich einen Krisenpunkt in meinen Beziehungen mit Männern. Ich hatte drei negative Erfahrungen hintereinander erlebt. Ich erzählte meiner besten Freundin, daß für mich die Sache erledigt sei. Mit Männern wollte ich nichts mehr zu tun haben. Sie lachte und sagte: »Gabrielle, was ist es, was du willst? Beschreibe mir deinen Traummann.« Ich dachte, sie würde einen Scherz machen. Aber es war ihr Ernst, darum hielt ich inne und dachte zum ersten Mal darüber nach. Zuerst sagte ich: »Ich habe keinen Traummann.« Aber kaum hatte ich das gesagt, wußte ich, daß das nicht stimmte. Und mir wurde klar, wenn ich eine wirklich dauerhafte Liebesbeziehung haben wollte, dann müßte der erste Schritt sein, diesen Wunsch auch anzuerkennen. Ich ließ mich also genau das sagen, was ich mir wünschte: »Ich will einen hochgewachsenen jüdischen Rechtsanwalt mit Kindern, der mit sich und mit seiner Arbeit sehr glücklich ist. Er soll tief spirituell und mit seiner eigenen kreativen Kraft geladen sein.« Dann visualisierte ich diese Person, die in mein Leben eintreten sollte:

ein hochgewachsener, dünner Mann mit Aktentasche. Drei Tage später lernte ich Robert kennen. Seitdem sind wir zusammen. Einen Moment lang hatte ich einfach die Welt angehalten und aufrichtig darüber nachgedacht, was ich wirklich wollte, und etwas Energie aufgebracht, um diesen Gedanken für mich zu schaffen. Ich habe mir auch die Einwilligung gegeben, das zu bekommen, was ich wollte.

Ich habe meine Imagination auch zur Heilung anderer angewendet. Einst besuchte ich eine Hopi-Indianerin in Arizona, die Rasseln herstellte. Es bedurfte meiner ganzen intuitiven Kraft, ihr Haus hoch oben im Gebirge zu finden, da ich alle hundert Meter Entscheidungen treffen mußte, welchen Weg ich weitergehen sollte. Als ich ankam, weinte ihre Enkelin vor Schmerzen und hielt ihre Ohren fest. Sie hatte seit vierundzwanzig Stunden fürchterliche Ohrenschmerzen. Instinktiv ging ich auf die Fünfjährige zu und sagte zu ihr: »Ich werde jetzt meine Hand auf dein Ohr legen und den Schmerz wegnehmen. Ich will dir den Schmerz zeigen. Wie sieht er aus? Welche Form hat er? Welche Farbe? Wie hört er sich an? Wie riecht er? Wie würde er sich anfühlen, wenn du ihn berühren würdest? Jetzt möchte ich, daß du dir vorstellst, wie er dein Ohr verläßt und in meine Hand geht.« Sie sah mit großen braunen Augen voller Vertrauen zu mir hoch. Ich legte meine Hand an ihr Ohr, ließ sie dort einige Minuten, dann rannte ich zur Tür und blies den Schmerz aus meiner Hand und schloß die Tür. Innerhalb von Sekunden war der Schmerz verschwunden. Ihre Großmutter, die Rasselherstellerin, stand da und grinste von einem Ohr zum anderen. »Genau das gleiche hätte mein Großvater auch getan«, sagte sie. »Er war ein Schamane.«

Wenige Minuten später schien sich der Raum mit Leuten gefüllt zu haben. Jemand stellte einen Stuhl mitten in den Raum und die Leute stellten sich an, um Platz zu nehmen und baten um eine Heilung. Kopfschmerzen, Entzündungen, Rückenschmerzen und so weiter. Bei jeder Person vertraute ich auf mein Handeln, wie es natürlich und instinktiv kam. Diesen Tag werde ich niemals vergessen, als ich den Umfang meiner Heilkräfte entdeckte, die von Menschen hervorgezogen wurden, für die Heilkraft Naturmedizin ist.

Imagination ist kraftvoll. Imagination ist heilend. Du mußt nur den Mut aufbringen, um das zu visualisieren, was sein soll und dich dann seiner Gestaltung hingeben. Das Ergebnis braucht nicht unbedingt deinen Erwartungen zu entsprechen, aber es wird richtig sein.

Inspiration

Die Inspiration ist die Ebene, auf der das bewußte Gestalten aufhört. Philosophen reden von Gedanken, die aus dem Nichts auftauchen. Schriftsteller finden sich selbst als das Instrument einer Stimme wieder, die durch sie spricht. Künstler bezeichnen sich als Medium für Visionen. Athleten sehen erstaunt auf das erreichte Zielband und haben keine Ahnung, wie sie es geschafft haben. Für mich gibt es beim Tanzen Augenblicke, in denen ich mich in einem Zustand jenseits von Befangenheit, ja sogar von Bewußtsein befinde und einfach mit der Musik, der Bewegung verschmelze. Es bleibt nur noch der Tanz.

Es ist möglich, unser Leben immer mehr mit dieser Kunst jenseits der Kunst, jenseits von Grenzen, Definitionen, Absichten, Reue zu erfüllen. Reine Energie, ständiger Tanz, mit der Lebenskraft völlig verbunden sein, die durch uns schwingt. Wenn wir Augenblicke der Ekstase erleben – im Spiel, in der Stille, in der Kunst, in der Liebe – so treten sie nicht als eine Ausnahme, als ein Zufall auf, sondern als Vorgeschmack dessen, was das Leben zu bedeuten hat. Warum sollten wir nicht in der Lage sein, immer mehr in Ekstase zu leben, wenn wir den Mut aufbringen, uns aus der Trägheit und der Imitation in die Intuition und Imagination zu wagen? Die Ekstase ist ein Ideal, ein Ziel, aber sie kann die Erwartung jeden Tages sein. Solche Augenblicke sind unser Geburtsrecht, in denen wir in unserem Körper verankert, in unserem Herzen rein, in unserer Psyche klar, in unserer Seele verwurzelt und mit der Energie, dem Geist des Lebens, erfüllt sind. Es ist eigentlich nicht so schwer, innezuhalten und in der Freude und dem Staunen des Seins zu schwelgen. Kinder machen das die ganze Zeit über. Es ist eine natürliche menschliche Gabe, die im Kern unseres Lebens da sein sollte. Wie für Ardjuna in der Bhagavad Gita lautet unser Kriegerruf, inmitten der Schlacht ruhig und erfüllt mit tiefem Frieden zu sein, im Grunde überhaupt kein Krieger. In unserem tiefsten Zentrum sind wir, wie T. S. Eliot es ausdrückt, »der ruhende Punkt der kreisenden Welt«, der Rhythmus jenseits der Ruhe, das Gefühl jenseits des Mitgefühls, die Lebenskraft jenseits des Todes, die Ebene, die tiefer als die Inspiration selbst ist. Das bewegliche Zentrum.

Auf der Stufe der Inspiration bereicherst du das Leben mit deinen eigenen Ritualen. Du verbindest dich instinktiv mit den großen Mythen und Symbolen. Ritual und Mythos scheinen deine natürliche Sprache zu sein. Deine Wünsche nehmen den Charakter von Gebeten an. Wie bei den Huicholes ist jeder Tag ein heiliges Ereignis. Und wie Starhawk, Autorin von *Der Hexenkult als Ur-Religion der Großen Göttin* sagt: »Ritual und Mythos sind wie wachsende Kristalle mit neuen Mustern, die schließlich die Kultur um sie herum neu formen können.« Weil deine Wünsche rein sind, können sie Dinge ins Leben rufen und dich mit dem Weg verbinden, auf dem sich das Universum bewegt.

Auf dieser Ebene erkennst du, daß nur du allein deinen Begriff von Gott bestimmen kannst. Dein eigenes Gefühl für Ritual und Theater kann jeden Tag wie auch bei besonderen Anlässen mit dem Zelebrieren des Geistes gekennzeichnet sein. Das Ritual erfüllt dein Leben, aber die Liturgie kommt aus dem Inneren. Dein Körper betet auf seine eigene Art, dein Altar ist ein bewegliches Fest von Bildern und Schauplätzen. In der Meditation, ob du dich bewegst oder ruhig bist, hörst du dein Zentrum, den ruhenden Punkt deiner kreisenden Welt, empfängst Erleuchtungen, übergreifende Einsichten, kurze Einblicke in die grundlegende Einheit. Du bist eine Energiewelle, ein Partner im kosmischen Tanz, ein Funke des verzehrenden Feuers, das alle Dinge erleuchtet und bewegt, der Lebenskraft hingegeben, die durch dich pulsiert. Du bist von Ekstase ergriffen.

Ich selbst fühle mich immer mehr zur Einsamkeit und Stille hingezogen. Ich kann stundenlang, tagelang, wochenlang allein sein und genieße den Luxus meines Seins. Ich kann mit mir selbst Gedanken austauschen, Fragen stellen und auf Antworten warten. Ich bete um Anleitung, und das Universum sendet mir Visionen. Das Schweigen ist die Schwester der Einsamkeit. Übe einige Stunden am Tag nicht zu reden. Die Mönche wissen einiges darüber, wie man zu seinem Selbst kommt. Einen Tag lang in der Woche Schweigen zu üben ist eine große Inspiration zur Selbstbeobachtung, um deine eigene Perspektive zu zentrieren und zu fördern. Einsamkeit und Schweigen sind Einladungen zu unserem tiefsten Selbst.

Der Weg des Tanzes zur Ekstase ist eine Spirale ohne Anfang und ohne Ende. Die Bewegung aus der Trägheit durch Imitation, Intuition, Imagination und Inspiration zur Ekstase ist der niemals endende, sich immer wandelnde Tanz des Lebens. In der Trägheit ist unsere Fülle leer; in der Ekstase ist unsere Leere voll.

Mehr als zwanzig Jahre meines Lebens habe ich mich der Kunst des Heilens und der Heilkraft der Kunst gewidmet. Die nächste Wende auf meiner Straße als Lehrerin ist, andere auszubilden, um meine Version des westlichen Zen zu unterrichten. Östlicher Zen findet im Sitzen statt, westlicher Zen in der Bewegung. Ich bin eine Anhängerin des Gottes des Tanzes, des unsichtbaren Geistes, der all die großen Traditionen der Mythen und der Religion belebt. Und jeder muß seinen eigenen Tanz mit Körper, Herz, Psyche, Seele und Geist tanzen. Alles andere ist Götzenanbetung und kein Weg zur Ekstase.

Wege zum Zentrum

Entspannung ist ein Schlüssel, um die Intuition, Imagination und den Fluß der Inspiration in unserem Leben zu erwecken. Hier ist eine einfache Entspannungsübung, die ich bei meinem Vater, als er im Sterben lag, und bei Hunderten anderen Menschen angewendet habe:

Leg dich auf den Boden. Spüre das Gewicht deines Körpers, wie er in den Boden sinkt. Gib dich seiner Richtung hin. Spüre deinen Atem, wie er sich in deinem Körper hebt und senkt, sich ausdehnt und zusammenzieht. Horche auf deinen Herzschlag.

Jetzt stell dir eine Welle warmer, friedlicher Energie vor, die in deine Zehen eintritt und all die winzigen Muskeln und Sehnen in deinen Füßen entspannt ... fühle diese Energie deine Knöchel umkreisen und sich in deine Waden bewegen ... Deine Füße und Waden fühlen sich warm und schwer an, als ob sie in der heißen Wüstensonne gebraten werden ... laß sich diese warme, schwere Energie nach oben in deine Beine und in dein Becken bewegen ... laß es sich öffnen, um diesen langsamen Strom honigsüßer Energie zu empfangen ... Fühle deine Muskeln und Organe, wie sie sich entspannen, wenn diese Energie deine Wirbelsäule hochfließt, von Wirbel zu Wirbel, in deinen Solarplexus und von dort in deine Brust und Schultern, durch deine Arme und in deine Hände, wobei sich jeder Millimeter deines Körpers entspannt ... Dein ganzer Körper fühlt sich warm und schwer an, wenn sich die Energie in deinen Hals und deinen Kopf bewegt, all die Muskeln und Sehnen entspannt. Fühle die warme Energie, wie sie über dein Gesicht flutet, laß deine Augen in deinen Kopf eintauchen, deine Wangenknochen sich entspannen, deinen Kiefer fallen ... dein ganzes Sein ist mit diesem durchdringenden Bad warmer Energie erfüllt ... Reite auf der Welle deines Atems wie ein Surfer in deine eigenen Tiefen, ein und aus, tiefer und tiefer, hebend und senkend, ausdehnend und zusammenziehend, die Bewegungen des Lebens spürend, das Einflößen des Geistes ... du wirst vom Kopf bis zu den Zehenspitzen geatmet ... dein ganzer Körper ist jetzt mit dem Geist des Lebens erfüllt.

Eine andere Übung ist die Visualisierung deines Tiergeistes. Im schamanischen Heilen ist es eine allgemein verbreitete Vorgehensweise, einen Tiergeist herbeizurufen, der dich auf deinem Weg führt und mit deinem wahren Wesen in Kontakt hält. Die spirituelle Verbindung zwischen Mensch und Tier geht bis in die Frühzeit der menschlichen Evolution zurück, obgleich viele von uns jegliches Gefühl – abgesehen von Mannschaftsmaskottchen und Zeichentrickfilmen – für unsere vitale Verbindung zur Tierwelt verloren haben, zu der wir eigentlich auch zählen. Unser Tiergeist verbindet uns tief mit der Erde, während er uns in das Land des Geistes führt. Ich habe drei Tiergeister – den weißen Wolf, den Raben und den Delphin. Der weiße Wolf und der Rabe sind meine persönlichen Führer; der Delphin ist für die Führung meiner Arbeit zuständig.

Dein Tiergeist braucht weder dein Lieblingstier noch eines zu sein, zu dem du eine Verbindung hast. Aber dieses Tier hält die Lektionen bereit, die du noch lernen mußt, und es spiegelt auf irgendeine Weise einen Teil deines Wesens wider. Wenn jemand mir seinen Tiergeist sagt, erlebe ich normalerweise einen unmittelbaren Schock des Wiedererkennens: »Ah! Natürlich.«

Eine Freundin von mir ist eine Eule. Und sie ist wahrhaftig eine: sie ist ein Nachtmensch und gleicht sogar ein wenig einer Eule.

Hier ist eine Möglichkeit, wie du zu deinem Tiergeist Kontakt herstellen kannst:

Zuerst machst du eine tiefe Entspannungsübung. Am besten legst du dich auf den Boden, schließt die Augen und hörst beruhigende, trance-ähnliche Musik wie beispielsweise die erste Seite meiner Kassette *Totem*. Spüre die Musik in deinen Körper eintreten, in deine Brust, deine Schultern, deine Arme, deine Hände, deinen Hals, dein Gesicht, dein Haar, und dann spüre sie in deinem Bauch. Wenn die Musik aufhört, laß sie los und zähle rückwärts von zehn bis null.

Bei Null stellst du dir vor, du befändest dich in einer wunderschönen Umgebung – hoch in den Bergen oder am Strand oder in einem Wald, an einem See oder in der Wüste – laß die Szene natürlich auf dich zukommen, erzwinge sie nicht. An diesem wunderschönen Ort findest du eine bequeme Stelle, du setzt dich und wartest. Horche auf eine Melodie. Vielleicht hörst du sie im Wind, oder in den Wellen oder in der Stille. Nimm sie auf und singe oder summe sie. Mit dieser Melodie rufst du deinen Tiergeist. Nachdem du eine Zeitlang voll und ganz mit Herz und Geist, Körper und Seele gesungen hast, laß sie los. Innerhalb weniger Minuten wird dein Tiergeist erscheinen. Empfange dieses Tier mit Liebe. Frage es, welche Lehren es dir heute bringt. Nimm jedes Gefühl oder jeden Gedanken an, die dir kommen. Wenn die Zeit gekommen scheint, laß es los. Aber wisse, wann immer du es brauchst, so mußt du nur summen oder singen oder in dir die Melodie hören, und das Tier wird zurückkehren, um dich zu führen und zu unterweisen. Aber laß es nun gehen, indem du einige Male tief atmest, langsam von null bis zehn zählst und bei Zehn die Augen öffnest.

Wenn du dich durch dieses Buch gründlich durchgearbeitet hast, besteht die Möglichkeit, zu fast jeder Zeit die Ebene der Inspiration zu erreichen, indem alle Dimensionen des schamanischen Heilens durch die Rhythmen ausgeführt werden. Ich wende die Rhythmen regelmäßig an, um verankert und zentriert zu sein und um zum ruhenden Punkt zu gelangen, von dem authentisches, heilendes Handeln fließt. Hier ist einer der unzähligen Wege, um dies zu erreichen:

Horche auf deinen Herzschlag. Spüre deinen Atem, wie er sich tief in dein Zentrum bewegt. Beginn mit einer *fließenden* Bewegung, wiederhole sie immer wieder. Laß sie größer und größer werden. Gib dich dieser Bewegung immer stärker hin. Jetzt stimme einen Laut an. Laß den Laut sich immer tiefer und tiefer bewegen, bis der Laut und die Bewegung in einer dynamischen Harmonie verschmelzen. Spüre die besondere Form, den Umfang deiner Bewegung. Visualisiere sie als ein Bild, eine visuelle Energie, und dann übertrage dieses Bild mit Bleistift, Füller, Kreide, Pinsel auf ein Blatt Papier.

Diese Übung machst du nun mit dem *Stakkato-, Chaos-, lyrischen* und *Ruhe*-Rhythmus, verwandle jeden Rhythmus in eine Visualisation, die aus Bewegung und Laut herrührt.

Dann überträgst du jede Zeichnung in Worte. Setz dich hin und warte auf die Wörter: Schau dir deine Zeichnung an und laß sie zu dir sprechen. Ein fließendes Gedicht. Ein stakkatisches Gedicht. Ein chaotisches Gedicht. Ein lyrisches Gedicht. Ein ruhiges Gedicht.

Jetzt verbinde inmitten deiner Zeichnungen Bewegung, Laut und Gedichte. Schaffe dein eigenes kleines Theaterstück – stelle deine Vision in Bewegung, im Gesang und mit Sprache dar.

Du hast dich selbst in einen heiligen Schauspieler verwandelt.

Eine andere Übung zur Heilung unserer Beziehung zu uns selbst, die ich in vielen Workshops verwende, ist die Körperzeichnung. Hier ist die Anleitung:

Besorge dir eine ausreichend große Rolle Papier, damit dein Körper darauf gezeichnet werden kann. Leg dich mit dem Rücken auf das Papier und laß deinen Umriß von jemandem darauf zeichnen.

Betrachte deine Form. Welche Aussage ergibt sich aus ihr? Was ist los? Schreib es irgendwo außerhalb der Körperzeichnung auf. Betrachte das Innere der Form. Was ist los? Sitz einfach und atme und betrachte und spüre deine Energie. Fülle den Körper mit Kreide, Marker, Pinsel usw. mit Energie aus, die du spürst. Setz dich wieder. Wie ist dein innerer Rhythmus, dein grundlegender Puls? Wie fühlt es sich an, du zu sein? Laß dieses Gefühl von deinem Zentrum durch deinen Arm in deine Hand und mit deinem Zeichenwerkzeug auf das Papier fließen. Setz dich wieder zurück. Betrachte deinen Körper, deine Energie in der vor dir liegenden Visualisation. Wo lebt deine Angst in deinem Körper? (Bei meinem Körperumriß sah ich, wie steif und hochgezogen meine Schultern waren, und ich wußte sofort, an welcher Stelle ich meine Angst hielt, wie ich in einem ständigen Alarmzustand lebte.) Wo ist dein Zorn? Deine Traurigkeit? Füge sie in deine Zeichnung ein. Wo ist deine Freude? Dein Mitgefühl?

Wo ist deine Mutter in deinem Körper? Dein Vater? Wie leben sie in deinem Körper? (Meine Mutter lebt in meinem Mund und in meinen Füßen. Ich spüre sie in meinen Armen, wenn ich sie ausstrecke, um jemanden zu halten. Und in meinem Magen, wenn ich etwas nicht richtig verdauen kann.) Setz dich mit Gefühlserinnerungen in Verbindung und füge sie in die Zeichnung ein.

Was sagt dir deine Form, was du über dich fühlst? Gib deiner Form eine Stimme und schreib ein paar Zeilen aus ihrer Perspektive an die Seite deiner Zeichnung neben deinen Kopf. Fülle dein Herz aus. Was wäre, wenn dein Herz sprechen könnte? Was würde es sagen? Schreibe es auf die linke Seite deines Leibes. Was wollen deine Hände machen? Deine Muskeln? Deine Haut? Deine Poren? Laß sie zu dir sprechen. Sitz einfach und betrachte dieses Bild von dir. Beweg dich dann impulsiv und ergieße dich auf das Papier, fülle es so gut du kannst aus, bis nichts mehr übrig ist, nur dein Atem, der sich bewegt, hebt und senkt und in den Spiegel seiner selbst schaut.

Wenn deine Intuition und Imagination geweckt und geübt sind, wenn du anfängst, Inspiration zu erleben, kannst du alle möglichen Wege erfinden, um deine Energie zu erforschen und zu katalysieren.

Heilen

Schamanisches Heilen bedeutet letztendlich mit dem Geist zu arbeiten. Unabhängig von Kleidung, Ritual, Werkzeugen oder Tradition ist der Schamane ein ›Geistarbeiter‹. Es ist die einzige Art des Heilens, die ich beherrsche. Wenn man mich fragt, welche Art des Heilens ich ausübe, antworte ich: »Wenn du ein Bein gebrochen hast, gehst du zum Arzt. Aber wenn dein Kopf vom Körper losgelöst ist, wenn deine Gefühle zusammengeschnürt sind, wenn deine Psyche im ganzen gut funktioniert außer bei den Dingen, auf die es ankommt, wenn du deine Seele verloren hast, wenn es deinem Leben an Geist mangelt, dann such dir einen Schamanen. Oder noch besser, entdecke deine schamanischen Kräfte in dir selbst.«

Inzwischen bist du dir nicht nur deines Potentials, sondern auch deiner derzeitigen Schwächen und Beschränkungen bewußt. Aber jeder Schamane ist ein verwundeter Heiler. Diejenigen, die alles haben, die vollkommen Zufriedenen, bewegen sich niemals aus ihrer Trägheit. Kein Wunder, daß Jesus sagte, es ist leichter, daß ein Kamel durch ein Nadelöhr gehe, als daß ein Reicher ins Reich Gottes komme. Das Wissen deiner Armut, deiner Bedürftigkeit ist für die Bewegung auf dem Weg des Tanzes wichtig. Die verheerenden Wunden der Magersucht in meiner Jugend sowie die spätere Unfähigkeit zu tanzen waren für meine Entwicklung wichtig. Und aufgrund meiner Wunden kann ich mitfühlen, was andere durchmachen, und es läßt mich daran denken, wie sie durch Unglück zur Ganzheit finden können.

Wir alle teilen die Wunde der Zerstückelung. Und wir alle können an der heilenden Zusammenfügung teilhaben. Heilen ist das Zusammenfügen all unserer Kräfte – der Kräfte des Seins, des Fühlens, des Wissens und des Sehens.

Ich schaue in den Spiegel und ich schaue aus dem Fenster und ich sehe mich und andere im Kampf, in unserem Körper zu sein. Kämpfen, um zu erfahren, wer wir sind und was wir brauchen. Uns selbst zu mögen, anstatt ein anderer oder woanders sein zu wollen. Ich sehe unsere Unfähigkeit, uns in Beziehung zu bringen, aus dem Herzen zu sprechen, unsere gegenseitige Distanz und Entfremdung zu überbrücken, in die Augen des anderen zu schauen, so daß wir nicht zu erkennen vermögen, was andere brauchen. Ich sehe Menschen, die eine Richtung suchen, die versuchen, ihre ganze Kraft aufzubringen in der Sehnsucht nach der Stärke, um unabhängig zu sein.

Der verwundete Heiler in mir weiß, daß das Heilen unseres gehetzten Selbst aus unserer Fähigkeit herrührt, unseren Körper, unser Herz, unsere Psyche, unsere Seele und unseren Geist aufs neue zu befähigen, in eine kraftvolle Einheit zu treten. Spirituelles Heilen heißt, die Verantwortung übernehmen, eine ganze Person zu sein. Wir müssen die Verantwortung übernehmen, ein Körper zu sein, ein Herz zu haben, über eine Psyche zu verfügen, unsere Seele zu erwekken und uns unserem Geist zu öffnen. Wir müssen durch unseren Körper das Richtige tun, unsere Beziehungen reinigen, unsere Psyche für kreative Freiheit und nicht für Versklavung verwenden, die Seele vom Ego befreien und die spirituelle Reise antreten. Eine ganze Person ist eine inspirierte Person, eine, die dem Geist eine konkrete Gestalt verleiht.

Krankheit ist Trägheit. Heilen ist Bewegung. Die schamanische Arbeit handelt vom Tanzen aus dem Inneren. Wenn du den Körper in Bewegung bringst, wirst du dich verändern. Deine Bestimmung ist, dich zu bewegen: von fließend zu Stakkato, durch das Chaos in das Lyrische und zurück in die Ruhe, von der alle Bewegung ausgeht.

Wenn du dein Herz sich bewegen läßt, gegenüber den Risiken und Gefahren der Gefühle offen bist, sie sich ausleben läßt und nicht unterdrückst, dann wirst du dich verändern. Aus Tränen wird ein Lächeln, aus Zorn wird eine Umarmung.

Wenn du deine Psyche befreist, um jede einzelne deiner Lebensphasen zu erleben und zu vollenden und dabei ihre Lehren und Aufgaben integrierst, wirst du dich verändern. Wenn du aufhörst, dich durch das Leben zu bewegen, dann verhältst du dich unangemessen, indem du in Erwachsenen-Situationen mit kindlichen Emotionen reagierst. Dich völlig durch das Leben zu bewegen, wird dich heil und ganz machen.

Wenn du deine Seele erweckst, wirst du dich verändern. Beschäftige dich mit deinen Darstellern. Beobachte dich, wie du sie einsetzt. Beherrsche sie und du bist frei, als dein eigenes Selbst zu sein, zu fühlen, zu denken und zu handeln.

Der bewegliche Geist heilt, dehnt sich aus, kreist im Körper und außerhalb von ihm, bewegt uns durch die Bewußtseinsschichten von der Trägheit zur Ekstase. Öffne dich deinem Geist und du wirst verwandelt sein.

Bewegung ist mein Medium und meine Metapher. Ich weiß, daß eine Energiewelle eine ganz neue Welle ergibt, wenn sie sich selbst vollenden kann, und in der Tat ist das alles, was ich wirklich weiß. Auf diesen Wellen zu reiten bedeutet am kosmischen Tanz der Liebe teilzunehmen, der, wie Dante sagt, »die Sonne und die anderen Sterne bewegt«.

Epilog

Am ruhenden Punkt
der kreisenden Welt
ist der Tanz,
wäre der Punkt nicht,
der ruhende,
so wäre der Tanz nicht –
und es gibt nichts als den Tanz.

T. S. Eliot[19]

Mein Leben ist eine Suche nach dem ruhenden Punkt, der silbernen Wüste, dem Ort des wahren Heilens gewesen. Ich habe versucht, meine heiligen Instinkte zu erwecken und zu nähren und dich zu ermutigen, das gleiche zu tun. Es ist keine bloße Selbstsucht, sondern ein Mittel, uns und unsere Welt zu verändern. Unbewußtheit ist eine Krankheit, die unseren Planeten in Mitleidenschaft zieht.

Stell dir die selbstzerstörerischen Möglichkeiten vor, wenn der mütterliche Instinkt in einer Gemeinschaft nicht funktioniert – ob es sich dabei um eine Familie, eine Gesellschaft oder um die Welt handelt – in der Menschen gemeinschaftlich mit der Erde genauso respektlos umgehen wie mit ihrem Körper. Stell dir die Entfremdung vor, wenn der väterliche Instinkt in einer Gemeinschaft nicht wirkt, so daß die Menschen sich nur oberflächlich in Beziehung bringen und nicht die wahren Bedürfnisse und Gaben des anderen sehen – ein ganzes Volk und jeder singt: »Ich bin zuerst dran.« Stell dir die Gleichförmigkeit und Unterdrükkung in einer Gesellschaft ohne den inneren Instinkt vor; Disharmonie und Krieg, wenn der brüderliche Instinkt fehlt; Materialismus und Mangel an spirituellen Werten, wenn der ewige Instinkt fehlt.

Kommt dir das bekannt vor? Was kann man damit anfangen? Hast du die Kraft zur Veränderung? Nur du allein, bzw. die Entwicklung deines Bewußtseins, ist ein grundlegender Teil des Hologramms der Existenz, der Einheit aller Dinge, unserer unteilbaren Wirklichkeit.

Bewegung ist das Medium zur Veränderung. Meiner Erfahrung nach wird sich deine Psyche selbst heilen, wenn du sie in Bewegung setzt. Der Feind ist die Trägheit, ob es sich nun um Energie im Körper, Mauern um das Herz oder festgefahrene Einstellungen im Kopf handelt. Bewegung ist die Medizin.

Die Landkarten, die ich dir gegeben habe, sind nur Führer für deine Reise durch das Gebiet deiner Psyche; sie sind nicht das Gebiet selbst. Sie haben lediglich den Wert, dir als Helfer auf deiner Reise durch die Mysterien eines sich immer verändernden Selbst beizustehen. Es ist deine schamanische Reise. Sie wird anders sein als meine oder die eines anderen. Und wenn du deine Reise nicht antrittst, wird es kein anderer für dich tun.

Jeder von uns hat die Kraft und trägt die Verantwortung, sich selbst zu heilen, der eigene Medizinmann, beziehungsweise die eigene Medizinfrau, zu sein. Das Erwecken unserer angeborenen schamanischen Kräfte des Seins, des Liebens, des Wissens, des Sehens und des Heilens beinhaltet die ständige Arbeit auf allen Ebenen und in allen Dimensionen unseres Selbst. Die Skala der Rhythmen und der Emotionen zu erforschen, Einsichten in unsere Konditionierung und in unser Ego zu erhalten, sich durch die Energieschichten des

Geistes zu bewegen – dies alles sind Tätigkeiten, die in unser tägliches Leben integriert sein müssen.

Wenn du mit den Karten in diesem Buch arbeitest, erforsche die Art und Weise, wie sie ineinander übergehen und sich verbinden. Je mehr ich mit ihnen arbeite, um so tiefer nehmen sie mich mit zu den Fäden der Psyche. Mich interessiert Trägheit, und mich interessiert Angst, aber mehr noch interessiert mich die Verbindung zwischen ihnen – wie Angst Trägheit erzeugt, oder wie Traurigkeit in Beziehung zur Pubertät steht, oder wie der mütterliche Mangel der Angst gleicht oder wie lyrisch Freude ist.

Die Straße zum Selbst verläuft nicht gradlinig. Sie ist eine ununterbrochene Folge von Kreisen, Phasen und Wellen, die alle miteinander verbunden sind. Rhythmen sind verbunden mit Gefühlen, sind verbunden mit sexuellen Wellen, sind verbunden mit den Lebensphasen, sind verbunden mit Archetypen, sind verbunden mit Bewußtseinsebenen. Das Sein ist verbunden mit der Geburt, ist verbunden mit der Mutter, ist verbunden mit dem Körper, ist verbunden mit Angst, ist verbunden mit Trägheit, ist verbunden mit dem Fluß. Das gleiche gilt für den Tod, das Universum, den Geist, die Ruhe, das Mitgefühl, die Inspiration, die Enthaltsamkeit und das Heilen.

Alle diese Energien kommen in dir zusammen. In deinem tiefsten Zentrum bist du der ruhende Punkt. Du bist der Rhythmus jenseits der Ruhe, das Gefühl jenseits des Mitgefühls, die sexuelle Energie jenseits der Enthaltsamkeit, die Lebenskraft jenseits des Todes, die Schwingung jenseits der Inspiration.

Du bist das bewegliche Zentrum.

Gabrielle Roth

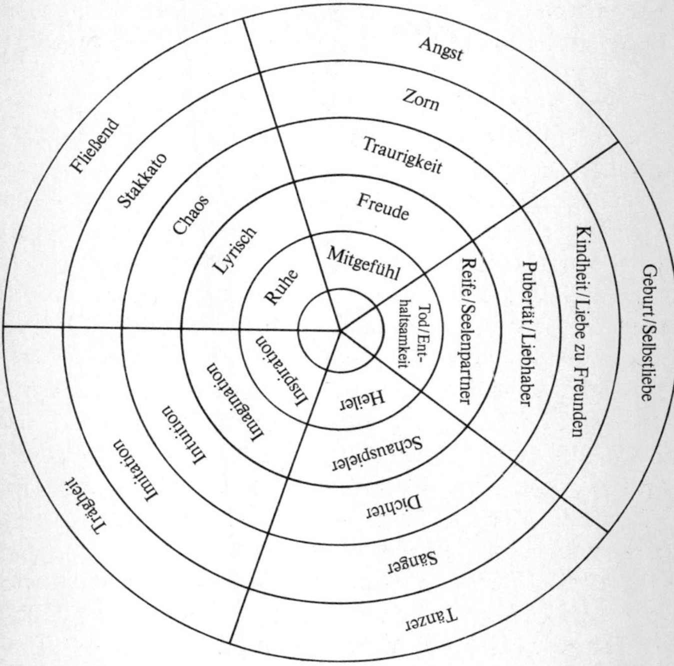
Fließend
Stakkato
Chaos
Lyrisch
Ruhe
Angst
Zorn
Traurigkeit
Freude
Mitgefühl
Geburt/Selbstliebe
Kindheit/Liebe zu Freunden
Pubertät/Liebhaber
Reife/Seelenpartner
Tod/Ent-
haltsamkeit
Heiler
Schauspieler
Dichter
Sänger
Tänzer
Inspiration
Imagination
Intuition
Imitation
Trägheit

Anmerkungen

1. Joan Halifax, *Shaman: The Wounded Healer,* New York: Crossroad, 1982, p. 66. Deutsch: *Schamanen. Zauberer, Medizinmänner, Heiler.* Insel Verlag, Frankfurt, 1983, S. 66.
2. Aus *Pray Body.* Copyright 1986 by Gabrielle Roth.
3. Patti Smith, ›Ain't it Strange‹, *Babel,* New York: G. P. Putnam's, 1978, p. 69. Abdruck mit freundlicher Genehmigung der Putnam Publishing Group from BABEL by Patti Smith. Copyright 1978 by Patti Smith.
4. Peter Gabriel, ›The Rhythm of the Heat‹, *Security,* Geffen Records, 1982.
5. Jelaluddin Rumi, *The Ruins of the Heart,* trans. Edmund Helinski, Putney, Vt.: Threshold Books, 1981, pp. 31–32.
6. Dieses Zitat las ich in einer Kunstausstellung.
7. Erich Fromm, *The Sane Society,* New York: W. W. Norton, 1955, p. 3. Deutsch: *Wege aus einer kranken Gesellschaft.* Europäische Verlagsanstalt. Frankfurt/Main, 1980, S. 40.
8. Robert Frost, aus einem Interview in George Plimpton (ed.), *Writers at Work: Second Series,* New York: Viking, 1963.
9. Sam Shepard, ›The Tooth of the Crime‹, *Sam Shepard: Seven Plays,* New York: Bantam, 1981, p. 227.

10. Carlos Castaneda, *A Separate Reality,* New York: Pocket, 1972, p. 90. Deutsch: *Eine andere Wirklichkeit,* Fischer Taschenbuch, Frankfurt/Main, 1975, S. 79.
11. Zitiert aus: *New York Times,* Dec. 15, 1987.
12. Carlos Castaneda, *The Fire From Within,* New York: Simon and Schuster, 1984, p. 28. Deutsch: *Das Feuer von innen.* Fischer Taschenbuch, Frankfurt/Main, 1987, S. 25.
13. Gesamtes Theatermaterial von *Mirrors,* Copyright 1981 – 1987 by Gabrielle Roth.
14. C. G. Jung, zitiert in Richard Kehl, *Silver Departures,* La Jolla: Green Tiger Press, 1983, p. 56.
15. Carlos Castaneda, *The Fire From Within,* p. 37. Deutsch: *Das Feuer von innen,* S. 34.
16. Mircea Eliade, *Shamanism: Archaic Techniques of Ecstasy,* Princeton, M. J.: Princeton Univ. Press, 1964, p. 4. Deutsch: Schamanismus und archaische Ekstasetechnik, Suhrkamp Taschenbuch Wissenschaft, Frankfurt am Main, 1975, S. 14.
17. Dem Titel von Doris Lessings Buch *Prisons We Choose to Live Inside,* New York: Harper & Row, 1988, entnommen.
18. Bob Dylan, ›Like a Rolling Stone‹, Copyright 1965 WARNER BROS. INC. All rights reserved. Abdruck mit Genehmigung.
19. Aus ›Burnt Norton‹, in *Four Quartets,* by T. S. Eliot. Copyright 1943 by. T. S. Eliot, Copyright 1971 renewed by Esme Valerie Eliot. Abdruck mit freundlicher Genehmigung von Harcourt Brace Jovanovich, Inc. Deutsch: ›Burnt Norton‹ aus *Vier Quartette,* Gesammelte Gedichte, Werke 4, Suhrkamp, Frankfurt/Main, 1972, S. 283.

Über die Autorin

Gabrielle Roth lehrt ihre einzigartige Methode des schamanischen Heilens in den Vereinigten Staaten, Kanada und Europa. Sie hat Konzerte gegeben und Radiosendungen gemacht, zahlreiche Musik- und Sprechkassetten aufgenommen und war als Beraterin in verschiedenen pädagogischen Institutionen, psychiatrischen Anstalten und Berufsgenossenschaften tätig. Gabrielle hat die Tanz-, Theater- und Musikgruppe ›The Mirrors‹ ins Leben gerufen und mit ihr gearbeitet, sie ist Mitglied des Actor's Studio (Verband für Bühnenautoren und Regisseure) und hat bei Off-Off-Broadway- und Experimentalstücken Regie geführt.

Zur Zeit unterrichtet sie Experimentaltheater in New York und bildet andere zur Anwendung ihrer schamanischen Methoden in verschiedenen künstlerischen, pädagogischen und heilenden Kontexten aus.

Gabrielle widmet ihr Leben der Aufgabe, Menschen durch den schöpferischen Prozeß zu bestärken und zu inspirieren, sich selbst zu befreien, ihr tägliches Leben in heilige Kunst zu verwandeln. In diesem Buch stellt sie der allgemeinen Öffentlichkeit ihre Entdeckungen zur Verfügung – Wege, um voll und ganz zu leben.

Für weitere Informationen über die Arbeit von Gabrielle Roth, inklusive Musik- und Sprechkassetten, Workshops und Ausbildungen, setzen Sie sich bitte in Verbindung mit:

THE MOVING CENTER
P. O. Box 2034, Red Bank, NJ 07701, 212-505-7928